末代帝王的亡國路

姚偉鈞 宋傳銀 ◎編著

中國歷朝的興衰與更迭的命運

前言

姚偉鈞、宋傳銀

從夏代到清代，中國歷史上王朝興替，長者數百年，短者數十年。在馬背上奪得天下的開國帝王們，不論是在歷史的大舞臺上馳騁，還是在即將走下歷史大舞臺的時候，誰不希望自己創下的基業永久流傳，直至千秋萬世？然而，這只是這些叱吒風雲人物的美好幻想。想萬世不絕者多則十幾世，少則二世而已。在歷史上眾多的帝王中，既有秦皇漢武、唐宗宋祖，也有諸如秦二世胡亥、隋煬帝楊廣、北宋徽欽二宗、明思宗朱由檢等。後者相對於他們的祖輩來說，他們是一群失敗者。祖輩辛辛苦苦、嘔心瀝血打下的江山斷送在他們手上，他們這些人成了無顏見列祖列宗的亡國之君。試想，他們的祖先在奪得天下之時是何等的自豪，何等的風光，隨著時間的流逝，這一切都成了過眼雲煙。歷史留給人們太多的遺憾警示。

一般說來，一個新王朝，往往是創立者在馬背上打下的天下。開國帝王們深知江山來之不易，往往勵精圖治，任用賢良，疏遠奸佞，採取一系列有利於統治的政策，使得國家逐步走向繁榮，天下安定，社會經濟得到發展，王朝因之達到了它的統治高峰，如著名的「文景之治」、「貞觀之治」、「康乾盛世」，都出現在一個朝代的前期。到了中後期，各種社會矛盾逐漸激化，吏治腐敗，貪污成風，強盛的王朝開始走下坡路。如果這時出現一位有所作為的君主，矯治前朝弊政，採取措施，緩和各種矛盾，王朝在這時會出現「中興」局面，統治達到又一個高峰，如唐代玄宗時的「開元盛世」等。面對日益衰落的王朝，繼立的帝王大都希望自己是個中興之主，扶大廈於將傾。然而，有些人做到了，延長了王朝的壽命，有些人沒有做到，成了亡國之君。就他們這些人來看，一部分人的確實是昏庸無能之輩，治理國家無方，導致王朝迅速走向滅亡。尤其巧合的是，這些亡國之君即位時，國勢並非衰落，而王朝到了他們手上就很快滅亡了。如秦二世胡亥，他在趙高的扶植下即位，當上皇帝後被趙高玩弄於股掌間。他擔心自己的帝位不穩，大殺宗室，弄得全國上下人心惶惶。陳勝、吳廣起義的警報頻傳，他卻只知淫樂，還聽從李斯之言，實行嚴刑苛法。又聽從趙高的建議，不理朝政，只深居宮中享樂，朝中大小事情聽憑趙高處置，最後落得可悲的下場，被趙高派人殺死，作為與起義軍講和的條件。又如蜀漢後主劉禪，是一個扶不起的阿斗，整天沉溺酒色，不思進取，在魏國強大的攻勢面前，只有束手就擒。押入洛陽之後，他被封為安樂公，食邑一萬戶，他竟然也心安理得，樂不思蜀。這種愚劣的人連司馬昭也對他完全放心，這倒使劉禪能夠渾渾噩噩地度過餘生，最終以六十五歲的年齡病死於洛陽。試想，蜀漢政權到了這種人手裡，能不滅亡嗎？清代詞人納蘭性德在他的一首詠史詩中也寫道：「也知劉禪本庸才」其他的如北齊後主高緯、後蜀恭帝孟昶都屬於這一類型，他們成為這些短命王朝的亡國之君，對王朝的滅亡有不可推卸的責任。

另一類君主沉溺於自己的「業餘愛好」，在業餘愛好上他們是高手，在安邦治國上卻是庸才。南唐後主李煜、北宋徽宗趙佶是典型的代表。李煜是書畫名家，詞壇高手，他寫下了許多著名的詞章，有的甚至成為千古絕唱。命運似乎跟他開了一個玩笑，讓他當了皇帝。他寫詩填詞是行家裡手，當皇帝卻不是那麼回事。在國難當頭的時候，依舊歌舞昇平，吟詩作賦，當他的「風流皇帝」，但北宋太祖的臥榻之旁容不得他人鼾睡，李煜苟且終究不能長久偷生。具有諷刺意味的是，當宋軍攻破金陵城的時候，李煜正在填寫一首〈臨江仙〉詞。趙佶是一位書畫高手，他獨創的「瘦金體」飄逸瀟灑，剛柔相濟，花鳥畫栩栩如生，呼之欲出，但這些畢竟不能代替治理國家的才能。他的心思完全用在了這些閒情逸致上，王朝也就一步一步地走向崩潰的邊緣了，繼立的宋欽宗成了他的替罪羊。

皇帝是最高的統治者，但是在歷史上的一些亡國之君，有的大權旁落，只能充當傀儡。他們大多年幼即位，權力被權臣操縱，他們只是名義上的皇帝，對國家大事的處置沒有發言權。如西漢平帝劉衎、東漢獻帝劉協、魏元帝曹奐等，均是這樣的名義上的皇帝。西漢末年，王莽專權，年僅六歲就即位的劉衎毫無權力，幾年過後，王莽連這個傀儡也不想要了，乾脆自己來當皇帝。東漢末年，軍閥混戰九歲即位的漢獻帝劉協成了軍閥們爭來奪去的戰利品、挾天子以令諸侯的工具。他先被董卓控制，接著被李榷、郭汜等人劫持，最後又落到了曹操手中，直至將皇位拱手讓給曹操的兒子曹丕。獻帝雖然做了三十餘年的皇帝，但有幾天做的是真皇帝？在他統治期間，東漢王朝又豈是名副其實的東漢王朝？

一個朝代的末期，積澱的各種矛盾總爆發，正如一個久病的病人，縱使醫術再高明的大夫也難以妙手回春。在社稷大廈將傾之際，獨木豈能支撐？在這種大勢已去、無力回天的情形下，有的君主作了積極的努力，雖然最終還是以失敗告終，但他們畢竟不同於那些昏庸無能者。金哀宗完顏守緒即位時，國內殘破不堪，國外則有蓬勃興起的蒙古正虎視眈眈，南宋這時雖已衰落，但也是一支不可忽略的對抗力量。完顏守緒在內憂外患的形勢下，力爭作中興之主，他重新調整了對宋和西夏的政策，任用賢能，虛心納諫，然而這一切都無力挽救金朝的滅亡，最終以死殉國。明代崇禎帝朱由檢所處的情形與金哀宗大同小異，最後崇禎帝在走投無路的情況下也以身殉國，吊死於煤山。

在大勢已去的形勢下，有些君主成了亡國的替罪羊。他們登上皇帝寶座的時候，王朝實際上已經分崩離析，亡國的命運已經無法挽回了。在這種時候上臺，註定了他們的命運要以悲劇告終。強大的唐王朝在玄宗以後開始由盛轉衰，中經代宗、憲宗、宣宗的中興，稍有起色，但已無法挽回頹勢。繼宣宗而立的懿宗荒淫無道，怠於政事，加之吏治腐敗，賄賂公行，導致農民起義爆發，唐朝統治處於崩潰邊緣。繼立的僖宗是懿宗的第五子，比起其父來，甚至有過之而無不及。在他統治時期，爆發了王仙芝、黃巢領導的農民起義，唐王朝又一次受到沉重打擊，藩鎮割據愈演愈烈，朝廷已無力控制。繼位的昭宗雖想打擊宦官勢力，削弱藩鎮，無奈沒有這個能力。後來，昭宗被朱全忠殺死。朱全忠奉昭宗第九子即位，這就是唐昭宣帝（或稱哀帝）李柷。此時唐王朝已經名存實亡，朝政由朱全忠控制，短短的兩年以後，迫不及待想當皇帝的朱全忠逼迫昭宣帝禪位給他。試想，在這種形勢下，十三歲的哀帝又能有什麼作為呢？北宋欽宗趙桓的「替罪羊」特色更為明顯。在北宋統治風雨飄搖之際，徽宗禪位給欽宗趙桓，把一副爛攤子甩給了他。此時的北宋猶如驚濤駭浪中的一葉漏水的小舟，誰又能挽救它覆亡的命運？南宋小朝廷多災多難，最高統治者在元軍強大的攻勢面前顯得無能為力，西元一二七六年，元軍攻破臨安，恭帝被俘往元大都，至此，南宋已基本滅亡。大臣陳宜中、陸秀夫等人先後擁立趙昰、趙昺即位，他們分別是宋端宗和末帝，總共延續了數年。末帝趙昺即位不到一年，在元軍的追趕下，最終戰敗，陸秀夫負其投海而死。八歲的末帝對此時南宋的局面又能怎樣呢？南宋雖然亡國在他手上，責任卻不應該推到他的身上。

在亡國之君中，還有一類荒淫之主，他們生活上奢侈腐朽，對百姓殘酷暴虐，最終天怒人怨，斷送了自己的江山。夏桀、商紂自不必說；吳末帝孫皓、隋煬帝楊廣幾乎都成了「暴君」的代名詞。還有那北齊後主高緯、後蜀後主孟昶、陳後主陳叔寶、遼天祚帝耶律延禧等。就他們的個人資質而言，並非庸劣低下，相反，有的還有很高的天資，如紂王天資聰穎，思維敏捷，有良辯之才；但他卻自以為智謀過人，剛愎自用，獨斷專行。為滿足自己的欲望，大建離宮別館，以酒為池，懸肉為林，並作炮烙之刑，暴虐百姓。楊廣在當皇帝之前，能征善戰，他率軍滅陳，為結束分裂、實現全國統一作出了貢獻，即位之初，也實行了一些具有積極意義的措施。此後的楊廣仿佛判若兩人。他沉溺聲色，奢侈無度，濫用民力，窮兵黷武，隋朝的二世而亡，與他的這種作為有很大的關係。高緯沉溺於園獵，甚至在大敵當前之時，「更請君主獵一圍」。後蜀後主孟昶的尿壺竟然用七寶裝成，稱為「七寶溺器」，宋太祖趙匡胤看到它也吃了一驚，並連連感嘆。一個王朝的滅亡有多種原因，但王朝在這些人的手上滅亡，也決不是偶然的。

歷代封建王朝的覆亡，無論從哪一方面講都是一場災難，百姓生靈塗炭，亡國者本人有的歷經艱辛與恥辱，有的甚至成為亡國的犧牲品。亡國是痛苦的，留給後人的教訓是深刻的。作為國家的最高統治者，皇帝個人的素質顯得非常重要，由於世襲的皇位繼承制度，又有多少無知的頑童被扶上皇帝寶座。又有多少才資平庸者只因是龍種而統治天下？昏庸者統治天下，在平常時期只能夠勉力維持，一旦到了非常時期，不亡何待？用人是一個王朝興衰的關鍵因素之一。「親賢臣，遠小人，此先漢所以興隆也；親小人，遠賢臣，此後漢所以傾頹也」，諸葛亮的這一至理名言，不僅道出了兩漢興衰的奧秘，而且具有普遍的意義。王朝的末期，是一個非常時期，任用什麼樣的人尤其顯得重要。對一個王朝而言，亡國的因素多種多樣，但勤儉興國、奢侈亡國似乎是一個定論，如何抑奢從儉，成為統治者應吸取的教訓之一。一個王朝的末期，往往是政治最為黑暗的時候，為官者貪污腐化，吏治敗壞，人民生活在水深火熱之中，最終人民群眾會揭竿而起，推翻腐朽的王朝。歷史，有時是驚人的相似，有時似乎是在重演，在不同王朝的晚期，我們有時甚至可以看到同樣的景象，亡國之君們不斷地重蹈前朝覆轍，要他們做到「以史為鏡」，真是太難了。那麼，作為今天的我們，應該從這些紛繁複雜的歷史中學到些什麼呢？聰明的讀者一定可以總結出很多很多……。

目錄

第十三章

第十四章

第十五章

第十六章

第十七章

第十八章

第一章

夏朝末代王 桀

西元前二十一世紀，中國歷史又開始了一個新紀元，古老的中原大地上誕生了中國最早的國家——夏朝，公天下變成了家天下，統治權力由公眾選舉變成了家族世襲。它的建立者啟，就是大禹的兒子。千百年來，大禹治水的故事代代流傳，而他的後繼者的功業，卻淹沒在歷史的煙塵中，隱滅不顯。自啟始，至夏桀，夏朝存國四百多年，為東夷族的商湯所滅。這絕對不是偶然的，夏與東夷的衝突與矛盾，從夏朝一建立就開始了，東夷始終是夏的主要威脅。這樣看來，完全把亡國的罪責歸結於夏桀，多少有些不公平。即使沒有夏桀，東夷亡夏的歷史進程同樣不可避免。

夏祚滄桑

夏啟家族的權威是由禹肇始的。禹在治水的過程中，集中了中原酋邦的權力，號令天下，莫敢不從。禹東巡至會稽，大會酋邦中各部落成員，執玉帛為貢品者有萬數之多。防風氏未能如期抵達，被禹殺死。禹的權力比堯、舜大多了，同時，禹家族也積蓄了強大的權力，啟完全有可能繼承這種權威。而強權往往屈服於習慣的力量，禹去世後，按照中原酋邦權力遞嬗遺規，東夷族的益成為酋邦最高首領的唯一候選人。

此時，中國早期國家正在形成的過程中，酋邦最高權力遞嬗是繼續傳賢傳統，還是更為傳子新制，兩種勢力爆發了激烈的衝突。啟不甘示弱，依憑大禹留下的基業，欲從益手中奪取首領職位，勇登權力巔峰。鑒於夏啟家族的強大勢力，為維護中原酋邦的原始民主傳統，益針鋒相對，將啟拘捕，加以監禁。啟的被囚，引起了夏啟家族集團勢力的強烈不滿和恐慌，在維護集團利益的意圖驅動下，他們孤注一擲，發動武裝政變，將啟搶救出來。啟當機立斷，率領其家族勢力向益發起進攻，益最終被殺。

啟殺益，不是一般的酋邦成員對繼任權的爭奪，而是代表了新式政治向傳統政治的挑戰。這一過程是通過暴力實現的，所以，益的被害，是中國歷史上一件具有標誌性的大事。益一死，啟即位，建立了世襲王權，天下為公成為天下為家，中國早期國家形成了。夏，是中國第一個王朝國家。啟從益手中奪取了最高權力，他恐怕料想不到，他與東夷族的構難，激發了一連串的衝突。夏與東夷族的鬥爭成為夏統治生活中最重大的政治問題之一，直至夏桀最終敗於東夷族之手，這個禍根早在夏建國之初就深埋下了。

夏朝建立之初，夏啟面臨的首要問題是維護其擁有王權的合法性。他一佔據權位，即在鈞台（今河南禹縣）舉行祭典，號令原酋邦各成員參加，試圖通過大會的形式給予世襲制和君主制合法地位，顯示最高權威，取得原酋邦各成員對夏王朝的擁護。然而卻受到了夏之同姓有扈氏（今河南原陽）的強烈反對，這是夏啟絕對不能容忍的，夏啟率眾西征，與有扈氏大戰於甘（今河南鄭州以西的古滎甘之澤和甘水沿岸），有扈氏大敗，被徹底屠滅。有扈氏的敗亡，並沒有使夏王朝走上坦途，東夷諸族才是夏王朝的致命隱患。事實的確如此。

夏啟晚年生活日益腐化，好安逸遊樂，整日過著荒淫放蕩的生活。夏啟死後，他的兒子太康繼位，太康也是一個熱衷於酒食聲色之徒，耽於遊戲田獵，對政事置之不理，完全忘記了夏王朝的合法性尚未徹底得到確認。這樣，夏王朝的統治力量，自太康以來就日益衰落了。夏朝的統治危機立刻引起了東夷族的高度注意。東夷族的一支在其首領羿率領下，從（今河南滑縣東）出發，西逼夏境，至於窮石（今河南洛陽西），擊敗太康，控制了夏政權。後來，羿廢掉太康，立太康之子仲康為王，手執權柄，氣焰沖天。仲康之後，相繼立，羿乾脆將相驅逐，直接接管了夏政權，夏朝的統治遭到了最致命的打擊，中原最高統治權力又回到了東夷族之手，益地下有靈，也該感到欣慰了吧！相逃到夏朝屬下的同姓斟灌氏之地，依靠斟灌氏和斟氏的力量，在那裡避居起來，積蓄力量，謀求復位。

事實證明，羿不過是一個勇武莽夫，照例是個荒唐的君主。他非但不對夏氏斬草除根，反而效仿夏王朝的腐化、墮落。羿善射，整日醉心於遊獵，經常外出狩獵，一去很久不歸，政事日益荒弊。更為嚴重的是，羿剛愎自用，廢黜賢臣武羅、伯姻、熊髡、龍圉等，而任用佞臣寒浞。寒浞，原為伯明氏之子弟，陰險狡詐，好讒言，伯明氏因此將其驅逐，寒浞轉而投奔羿，騙取了羿的信任，羿委任寒浞專理國事，朝政日敗。寒浞對內極盡諂媚之能事，對外巧使籠絡之術，私自培植自己的勢力，伺機篡奪王位，單單矇騙了羿一人。羿統治集團內部矛盾重重，政局並不鞏固，註定不能長久。劍拔弩張之時，羿同往常一樣，外出遊獵，寒浞趁機率部眾將羿殺死，並施以烹法，逼令其子吞食，其子不忍食其父肉，憤而自殺。寒浞自立為王，政權再次易手。歷史沒有忘記記上這一筆，就在這時，夏朝舊臣靡乘亂逃奔夏朝的屬下有鬲氏，對於夏朝歷史而言，這同樣是一個大事件，不久，它所發揮的作用將為大眾知。

寒浞的確不同於羿，他有著比羿更為強硬的政治手腕。事隔多年，他還沒有忘記夏朝的第四代君主相，以及他所依靠的斟灌氏和斟氏對寒浞政權的極大威脅。為防止夏王朝復辟，寒浞命其長子澆討伐斟灌氏和斟氏，大敗二斟，相為亂軍所殺。相的妻子后緡，是有仍氏的女兒，此時正懷有身孕，聽說前方戰事失利，緊急之中，從牆上小洞逃出，奔回有仍氏母家，不久生子少康，真是天不絕夏祚。少康在有仍氏寄居，出任有仍氏的「牧正」。

夏王朝的後裔避居有仍氏的消息慢慢傳出，澆窮追不捨，意欲斬草除根，命椒討伐有仍氏。有仍氏勢單力孤，趕忙將少康轉移，送出疆境。少康連夜投奔夏王朝的屬下、勢力強大而地勢偏遠的有虞氏。有虞氏收留少康，與澆針鋒相對，任少康為「庖正」，並將兩個女兒嫁給了他，把綸地（今河南虞城）作為其封地，於是少康有地方十里，人員五百，開始擁有了自己的實力基礎。少康以此為基地，依託有虞氏，收攏夏王朝部眾，積蓄力量，積極為復國作準備。同時，靡也以有鬲氏為依靠，召集斟灌氏和斟氏舊部，這是一股不可忽視的復夏力量，大敵當前，兩股力量聯合在一起，勢力空前壯大，同東夷族決戰的時刻到了。

少康、靡分兵兩路，事先，少康命女艾到澆處作間諜，不費吹灰之力，一戰而滅掉了澆勢力；少康的兒子杼計誘寒浞次子豷，乘機將其攻殺，東夷政權主力喪失殆盡，同時，靡以有鬲氏為據點，率二斟餘眾，向寒浞發起猛烈反擊，殺死寒浞，東夷族勢力在中原再一次徹底失敗，紛紛東奔。少康繼位，夏王朝又重新奪回了權力。這就是歷史上有名的「太康失國，少康中興」。

少康之世，夏王朝統治力量振興，政局相對穩定，夏朝同東夷的關係也進一步得到改善，東夷族各部紛紛來朝。道理是很簡單的，中原王朝的強大使東夷無機可乘。從這個角度看，夏朝與東夷族的關係無疑帶有很大的暫時性。少康和他的後繼者杼同樣看出了這一點。杼繼位，為對付東夷，將都城從原（今河南濟源西北）東遷至老丘（今河南開封附近）。東夷善射，針對東夷這種戰術特點，杼作甲以禦之，在作戰裝備上做了充分準備。為宣示夏王朝的權威和不可戰勝，杼率軍東征至於海，威嚇東夷諸族。因此，杼以後，歷經槐（一作芬）、芒、泄、不降、扃、廑六王，政局基本穩定，東夷多次進貢，表示臣服。

然而，廑死後，不降之子孔甲繼位，孔甲好鬼神術，淫亂無道，夏王朝又逐漸走向衰落，東夷再次叛亂。這次，禹的子孫卻再也沒有他的前輩們的魄力和神威了。雖然，在孔甲之後，經皋、發二世，政局有所緩和，其實也不過是夏王朝統治的迴光返照而已，此時的東夷族已不同以往，他們捲土重來。恰逢此時，夏王朝自己卻敞開大門，開門揖盜。

夏桀亂德

盛極則衰，衰極則亡，這對中國歷史上的歷朝歷代來說都是個無可爭辯的事實。夏朝，作為中國歷史上第一個王朝國家，正是這種治亂迴圈的濫觴。在王朝的衰亡階段，任何一個當國的君主都可以說是悲哀的，他們或警醒奮發，力挽狂瀾；或荒淫墮落，無可奈何，但不論怎樣，歷史發展的大勢不是他們所能改變的。昏庸者麻木不仁，警醒者難免苦痛。任何一個政權的衰落期都是一場社會的大悲劇，尤其是其中的個人，他們經歷的苦難尤其深重。儘管我們對這一連串的治亂迴圈的怪圈深有體察，但我們對它產生的深刻原因卻不甚瞭解，是整個的國家體制還是每個王朝具體的政治、經濟諸因素？或許兼而有之。

夏朝傳國十四代，到了孔甲時代，歷史學家司馬遷在《史記．夏本紀》中平靜地述說：「夏後氏德衰，諸侯叛之。」意思是說夏王朝德政衰敝，統治階層內部分崩離析。區區十字，道不盡其中深重的苦難，夏桀就是在這個時期走上了政治舞臺。

夏桀，名履癸，桀是後人給他的諡號，根據《諡法》：「賊人多殺曰桀。」他是夏朝第十六代國王發之子。也有人說，他和發是親兄弟，都是十五代國王皋之子。但對夏朝的統治而言，這是無關緊要的，夏王朝統治區域下民怨鼎沸，誰都無力回天了，夏桀，已經坐在了即將爆發的火山口上。

寧做太平犬，不做亂世人。這是一種怎樣的無可奈何！在古代階級社會中，奴隸和平民生活在社會的底層，任何災難都能輕而易舉地降臨到他們身上，他們是不幸的化身，悲慘的一群人。從古時流傳下來的關於夏王朝的隻言片語中可以瞭解到，在極低的生產力水準和殘酷的剝削壓迫下，人民大眾平日生活難得溫飽，更說不上有備荒的糧食儲備了，一遇天災人禍，妻離子散的情況便十分普遍。這種社會現實，我們在以後的歷代衰亡過程中屢見不鮮。更殘酷的社會現實，我們還是從考古資料中發現的。在已發掘的夏代遺址中，一些墓中埋有被殘害至死者的屍骨，死者軀肢彎曲，手腕相交，似捆縛以後被活埋的。而在另一處亂葬坑中，人的骨架散亂疊壓，肢骨不全，有的只有軀骨和下肢骨而無頭骨，有的只有下頜骨和下肢骨，有的卻僅有頭骨和肢骨。嚴酷的社會現實孕育著激烈的反抗，鬥爭的力量像地震應力般地積蓄著。當社會上已前兆畢顯的時候，夏桀正忙於縱情享樂。

諸多事實證明，夏桀是夏朝奢侈腐化最突出的君主，他被作為一個荒淫之君載入史冊。夏桀之世，民不聊生，作為一國之君的桀並沒有表露出絲毫的關注，他無天下之憂，憂的卻是婦女鐘鼓之樂。桀設有女樂三萬人，全都身穿文繡衣裳，每天早晨奏樂，音樂之聲聞於外，溢滿都城。又修築傾宮，裝飾瑤台。傾宮，一言其高，一說占地一頃，言其大，總之規模宏偉。瑤台以玉為飾，殫竭民財。此外，又作瓊室，立玉門，最令人怵目的是他所造酒池，其中可以行舟，以酒糟修堤，立於其上，可望見十里之遙，桀常聚三千人痛飲於其畔。

奢靡與淫亂常常是聯繫在一起的，夏桀也不例外。夏朝宮中，美女雲集，倡優、侏儒、狎徒等能以奇巧做戲為樂之流，無不得到桀的親幸。有施氏之女妹喜美貌無比，夏桀兵討有施氏，迫使其獻出妹喜。於是，桀廢掉正妃，改立妹喜，倍加寵愛，常置妹喜於膝上，言聽計從，肆意行樂；作爛漫之樂，與妹喜飲酒作歌，通宵達旦，未有盡時，竟有醉而跌落酒池溺死者，妹喜以此為樂，歡笑不止。妹喜愛聽撕裂繒帛之聲，桀便堆繒帛於其旁，以取悅妹喜。

對酒色的追求是無止境的，喜新厭舊是縱情聲色者的常例，事隔未久，桀便又對妹喜失去興趣。他故技重演，兵討有緡氏，強行索取其琬、琰二女。有緡氏與夏朝世代姻親，此時竟以武力相威脅，有緡氏被迫交出琬、琰二女，從此埋下了復仇的種子，而夏桀全然不予理會。又廢正妃妹喜，扶立琬、琰二妃，百般恩幸。二妃無子，便在韶華之玉之上刻上她們的名字，以祈求生子。

夏桀的倒行逆施讓夏王朝的腐敗統治雪上加霜。夏統治集團內部一片混亂，夏初以來的安民宗旨被完全拋棄。賢臣岌岌可危，不敢言政，佞臣揣測夏桀的意圖言事，競相讒害以圖自保，因此，小人得志，結黨營私，朝野內外，君臣乖而不親，骨肉疏而不附，一副離心離德的景象。夏政權確實風雨飄搖了。

夏桀根本沒有意識到形勢的危急，或許是對此不予理會，他頻頻發動對周邊部落和方國的戰爭，導致夏朝邊境地區的緊張局勢，地方勢力對夏朝中央的離心傾向加劇。司馬遷在《史記．夏本紀》中沉痛地記述說：「自孔甲以來，而諸侯多叛夏，桀不務德而武傷百姓，百姓弗堪。」夏王朝正面臨著一個內外交困的局面。

夏朝的統治危機引起了統治階層內部有識之士的不安。太史終古手捧其盡畢生之力的圖冊向桀哭諫，而桀置若罔聞，終古見夏已不可救藥，無奈投奔了商湯。夏桀的荒政同樣引起大夫關龍逢的憂慮，他面對夏桀，慷慨陳詞：「上古君王，身行禮義，愛民節財，所以國家安定而自身長壽；現在大王用財無數，殺人無算，大王若不改悔，上天必降罪懲罰，身敗而名裂。希望大王身效古之聖王，洗心革面，重整朝綱。」言畢肅立於朝堂之上，靜候桀的答覆，未有答覆不肯離朝，大有誓不甘休之勢。桀大怒，他自吹自擂地宣稱，他的政權不但不會滅亡，甚至與太陽共存，他說：「我有萬民，就像天上有太陽一樣，天經地義，太陽會滅亡嗎？要是太陽滅亡了，我也就滅亡了。」將關龍逄打入囚室處死。關龍逄因進諫被殺，此事在夏朝統治內部引起很大的不滿，但懾於桀的淫威，卻無人再敢直言進諫，夏桀的統治已經到了懸崖的邊緣，他沒有能夠勒住韁繩，歷史不會再給他任何機會了。人民不堪忍受殘酷的統治，他們咒罵道：「這個可惡的太陽啊，你什麼時候才能滅亡呢？我們願同你同歸於盡！」各地奴隸和平民的暴動風起雲湧，掀起了武裝反抗的高潮，夏王朝至此瀕於崩潰。

正當夏朝統治區域內怨聲載道的時候，夏朝的宿敵、東夷族的一支密切關注著形勢的變化。它就是逐漸壯大起來的商族。

無力回天

商族是中國一個古老的民族。據說商族的祖先契曾幫助大禹治水，被舜賜姓子，封於商，即現在的漳水流域。契傳十四代而有商湯，其時間正與夏朝相始終，然而，自契開始，商族屢屢遷徙，居無定所。到了商湯時代，商族面臨著重大的歷史抉擇。夏王朝的統治陷入嚴重的危機之中。湯不是一個平庸之輩，他有著睿智的頭腦和遠大的志向，他不想使商長期生存在夏朝的陰影之下。東夷族與夏朝經歷了長時間的戰爭，戰戰和和，未分勝負，這一次該由他湯率商族收拾殘局了。為了便於軍事行動，湯率商族部眾遷徙到亳（今河南商丘），這裡是商族活動的西部邊界，再往西，則屬於夏的勢力範圍了。從亳到夏朝的統治中心，完全是一片平原曠地，幾乎沒有什麼山河阻礙，特別有利於集結軍隊向中心區域進軍，這就為商族滅夏戰爭創造了條件，對夏朝中央權力中心形成了進攻態勢。商湯遷居於亳，無疑是進行滅夏準備的第一步。

知己知彼，百戰不殆。針對桀暴虐淫亂的行為，湯反其道而行之。夏政苛暴，民心不附，屬國離散；而湯勵精圖治，修行積德。他認為，通過水才能看見自己的形象，通過民才可以知道政治的好壞。因此，在國內注重以寬治民，與民謀利，從而獲得了國內民眾的擁護和支持，在商族內部形成了百姓親附，政令暢行的局面。內部的團結穩定，奠定了強而有力的外交基礎，在對待周邊國家和夏王朝屬國的問題上，湯也盡力擴大自己的影響，力圖取得各方國和部落的擁護和支持，把絕大多數力量團結到自己周圍。他同樣屬意於德政。在一次出獵時，人們四面布網，禱祝捕獲更多的獵物。湯見後，感嘆萬分，他說，這樣會滅盡禽獸，使之絕跡，應去其三面，只一面布網。眾方國深受感動，認為湯之德及於禽獸，於是紛紛歸附，與商族結盟。當時，商湯不但能領導本族內部民眾，而其他部落方國的民眾也樂於效力，勢力逐漸發展，對夏朝構成嚴重的威脅。

但是，任何事情都不是一帆風順的，其中矛盾交織，充滿坎坷。正當湯精心籌備、躊躇滿志的時候，一個突發事件，幾乎使他功敗垂成。桀不顧民生疲敝、統治危機四伏，在有仍大會諸屬國，有緡氏不忘舊惡，對桀強娶琬、琰二女耿耿於懷，乘此時機，反戈一擊，舉行武裝反叛，但不幸因準備不夠充分，倉促行事而宣告失敗。然而，有緡氏的武裝行動掀起了各方國和部落反對夏桀統治的序幕。夏桀對有緡氏採取行動，對更多的地方勢力而言，大有朝不保夕之感。事實證明，夏桀的行動，加速了夏朝屬國的分離進程，因此，桀對有緡氏的戰爭，對夏王朝的統治是個極大的打擊。從任何意義上講，這場戰爭都是夏代歷史上最重大的事件之一。

夏桀即使再荒淫，此時必定也感受到了他所面臨的四面楚歌的不利局勢。他首先注意到了商族力量的發展和商同其他方國部落的聯結。他召湯到夏朝都城斟（今河南偃師），將其囚禁於夏台（夏朝國家監獄），這本是極明智的決斷，夏朝滅亡固然不可避免，但這一舉動，至少還可以再苟延時日。在現在人看來，歷史是那麼的難於捉摸，不久，桀竟出乎意料地將湯釋放。桀出於什麼樣的考慮和湯及商族採取了什麼樣的對策，我們也許將永遠不可能知曉，但有一點卻早已被確認，那就是，桀放虎歸山，加速了自己的滅亡。參照夏桀的終生行徑，我們倒也絲毫不覺得為其惋惜。

湯一逃出斟，星夜趕回亳都，絲毫不敢耽擱。桀行為乖張，舉措反覆，再等待真的就會滅亡了。湯趕到亳都，立即召集眾多方國和部落誓師，正式組建起討伐夏朝王室的聯合力量。湯當眾宣佈：「夏德大亂，我受命於天，征討夏國，大家應齊心協力，共赴天命。」

眾軍宣誓效忠，商夏戰爭正式開始。

這時，我們不能不提及商湯陣營的一個極其重要的人物，他就是商湯伐夏戰爭的主謀和商初重臣伊尹。伊尹，名阿衡，樂堯舜之道而夏朝失德，於是作為有莘氏的媵臣接近湯，毛遂自薦。但也有人說，他隱居不仕，湯先後五次派人迎聘，才將其打動，效力於商。無論如何，伊尹作為湯的重要輔佐之臣，其地位無人能夠替代，他不僅是伐夏戰爭的主要策劃者，同時又是第一線的參與者。他主動請纓，潛入夏朝內部，從事間諜活動。為了不使桀生疑，湯巧使苦肉計，親自箭射伊尹，伊尹偽裝叛商投夏，夏桀昏庸，不知不覺之間已中了伊尹的圈套。伊尹一到斟鄩，立即同失寵的妹喜取得聯繫，妹喜的個人私怨與伊尹的正義鬥爭使他們為了共同的利益走到了一起，二人結成了聯盟，同時，伊尹打通了同湯的聯絡管道，隨時與湯進行聯絡謀劃。為了積蓄充足的戰略物資，迎接即將到來的生死角鬥，針對桀萬分奢侈的需求，伊尹使湯搜集大批的文繡繒帛，運送到夏國，換取了大量的粟，充實了商的糧食儲備。鑒於夏桀對各地方勢力已有動武跡象，湯欲先發制人，舉兵伐夏，當即受到伊尹的阻止，因為還沒證據確知桀已被完全孤立，如其還有權威，一言號令天下，商湯必敗。最好的辦法是先行試探，伊尹指使湯當年不繳納貢賦，桀大怒，脅迫了眾多方國和部落，欲討伐湯。時機果然未到，伊尹趕快促使湯向桀謝罪，並如數繳納貢品。形勢真是一日千變，第二年，夏桀耀武揚威，大會眾方國於有仍，翦滅有緡氏，引起了許多方國和部落的不滿，伊尹再次指使湯故技重演，桀再次試圖使用武力威脅湯，不料卻無兵可征，證明民心已經轉向了商湯。

也許，商湯逃離夏都斟，跳出夏桀的魔掌，伊尹在其中功勞菲淺。

商湯大會眾方國於亳，部署伐夏大計，消息傳到斟，伊尹離開夏都，悄悄地返回亳都，順利完成了他的重大使命。

為逐步擴張自身的實力，進一步掃除維護夏王朝統治的地方勢力，湯實施大迂迴戰略。首先向葛（今河南寧陵）發動進攻，葛與亳接壤，葛伯放奢，不行祭祀之禮，湯派人送去祭品牛羊，又使部眾為之耕田，種植黍稻，葛伯竟然對商進行武裝劫掠，甚至連小孩都不放過，湯早已忍無可忍。這次，商湯以葛為突破口，開通向夏朝中央統治區域的進軍路線，一舉滅掉了葛，報了其對自己不仁不義之仇。此舉受到了眾方國、部落的贊許，他們都期盼商湯大軍的到來，如久旱之年渴望甘霖一般。在眾多方國、部落的支持下，湯率軍繼續推進，把重點放在夏桀的死黨韋、顧和昆吾身上，因為戰勝了這三國，不但可以徹底剪除桀的羽翼，而且會直接逼近夏都。事態的發展完全在意料之中，湯三戰三捷，除掉了韋（今河南滑縣）、顧（今河南原陽）和昆吾（今河南新鄭）三國，緊接著，向夏朝中心區域發起總攻。夏桀並未在軍事上進行認真準備，昆吾一敗，他不戰而走，放棄斟鄩，渡黃河北上，倉皇撤退，企圖依託夏朝統治的大後方，負隅頑抗。湯跟蹤追擊，在鳴條（今山西夏縣）趕上夏軍主力，至此，自興兵以來，湯組織了十次大戰，十戰十捷，鳴條之戰無疑是關鍵性的最後一戰。雙方都投入了大量的兵力和精力。戰前，湯對眾方國、部落首領及士兵們進行誓師動員，他神情激昂：「大家都聽我訓話！不是我敢貿然發動叛亂，夏朝德衰，罪責深重，是上天命我鏟滅它。你們中有人說：『我不體恤大家，讓你們荒廢了耕作去討伐夏朝。』而我敬畏上帝，不敢不服從他的命令。現在你們又問：『夏朝的罪責到底到了什麼程度？』夏朝境內生民塗炭，群眾紛紛反抗，他們咒罵：『這個暴虐的太陽，什麼時候才能滅亡呢？我們願與他同歸於盡。』夏朝的政治敗壞到如此境地，我義不容辭，你們如果順從天命與我一起滅掉夏桀，我大大有賞；如不從命，格殺勿論，決不寬赦。我決不食言。」一言罷，率軍衝向敵陣，夏軍大敗。夏桀頓足捶胸，後悔不迭，悔不該當初在夏台沒殺掉湯。但此時悔悟，為時已晚。夏桀無奈，落荒而逃，最終死於南巢（今山西南部中條山中），夏朝滅亡。

商湯代夏，建立了商朝，古代中國發展歷程中一系列不間斷的政權更迭從此開始了。

正如我們已經指出的，夏桀作為一個行將崩潰的王朝的君主，其本身就是一個悲劇。他要麼勵精圖治，對王朝不可避免的衰落做出一些挽救；要麼對此無動於衷，沉湎於自己的利欲歡樂。前者足以引起人們悲壯的情懷，而後者則給人們留下唾棄，夏桀無疑屬於後者。我們有理由斷定，夏桀的罪惡多少由於商王朝的宣傳而帶上了誇張的色彩，他們給王朝統治的合法性附加上關於其君主本身德行的條件。就是說，當一朝君主的行為不合理時，他可能失去實行統治的合法理由。商人在反叛夏朝時，至少在宣傳上，就把夏桀的暴行和荒淫作為推翻他的主要理由。這也逐漸成為中國歷史上的一個通例，代代相傳。

中國古代社會是一個人治的社會，在人治的社會裡，對統治者們的道德要求是第一位的。我們同樣有理由斷定，商人的宣傳不是沒有一點根據，夏桀的確在行為上不為人們接受，他的苛暴和荒淫顯然加劇了夏朝末年的社會危機，使夏王朝的統治陷入更加難於維持的境地。湯正是抓住這個機會，號召眾多方國和部落帶頭發難，所以，夏桀對於夏王朝的滅亡，又實在難辭其咎。事實上，這又為對統治者的道德要求提供了極佳的例證，夏王朝的滅亡不是其他的什麼原因，而是「夏後氏德衰」。從這個意義上講，夏朝末年許多嚴重、深刻的社會危機和政治危機給夏王朝的沉重打擊，反而被悄悄地掩蓋了。連司馬遷也評論說：「桀不務德而武傷百姓，百姓弗堪。」這樣，夏王朝滅亡的起因就完全歸結到了夏桀一人身上，「成者王侯敗者寇」，中國歷史上這條恆久不變的規律也是第一次被驗證。千百年來，夏桀成為荒淫暴虐及亡國的化身，是不是也有些有失公正呢？

第二章

商紂王　辛

大約在西元前十六世紀的時候，商湯滅掉了夏朝，完成了中國歷史上第一次的中央政權遞嬗過程，建立了商政權。商又稱為殷。在早期國家淳樸的政治行為中，湯對下以德待民，對上敬順天命，肇創了商初穩固的政治局面。世事滄桑，實在難以預料。湯死後，王位二傳，至於太甲。太甲亂德，商朝的統治即處於極其不安定的狀態之中。開國大臣伊尹力挽狂瀾，流放太甲於桐宮，重修湯之政，才使商祚復振，得以延傳。此後，商朝又幾度衰興，直至盤庚即位，遷都於殷（今河南安陽），重新摹展商王朝穩定和強盛的基礎政策。盤庚又三傳為武丁，武丁四面征討，此時商朝勢力達到極盛，它的疆域北到現在的遼寧，南達湖北、安徽，西至陝西，東盡於海，其影響所及，則更加深遠。寒極則暑，盛極則衰。這似乎是中國古代政治文化發展中一條恆久不變的規律。自武丁之子祖甲起，商的政治又日益衰亂，同以前的情形不同的是，這種狀況久久沒有復興的徵兆。王位總共傳了七世，紂王即位，這對多難的商王朝來說，意味著什麼呢？

殷鑒已遠

商紂，名辛，所以又被稱為帝辛。紂是後人給他的諡號。根據《諡法》，殘義損善為紂。他本是商王帝乙之少子，因是王妃所生，得以繼承王位。紂王天資聰穎，思維敏捷，有良辯之才，武藝也高超莫敵，臂力過人，可以與猛獸搏鬥，傳說他能倒拖九牛，偷樑換柱。這本是挽救商朝危亡的良好資質。但自幼生於帝王家的紂王，本身卻有著很嚴重的人格缺陷。他自恃才智出眾，剛愎自用。他的智慧足以拒諫，言辯足以掩飾過失，驕傲萬分。因此，他的才能便成了他施政的負累，商朝的統治前景因之更加黯淡。實際上，就當時商朝的真實社會情形而言，即使紂王如湯、盤庚或武丁再世，恐怕也無回天之力。商朝的危機不能歸結於某個君主身上，而是有著深刻的社會原因。商自建國以來，同外部的戰爭從未間斷過，而武丁時代達到了高潮。以後商朝國勢日衰，但戰火一直沒有停息。帝乙、紂王時期，大規模的戰爭反而又重新開始了。商朝統治階層發動的戰爭，其目的是掠奪人口，用於人殉和增加奴隸數目，每滅掉一國，俘人動輒上千，紂王一次征討人方（東夷族的一部），往返二百多天，前鋒挺進至淮河以南，俘虜無算。這時候，紂主不再將其全部殺死，而是迫使其服勞役，這樣，王室貴族就擁有了成批脫離氏族屬籍的生產奴隸。這是自武丁以來的一個新舉措，其中極其嚴重的後果，當時沒有人能夠意識得到。這正是商朝衰落乃至滅亡的最關鍵的原因。商朝統治者以武力掠奪鄰邦人口為自己生產財富的做法，使被掠奪地區的生產受到摧殘，導致以部落征服和徵收貢賦為特色的商朝經濟基礎的全面危機，商朝統治者自己拆毀了王朝統治的基礎，並在客觀上瓦解了商朝賴以生存的宗法血緣關係。

隱含在歷史表象背後的殘酷現實還不僅如此。隨著商朝軍事力量的增強，商朝的軍隊似乎戰無不勝。軍事上的勝利，增強了商朝統治階層的信心，從前那種對天、對鬼神的敬畏情緒淡泊了。商朝政治生活的重要內容，凡事必卜問天帝的遺規執行的越來越少了。紂王的父親商王武乙甚至向天挑戰，他將偶人當作天神，與之搏鬥，並讓人做裁判，如果天神輸了，就侮辱之；又用皮囊盛血，懸於高處，用箭射之，稱為「射天」。紂王更是怠慢於鬼神，甚至連對先祖的祭祀都表示蔑棄。敬天畏鬼神是商朝的政治傳統，是其意識形態中非常重要的組成部分，體現著商王統治的合法性。後期商王對天、鬼神的蔑視，無疑是自毀了其統治的又一根支柱。就是在這種社會背景下，紂王開始了他的統治。

《詩經．大雅．蕩》中有一句話：「殷鑒不遠，在夏後之世」。意思是說，夏王朝的滅亡，就是商朝的前車之鑒。但事實上，紂王並沒有吸取夏朝亡國的教訓。從紂王身上，我們似乎又看見了夏桀的所作所為，而紂王還有過之而無不及。紂王喜好飲酒，熱衷荒淫之樂，貪於女色。後宮眾多佳麗中，最受寵的要算妲己了。他對妲己是言聽計從，對享樂之物也充滿了興趣，廣泛搜羅的奇物塞滿了宮室，於是又大興土木，擴建沙丘（今河北邢臺）的宮殿苑囿，又將數目眾多的野獸飛鳥散放其中。為盡情玩樂，他令樂師師涓作「新淫聲」，於是朝堂內外盡是淫亂之舞，靡靡之音。他還在沙丘舉行大規模的宴會，以酒為池，懸肉為林，極盡鋪張奢靡之能事，縱使眾多裸體男女在其間互相追逐戲樂，如此通宵達旦。紂王的另一大癖好就是貪於財貨。他強取豪奪，高賦重稅，在朝歌（今河南淇縣）修築方圓千里、高達千尺的鹿台和鉅橋。鹿台裡塞滿錢幣珠寶，而鉅橋內糧食堆積如山。假如紂王僅僅如此，尚可說與夏桀不相伯仲。然而，與桀相比，紂王的殘忍則是有過之而無不及。為了逞其淫威，紂王發明一種「炮烙之法」，在火上架上銅烙，燒紅後使人在上面行走，人忍受不住灼燙，則跌入火中燒死。這是中國古代最殘酷的刑罰之一。他的殘忍還表現在喜怒無常，視刑罰如兒戲，視朝中重臣為草芥。「三公」之一九侯家中有女美貌非凡，被紂王強娶入宮。九侯之女端莊淑雅，對紂王後宮的荒唐淫樂厭惡至極，紂王因之大怒，將九侯之女殺死，至此餘怒未誨，又將九侯施以醢刑，將他剁為肉醬。三公之一鄂侯與紂王申辯，言辭激烈。以辯才自詡的紂王理屈，無力反駁，遂將鄂侯處以脯刑，將他做成肉乾。另一三公西伯姬昌聞聽此事，偷偷嘆息，不料被崇侯虎告發，紂王將姬昌押入羑里（商朝國家監獄）。當時姬昌之子伯邑考正在朝歌為人質，擔當紂王的御者，紂王將其烹殺，調製為羹，送給姬昌食用。姬昌雖知為其子伯邑考，不得已而食之，紂王大笑說：「我聽說聖人不食其子羹，誰說西伯是聖人呢？他吃了自己的兒子還不知道。」姬昌被扣押的消息傳到姬昌的封地西岐，立即引起屬下閎夭等人的警覺和恐慌。他們投紂王所好，通過其近臣費仲，送給他有莘氏家美女，驪戎產的文馬和有熊氏的寶馬三十六匹，其他奇巧珍稀之物無數。紂王大喜，說：「一個有莘氏的美女就行了，何必送如此之多呢！」遂將姬昌釋放。

紂王萬萬沒有想到，在西方，一個新興的國家西周正在崛起。

禍起周原

傳說，周的先祖棄，善稼穡，植百穀，在舜禹時期的中原酋邦中擔任「稷」的職位，主管農業，所以後世又稱他為后稷。后稷的子孫世為農官，但是到了不窋的時候，正值夏朝末年發生了那場中國歷史上第一次激烈的社會風暴。不窋丟了官，便率族眾西遷，奔走於戎狄之間，回到了他的故土有邰（今陝西武功）。他的孫子公劉又遷至豳地（今陝西旬邑），仍以農為業，周族漸漸興旺起來，略具國家規模，但是他們仍一直受到商王朝的控制。不過，在周族的發展歷史上，這一時期是傑出領袖輩出的時代。公劉之後九世，周又出了一個傑出人物古公亶父，早期周人的重大歷史轉折便是從他開始的。因豳地經常受到戎狄的侵擾，古公亶父當機立斷，毅然實行大規模轉移，率族眾南遷岐下（今陝西岐山縣東北）。岐山之南，是一大片平原，土地肥沃，適於發展農業，周人在此定居下來，這裡就被稱為周原。這一時期，是周族歷史的重要發展時期，其國勢的強盛，對當時社會形勢產生了很大的影響，受到鄰國的矚目，它們紛紛歸附。自此，周已真正跨入文明時代，周為國號，就是從這時開始的。《詩經．魯頌．宮》歌詠道：「后稷之孫，實維大王，居岐之陽，實始翦商。」意思是說，后稷的子孫大王定居在岐山之南，從此準備翦滅商朝。大王就是太王，是周人為紀念古公亶父而對他的尊稱。事實上的確如此，周滅商的整個事業基礎就是在古公亶父時期奠定的。自此，周人開始積蓄實力，準備對商採取反叛的立場。

古公亶父之後，季曆繼位，周實力繼續壯大。在當時的政治形勢對比中，這股不容忽視的力量引起了商王朝的重視，商朝政府任命季曆為「牧師」一職，這說明周族政治地位在迅速提高。季曆躊躇滿志，開始了他的武裝擴張之路。他這時進攻的首要目標是長期威脅周族生存的戎狄。季曆大戰西落鬼戎、餘無之戎、翳徒之戎、始呼之戎，四戰四捷。雖然在燕京之戎的戰爭中，周人一敗塗地，但這並未遏止住周族蓬勃崛起的氣勢。顯然，周已成了商王朝的一個危險的潛在對抗力量。臥榻之側，豈容他人酣睡？周人的崛起，立刻引起商王朝的警覺和不安。為防患於未然，一直受到商朝重用的季曆突然為商王文丁所殺。這是商第一次對周族勢力施以強制性遏止，商周關係頓時緊張了起來。

然而，商朝也因此陷入進退維谷的境地。商當時正與東夷激戰猶酣。以此時國力，商是絕對不能在兩條線上作戰的。這時，商已顯然對周人無力直接討伐，它只能採取竭力拉攏的政策，使之安分守己。所以，季曆的兒子姬昌繼立後，商仍任命他為西伯，後又封其為三公之一。可是，這並未使姬昌對商感恩戴德，他反而與商王朝展開了更加激烈的對抗。

季曆的被殺是對周族的重大打擊。姬昌認識到，過早的暴露實力會引起商王朝更瘋狂的報復，增加滅商的難度。他運籌長遠，韜光養晦，曲迎商王，把商朝對周族的猜疑降到最低限度，為周族的發展創造良好的外部環境。姬昌統領周族達五十餘年，這使他能夠從容、持續不斷地推進周的事業。而另一方面，他繼續積蓄力量，緊鑼密鼓地進行著滅商的準備工作。姬昌修德行義，禮賢下士，天下仁人志士聞知，紛紛前來投奔。其中重要人物有太顛、閎夭、散宜生等，他們構成周族集團的智囊團，從而給周族的進一步發展和與商王朝最後決裂提供了強大的智力支援。

這時候，商王朝開始由紂王統治，如果將複雜的歷史進程簡化，那麼可以說，在西元前十一世紀中國大地上爆發的一系列事變，其實就是姬昌與紂王兩個人的鬥智鬥勇。紂王由於統治政策的淫虐暴苛，使他在中國歷史上政治生活中的合法規範「德」上被評價極低，這樣，他就首先棋失一招。在中國古代社會，得人心遠比得財貨重要得多。這種觀念反映到統治者的頭腦中，便是重人輕財和積德，並為制定政策提供理論依據。姬昌奉行的就是這種政策，而紂王卻恰恰相反，從這一點也可以看出，姬昌的勝利和紂王的敗亡同樣不可避免。除此之外，紂王的施政措施也為其失敗埋下了伏筆。他獨斷專行，任性行事，醢九侯、脯鄂侯，頻頻拿各地方勢力的首領開刀，這無疑使商朝中央與地方勢力的矛盾更加激化。而姬昌正是在這種情況下，團結不滿商朝統治的地方集團，成為有反叛傾向的地方勢力的首領。孔子後來說姬昌「三分天下有其二」，也就是說，姬昌把商朝大多數的屬國團結在了自己的麾下。不過，此時姬昌和他的盟友在表面上仍臣服於商王朝，這就造成了他在羑里被扣押的事件。

九侯、鄂侯被殺，同為三公的西伯姬昌深為憂慮，不禁嘆息，為自己的處境擔憂，微微表示不滿。這一舉動受到了商朝死黨崇侯虎的注意。崇（今河南嵩縣），是商朝統治中心的西大門，崇侯虎也是商朝統治階層中少有的傑出人物。他能征慣戰、頭腦清醒，對周的勢力發展持疑慮態度。他警告紂王：「姬昌韜光養晦，積善累德，受到各路屬國的擁戴，長此以往，將會對商十分不利。」姬昌正是在這種情況下被囚的，幸賴散宜生等獻美女貨寶，紂王不僅將姬昌釋放，還賜弓矢斧鉞，使姬昌有了自由征伐的大權，並對姬昌說：「扣押你，全是因為聽了崇侯虎的讒言。」將崇侯虎推向前臺。紂王的舉措是極其令人匪夷所思的，給羽翼漸豐的周族以軍事征討的自由，這不是遺子飼虎嗎？從事實上看，紂王是被美女貨寶迷惑了眼睛，使其在政治上極其短視。或許，紂王也是有自己的打算的，他想繼續對周實行收撫的傳統政策，給他放寬軍事行動的限制，意圖將禍水他引，授意姬昌對其他地方勢力展開攻勢，這樣既離間了姬昌聯盟，紂王也可坐收漁翁之利。至於他有意暴露崇侯虎，是基於他的猜疑之心。擁有強大實力的崇侯虎近在京畿，又具有合法身分，他萬一反叛，其後果遠非一個姬昌能比。至少姬昌還遠在西岐，遠水不解近渴。所以，他有意造成姬昌與崇侯虎的矛盾，使其相互牽制。然而，即使此種推測正確，也不能證明紂王這一措施是明智之舉。真正的英明舉措應該是內修朝綱，外伐西伯，不再養虎遺患。當然，對姬昌使用武力，此時已是難乎其難，而對朝廷的整肅卻並非不可能。

然而，紂王沒有抓住這一新的機遇。他棄賢臣，親小人，任用費仲、惡來為政。費仲善諛好利，致使商朝王族不滿。惡來以讒毀賢者為長，致使各方屬國紛紛與商朝中央疏遠。紂王眾叛親離而不自知，暴虐更甚。比干、商容等重臣極力勸諫，紂王不聽，反將商容廢黜。有識之士無不擔憂，在商朝既已不可為，便紛紛自謀出路，投奔姬昌，其中有鬻子、辛甲大夫等。姬昌親自前往迎接，於是投奔者日眾。紂王的行徑真是令親者痛，仇者快，姬昌力量的不斷壯大，多半與紂王的失誤有關。

在姬昌繼承先王遺志的第四十四個年頭，也就是他去世前的第七年，姬昌受天命稱王，從而宣佈周族脫離了商中央政權，在政治上實現了獨立。這標誌著周由商朝的臣屬變為公開與紂王對抗的勢力，商周之間的最後生死決戰即將全面展開。這時，距離周族的先祖后稷已是上千年過去了。而自商湯開始，商王朝也經歷了六百多年。

鹿台之喪

姬昌的稱王獨立，對當時的中國社會來說，是一個極具震撼意義的事件。它意味著商朝的權威受到了自它建立以來從未有過的挑戰。而且，這個挑戰極具顛覆意義，它把紂王推向必須與姬昌全面展開競爭的境地。周族的咄咄逼人的淩厲攻勢令紂王顧此失彼、難於對付。與紂王相比，姬昌顯得異常從容不迫、得心應手。就在姬昌稱王的這一年，發生了具有廣泛影響的「虞芮之訟」事件。虞國（今山西平陸北）和芮國（今陝西潼關西北）均為商朝屬國，與周族的聚居地相鄰。兩國因邊界的領土爭端而發生矛盾，長期未能得到解決。有了爭端，本應該到他們的宗主國商那裡去解決，然而，二國之君仰慕姬昌的威名，不去朝見商王，卻要求到周地，請求姬昌評斷。他們到達周地後，親眼目睹了一系列令他們聞所未聞的事情。周人無論是官吏還是民人，都是互相敬讓，彬彬有禮。二國之君立刻返回各自所居之地，自動將所爭之地做了閒田處理。各路地方勢力聽說了這件事，都私下裡評論，說：姬昌真是受命之君，天下非他莫屬了。司馬遷在《史記．周本紀》中記述了「虞芮之訟」事件的始末，憑著我們的理智態度和對中國古代社會的合理透視，周人社會不會如此美好，其中必定有過於美譽的成分。但在商朝這兩個小小的屬國統治者心目中，周卻是可以信賴的，比起他們的宗主國——朝政混亂的商王朝來說要好得多。「虞芮之訟」事件是周在外交和政治上對商朝取得優勢地位的一個重要標誌。

民心既已可用，姬昌轉而對商朝採取了一系列直接的行動——武力征伐，繼續擴張自己的勢力，向商統治中心步步逼近，商周之爭日益進入白熱化階段。姬昌及其盟友公開與商朝決裂。這時紂王在做什麼呢？史書只是說他仍然像往常一樣尋歡作樂，這似乎與它在開始時的記載相抵牾，他不是「資辯捷疾，聞見甚敏」嗎？他的聰明才智和對事態敏銳的洞察力都到哪裡去了呢？史書缺載，後人只能空餘疑惑了。唯一合理的猜測是他正同東夷鏖兵。

要挺進東方，首先必須掃清後方敵對勢力，解除後顧之憂，所以，姬昌武力進攻的第一步，就是矛頭指向周原北方的犬戎民族和西方的密須（今甘肅靈台），他們被輕而易舉地征服，這樣姬昌可以放心地向東方前進了。

周軍沒有沿黃河南岸前進，這條路上不僅防守甚嚴，而且更容易暴露作戰意圖。所以，姬昌轉師北上，直撲黎國。黎國即耆國，又稱饑國（今山西黎城），地處太行山腹地，具有重要的戰略地位。姬昌佔領黎國，東出太行，即可到達今河北南部，直接威脅商朝北部統治重心沙丘，如果南下，也可攻取現在的河南中部，對朝歌構成直接威脅。如此看來，黎國的滅亡使周軍處於優勢的戰略地位。對此，商朝統治階層大為恐慌，大臣祖伊飛奔朝歌告急，他大聲驚呼：「黎國已亡，上天已經結束我們商朝的命運了。最近每次使人占卜，都未出現吉象，不是先王不幫助我們，而是因為大王淫虐過度，所以才遭到上天的厭棄，大王不能使百姓安居樂業，不順曉上天的稟性，不修德教之術，現在我朝百姓都希望大商潰喪，他們說：『上天為何不降威；天命為何不至達！』事至如今，該如何是好！」紂王不為所動，他固執而狂妄地說：「天命，我們商朝難道沒有命在上天嗎？我們商朝的統治就是天命。」祖伊無可奈何，退出朝堂，仰天長嘆：「紂王是不能勸諫的了！」

其實，紂王同樣意識到了事態的嚴重程度，他也採取了應急措施。但是，由於他剛愎自用和自恃聰明的個性而拒不納諫，在他看來，大臣們的意見真是淺薄至極。紂王命令軍隊在黎國集結，準備同姬昌進行決戰，這就是《左傳．昭公四年》所記載的：「商紂為黎之蒐，東夷叛之。」很顯然，這是紂王為了對付周軍對黎國的攻勢而採取的軍事行動。但是恰在此時，東夷乘機反叛。東夷，大約分佈在今河南東部、山東南部、江蘇西部和安徽境內，它與商的戰爭由來已久，是商王朝的心腹之患。商末以來，尤其在帝乙和紂王時期，雙方的戰爭始終未曾斷絕。這一次，東夷的進攻真是對紂王的致命一擊，讓商朝急劇惡化的形勢雪上加霜。大敵當前，紂王企圖先徹底擊敗東夷，鞏固後方，回過頭來再與姬昌決戰。他率商軍主力對東夷進行大規模討伐，意在速戰速決的紂王沒有想到他會陷入與東夷互為攻守的拉鋸戰中，不僅寶貴的時間被無情地耽擱，而且嚴重削弱了商王朝對周軍的防範力量。東戰東夷成了紂王最重大的戰略失誤。

姬昌抓住時機，飛速南下，直趨朝歌，不久即攻取了邘（今河南沁陽），邘是商王的田獵區，地處商朝腹地，邘被周軍佔領，成為周商勢力對比轉換的標誌，因為邘地一失，周軍即出現在河南平原上，無地勢阻礙，可直驅朝歌。然而，前面便是崇侯虎的封地，崇，是與商關係密切的大國。崇侯虎富有政治頭腦，為紂王死黨。他早已看出周人的企圖。正因如此，崇侯虎令姬昌不敢小覷，他早就作了對周的軍事準備。在他的佈置下，崇建成了堅固的防禦設施，構築了商朝統治中心的西南防線。可見，崇是周人向商統治中心朝歌推進的最後一個也是最大的一個障礙。姬昌伐崇註定是一場硬仗。崇侯虎依城固守，等待紂王返師西線，內外合攻，徹底擊敗姬昌。兩軍在崇城之下一直相持達三旬之久。這是姬昌興兵伐商以來歷時最長的一次戰役。崇侯虎期盼的紂王主力部隊始終未能出現，崇最終被攻破。朝歌門戶洞開，敞開在雄心勃勃的姬昌及其盟友面前。至此，周軍已完成對商統治中心區域的包圍，並形成鉗形攻勢，但就在此時，姬昌不幸去世。姬昌的去世，是周族的重大損失，前線進攻被迫停止，滅商大計功虧一簣。

姬昌的兒子姬發繼位，姬發就是周武王。武王諡其父為文王，自稱太子發，不稱王，不改年號，以示奉文王之命。武王一登基，鑒於周人滅商大業已進入了最後攻堅階段，他立刻採取了一系列的措施。尊姜部族首領姜尚為師尚父，統領周軍。以諸弟中最有才幹的周公姬旦為輔佐，召公姬奭、畢公姬高等助掌左右師。文王九年，也就是武王繼位的第二年，武王引軍東進，在孟津（今河南孟縣西南）舉行大規模的閱兵儀式和軍事演習，武王發佈誓詞：「太子發不才，因先王有大功德，得以受承祖上之功，現訂立賞罰之制，以定其功。」師尚父發號施令：「集合隊伍，齊登舟船，後至者斬。」當時天下各地方勢力不期而會者達八百家之多，眾人齊聲請求：「是討伐紂王的時候了。」但是武王回答：「你們還不知曉天命，時機還未真正到來。」於是引兵復歸。武王的優點是他凡事謹慎，從不貿然行事。文王在世，各路地方勢力敬慕文王德行，紛紛歸附，但現在文王去世，自己有沒有號召天下的資歷和權威呢？他不得不先行試探，這次大閱兵即是抱此目的，同時，也是一次外交盟會，是對反商勢力聯盟的又一次鞏固。不過在商朝內部，還有比干等一大批頭腦清醒者，他們是滅商鬥爭的最後阻礙了。

然而，無需武王動手，商王朝已到了生死存亡的最後關頭。紂王仍淫亂不止，絲毫未採取措施。

當時，紂王徹底擊潰了東夷族，後患已除。但此時，崇城已失，脣亡齒寒，商朝大臣們一個個惶恐不安。紂王的庶兄微子多次對紂王勸說無效，便與太師疵、少師強私自商議，不能陪紂王同歸於盡了。微子遁至荒野避難，而太師、少師則懷抱禮樂之器投奔了周。紂王叔父比干表示：「君主有過失而不勸諫，不能說忠貞；畏死而不言，不能稱勇武。有過失就勸諫，不被採納則死諫，這才是真正的忠，為人之臣，不可不以死爭。」於是，接連三日在朝堂上等候紂王。紂王問：「何以至此？」比干說：「修善行仁，必懷忠義。」紂王極為不滿，說：「我聽說凡是聖人，心皆有七竅，現在我要檢驗真偽。」遂將比干剖屍觀心。王族箕子見勢不妙，假作瘋癲去做了奴隸，仍遭紂王囚禁。

朝歌的一連串事變很快傳到了周都豐邑（今陝西西安西南）。機不可失，武王通告天下：商有重罪，不可不徹底討伐。親率戎車三百乘，虎賁三千人，甲士四萬五千人，揮師東進。這一年是文王十一年十二月戊午日。周軍與各地方勢力會師孟津，大家齊聲盟誓：齊心協力，毫不懈怠，勇往直前。武王當場發佈宣言：「紂王聽信婦寵之言，自絕於天，疏離王親，絕棄禮樂，而作淫聲，以取悅婦人。天所不容，太子發行上天之罰，大家努力，畢其功於一役，直搗朝歌。」

文王十二年二月甲子日清晨，周聯軍抵達朝歌郊外。武王左仗黃鉞，右秉白旄，再次向全軍發佈誓詞：「全軍壯士，長途奔襲辛苦了！大家注意！全體塚君，司徒、司馬、司空，亞旅、師氏，千夫長、百夫長，以及庸、蜀、羌、髳、微、鱸、彭、濮等各族將士，舉起戈，挽起盾，扛起矛，共同立誓！古人曾經預言：母雞不司晨。母雞司晨，家國俱喪。現在紂王專信婦人之言，不祭先祖之祀，不選王親之任，信寵逃亡罪人，以為大夫卿士，使他們暴虐百姓，作奸犯科，人神共怒。今天，太子發要恭行上天之罰。這次行動，佇列要嚴整，每個編隊的距離，不得超過六七步。將士們努力！每次戰鬥中的衝擊少不過四五次，多不過六七次。將士們努力！同仇敵愾，如虎如貔，如熊如羆，奮勇衝殺，大戰牧野，敵軍投降，不得殺害，將其收容，為我所用。將士們努力！若有臨陣退縮、不奮勇作戰者，殺無赦！」

紂王接到武王出發的情報，集結兵力數萬，浩浩蕩蕩，反撲而來，兩軍在牧野（今河南淇縣）相遇。激烈的戰鬥打響，戰爭的場面是非常壯觀的。《詩經．大明》詳細描繪了戰場的景象：「牧野洋洋，檀車煌煌。」其意為廣闊的牧野戰場上，到處是武王大軍明亮輝煌的戰車。兩軍剛一接觸，武王馬上令師尚父率百名勇士前去挑戰，一則觀察敵陣虛實，二則打擊敵軍威風，挫殺敵人銳氣。商軍雖然人數眾多，但都毫無鬥志，熱情期盼著武王迅速挺進朝歌。武王摸清了紂王軍隊底細，命戎車和虎賁部隊向敵陣衝鋒，一下子衝亂了商軍陣腳，商軍紛紛倒戈，迎接武王。武王乘機率全軍衝殺，商軍大潰。紂王見大勢已去，形勢不可挽回，急退保朝歌。他登上鹿台，遠處，周軍往來廝殺，煙塵蔽日，一直衝至朝歌城下，將城池緊緊圍住。紂王已經無力回天，無路可走了。身側珍藏的珠寶之物他一一撫過，可國既已破滅，一生聚斂，又留與誰人享用呢？每一個君主，都不情願將自己的社稷江山輕易捨予他人，除非是迫於無奈。紂王同樣如此。身存社稷存，社稷一失，個人安處？周軍吶喊聲陣陣傳來，紂王命人取來柴薪，點燃大火，他自己全身上下掛滿天智玉（一種上等的玉），投入烈焰之中，自焚而死。

武王乘勝進入朝歌，登上鹿台，親自向紂王屍體發箭三矢，手斬紂王首，懸於大白旗杆上。紂王的三個愛妾，深知不免屠戮，都自盡而死，仍被武王懸首小白旗杆，昭示大罪。

不久，武王主持了隆重而神聖的「受天命」儀式，正式宣佈商朝的滅亡，一個嶄新的王朝——周，建立了。

商紂王辛是個悲劇人物，他的悲劇不僅僅在於商王朝在他手中斷送，還在於他悲劇性的性格。《史記．殷本紀》說他「資辨捷疾，聞見甚敏，材力過人，手格猛獸」。此評價出自態度嚴謹的歷史學家司馬遷之手，不會沒有根據，然而也正是這樣優秀的資質，使紂王剛愎自用，不聽人言，自以為智謀過人，天下無匹，由此也萌生了心胸極其狹窄、好獨斷專行、陰毒狠辣的心性。他曾因辯論不過鄂侯而將他施以脯刑，又曾因比干的冒犯而將其剖屍觀心。這些殘酷行為正是其智慧的反向運用。在商末的社會大危機中，紂王不是沒有體察其中厲害，只是正如《史記．殷本紀》所言，他「智足以拒諫，言足以飾非，矜人臣以能，高天下以聲，以為皆出己之下。」由此可知，對群臣的所諫，他早是一目了然，正是因為臣下提出，他才偏偏拒不採納，反而逆行其事。他的荒唐淫樂，更是具有嚴重後果的自殺性行為，成為敵手攻擊的目標。當然，恣肆淫樂不是紂王亡國的根本原因，但卻著實讓他的政治對手抓住了他致命的把柄。這一切都是他的性格缺陷所致。

而紂王畢竟還是一個有血性的人。在他徹底失敗的時候，他沒有逃，沒有降，也許是幡然悔悟，他把自己作了祭祀的犧牲品，對先祖進行了最後一次祭祀。

第三章

周幽王　姬宮湦

自古天下大勢，爾強我弱，此消彼長，如此循環往復，各領風騷。社稷永存、王位代傳不過是每朝當政者的美夢。「五百年必有王者興」，事實上，許多王朝的興替根本就不需要這麼長的時間。西元前十一世紀的時候，商朝已經傳國六百餘年了，它同樣逃脫不了衰亡的歷史命運。在它的西方，剛剛興起的周族咄咄逼人，大有代商之勢。西元前一〇四六年，周武王興兵東征，大戰牧野，商紂王辛兵敗自焚，商朝滅亡。武王在商王宮殿舉行隆重儀式，膺受天命，再創國家，史稱西周。西周定都鎬京（今陝西西安西南），稱宗周，同時又經營東都洛邑（今河南洛陽），稱成周。然而，一治一亂，等待西周的仍是衰敗的結局，它的末代君主周幽王生不逢時，喪國於自己手中。其實，西周的衰落早就開始了，滅亡已成不可避免的定局。

山雨欲來

西元前八四一年，這一年無論對於整個中國歷史，還是對於西周一朝，都獨具特殊意義。它是中國歷史有確切紀年的開始，同時也是西周政權經歷驚心動魄的大動盪的一年。此時正是周厲王姬胡在位。

厲王好利，任用榮夷公，實行「專利」政策，把國人本可以自由利用的山林川澤全部收歸王有，禁止國人利用。原因何在呢？厲王時期，西周的井田制度正在遭受破壞，一些國人在公地上開闢私田，嚴重影響了西周王室的收入。然而專利政策勢必會引起既得利益者的反對，大臣芮良夫主張維持現狀，以保平安，但受到厲王的拒絕。果然，國人譴責怒罵，議論紛紛，已顯衰亂的朝政更顯出不安定的跡象。召穆公提醒厲王：「國人們已不堪忍受了，如不及時疏導，恐生變亂。」厲王大怒，派衛巫監視國人，禁止他們私自議論朝政，違令者處以死刑。從此，國人在道路上相遇，只能以目示意，不敢再交談。這樣一來，誹謗者倒是少了，但天下諸侯都不再來朝覲。厲王卻自鳴得意地說：「我消弭了對我的誹謗。」召穆公嘆息道：「防民之口，甚於防川。河道堵塞而決堤，傷人一定會更多，百姓也是如此，你這是堵民之口啊！治理河道應以疏導為手段，治理百姓應該讓他們發表意見，以匡弊政。」恐怖形勢的發展，已使召穆公預感到大難即將臨頭，但是厲王頑固不化，依然我行我素。激烈的矛盾一直在積蓄著。三年之後，也就是西元前八四一年，西周都城鎬京的國人拿起武器，發動起義，周厲王倉皇出逃，躲到了彘（今山西霍州），再也不敢回來。這就是著名的「國人暴動」。暴動爆發時，鎬京大亂，周厲王太子姬靜藏進了召公家中避亂。國人得知後，遂將召家包圍，要求召公交出太子。召公無可奈何：「以前我屢次勸諫大王，而大王不聽，所以才構成此災難。如果現在太子被殺，大王一定怨恨於我。為人臣者當身處險境而自若，受難而不怨！」於是索性將自己的親生兒子冒充太子，送出交付國人處置。召公之子被害，而太子姬靜則在召公家中倖免於難。

周王逃遁，太子失蹤，而國不可一日無君，共伯和，好行仁義，被諸侯稱道，以為賢士。這時，蒙諸侯推舉，出面收拾殘局，攝行王事，史稱「共和行政」。西元前八四一年就是共和元年。十四年後，厲王客死於彘，共伯和退位，由太子姬靜繼位，是為周宣王。

周宣王親歷了國人暴動的社會風暴，大動盪的情形始終令他記憶猶新。他當政後，改變厲王的高壓政策，內修政事，外攘夷狄，號稱「宣王中興」。他的主要功績就是他的赫赫武功，他對周邊民族南征北討，取得了一系列的勝利。

中原，由於發達的文明和優越的居住條件，歷來受到周邊民族的覬覦。中原衰亂則戎狄勢勝，中原強盛則戎狄卻步。這在中國古代一直是個規律性的現象。周厲王時期，南淮夷深入周地，厲王派虢仲對其累累用兵，戰事一直進展不大，反而消耗大量國力。同時，西北的戎狄勢力常常挺進西周的統治中心關中地區，王畿震懾。面對戎狄入侵的局面，宣王乘國內穩定之機，迅速組織反擊，命方叔南伐荊楚，召虎東征淮夷，自己親征徐戎，迫使徐淮重新歸附，周朝聲威波及南海，並在南征的基礎上，建申國（今河南南陽），封申侯，以鞏固南線前沿陣地。同時，命尹吉甫北伐獫狁，南仲西討西戎，又取得重大成功。但是，此時西周王朝已是一個百病交集的「病夫」，病入膏肓了，任何一個強烈的刺激，非但對它無有微利，卻有百害。周宣王在使西周威名重振的同時，也使國家剛剛恢復的元氣被損耗殆盡。所謂宣王中興，很快成了過眼雲煙。不久，他就遭受了一連串的失敗。周宣王命秦仲進伐西戎，不料一敗塗地，秦仲戰死。進伐太原（今甘肅平涼）戎，又未獲勝績。進攻條戎、奔戎，同樣遭到了失敗。晉人伐北戎於汾水流域，戎人反滅了周厲姜侯之邑。更有甚者，獫狁精騎躍進千里，竟直逼王畿附近的涇陽（今屬陝西）。最具影響的還是周宣王三十九年（西元前七八九年），周軍主力與姜戎大戰於千畝（今山西介休），被姜戎挫敗，宣王把原來戍守南方的「南國之師」北調，與之再行決戰，同樣遭受喪師潰逃的命運。這一戰，使西周軍隊主力喪失殆盡，被迫「料民太原」。料民，就是調查戶口，藉以補充兵員和整頓賦稅。但是，這項措施不僅侵犯百姓，也觸犯了貴族的利益，因而受到大臣仲山甫的反對。周宣王仍一意孤行，這樣，周王室統治階層內部的矛盾也趨於激化。

在此之前，周宣王的另一舉措曾引起國內不安。他宣佈不再「修籍於千畝」。千畝，即「公田」，按周禮規定，每年春季，周王率諸侯百官在公田上隆重舉行籍田禮，以象徵田地為周王所有。現在，宣王不再舉行籍田禮了，這件事標誌著至少在王畿內，公田與私田的界限逐漸消失，井田制開始瓦解，籍田禮沒有舉行的必要了。這一舉措，當即受到大臣虢文公的反對，周宣王不聽。不是他不想聽，是他實在無能為力，實行統治還是注重實際的好，他承認了這個並不使人歡欣的事實。井田制是西周政治制度和政權統治的基礎，它的崩潰，嚴重動搖了西周王朝的統治根基。西周王朝已面臨全面崩潰的危險。

西元前七八二年，在內外交困的形勢下，周宣王姬靜帶著他莫大的雄心和遺憾去世了。他的兒子姬宮涅繼位，是為周幽王。他是西周最後一代國王，可他對西周的頹勢也是一籌莫展，長期積累的社會問題和各種錯綜複雜的矛盾衝突，使西周王朝處在風雨飄搖之中……。

冰凍三尺

冰凍三尺，非一日之寒。西周的大危機正在醞釀之中。

西周歷經武王、成王和康王三世而後衰。著名歷史學家司馬遷在他的名著《史記．周本紀》中說：「昭王之時，王道微缺。」我們由此可以知道，西周的統治自昭王開始出現不祥的兆頭。而與此緊密相關的是，昭王的二次大舉南伐荊楚。第一次在昭王十六年，周軍挺進至漢水流域，進展順利，但第二次就不那麼幸運了。就在周軍回師途中，由於天氣惡劣和浮橋崩壞，周軍損失六師，連昭王都未倖免，遺恨疆場。昭王死，穆王繼立，他繼續對周邊各族用兵，最大規模的當屬遠征犬戎。但此時犬戎尚按時朝貢，而且率行仁德無大過，周軍出師無名，因此受到大臣祭公謀父的反對，他指出應耀德不觀兵，以仁德服人，不可輕舉妄動。這個合理的建議卻受到了周穆王的不屑，結果周軍勞師襲遠，一無所獲，僅得四白狼、四白鹿而歸。周朝威風掃地，不僅造成了西周與犬戎的對立局面，而且使外藩也不來朝覲了。

戰爭是古代政治的重要內容，一個王朝的興衰成敗與戰爭有著莫大的關係。累年征戰，拖垮了曾經強盛的西周政權，它的內部開始矛盾重重，這以後的共王、懿王、孝王、夷王四世，天子威儀陵夷，王室多故，恩命頻繁，職官猥多，國力在浪費中漸漸消耗，處處顯出衰敗的徵象，諸侯不再宗周，或不朝覲，或叛離。

同時，北邊外患日益嚴重，戎狄交侵，暴虐中土，周室首尾不能相顧，敗績頻傳。為了補充國力之不足，周王朝培植京畿強藩以捍衛中央，但是此舉一時還可收拱衛之效，久則成尾大不掉之勢。事實上，這樣的強族越多，周王室的權威也就越小了。此舉純屬飲鴆止渴，但除此之外，還有什麼良策呢？

戰爭使政治傾頹，這是眾所周知的道理。而政治破敗最根本的原因乃是經濟制度的崩解，這是隱性、不易為人所知的，它在歷史進程中悄悄地起著作用，改變著社會的運行狀況。西周普遍實行井田制，在此種制度下，土地為國家所有，不能轉讓，更不能買賣。西周中期以後，井田制度發生了一些變化，出現了用土地進行抵押和交換土地的情況。這表明土地主人對這塊土地已確立了私有權。土地的私有化使貴族們傾心於自己的私田，荒蕪了公田，大大影響了西周王室的收入，這就導致了周厲王的「專利」政策：規定私田與公田一律徵稅，引發「國人暴動」，周宣王最後也不得不放棄籍田禮，默認了土地私有的現實。

西周的社會危機造成的一個直接後果，就是宗周鎬京地位的下降，西周的權威受到更加嚴峻的挑戰。周初營建成周洛邑，原是為了控制東方。周室的真正基地，仍然在豐鎬地區。但在昭王、穆王以後，這種形勢發生了改變。當時周王室的戰略方針是：對西北防禦、向東南發展。在此方針指引下，昭王還因開拓南土犧牲了性命。而穆王以後，制服淮夷當是周公姬旦東征以後的另一件大事。

西周末年，周室開闢南國，加強對淮夷的控制，在東南持續進取政策。於是，東都洛邑便成為許多活動的中心，西周王室在此有大量的物資囤積，有常備的武力（成周八師），洛陽已具備活動中心的實力，所以周王常來駐節，東南軍事行動常在成周發佈。而宗周鎬京的情勢就大為不同了。西北的守勢，並不能完全阻遏戎狄的進攻，事實上，戎狄騎兵常常深入周王畿地區，給西周中央政府造成極大的威脅。周王為了防守京畿，必須厚集兵力，原在東方而未必屬於周人嫡系的武力，大約也會調集到京城衛戍。而這些戍邊的諸侯或將領，原來都大多與戎狄有婚姻關係。這樣，戎狄便逐漸滲透深入到內地，那麼，可以想見，在周朝軍隊中，定有分屬於各民族的士兵。如果周人為了捍衛京都，招降東南諸夷，以抵禦西北戎狄，那麼畿輔之內的民族成分就更加複雜了。因此看來，與成周的興旺相比，宗周雖然號為京畿，西周王室倒未必能有堅實的掌握與控制。宗周的衰落，同樣使西周政權受到不可避免的動搖。

就這樣，在眾多因素的共同作用下，西周政權一步步走向破滅的邊緣。周幽王即位之時，大有山雨欲來風滿樓之勢，等待他的將是更加激烈的社會風暴。

身國俱喪

遠古詩人們的心靈是脆弱而敏感的，社會現實給了他們強烈的刺激，他們歌之詠之，以吐心中塊壘，而我們也可從中管窺出一些周朝末年的社會情實。這得歸功於兩千多年前的那部詩歌總集《詩經》。《詩經》中的許多詩篇說到當時兵役繁重，統治者把耕者當作野獸，驅於曠野，他們脫離了生產，長期遠戍，以至於土地變得荒蕪，茂草叢生；而留在農村的耕作者又遭受著殘酷的剝削，瓶罐盡空，織機閒置，生活無著，不得不拋棄家園，遠逃他鄉。《詩經．魏風．碩鼠》就反映了耕者逃亡的歷史圖景。而《詩經．大雅．瞻卬》則描述了其時的政治情況：「人有土田，女反有之。人有民人，女覆奪之。此宜無罪，女反牧之。彼宜有罪，女覆脫之。」大意即：別人如有好田地，你卻侵佔歸自己。別人田裡人民多，你卻奪來做奴隸。那些無罪之人，你要囚捕他們。這些本是有罪人，你卻開脫去包庇。由此可見當時的肆意掠奪、善惡顛倒的社會境況。面對殘酷的社會現實，詩人們發出憤憤不平的控訴，在《詩經．小雅．北山》中，他們唱道：「或燕燕居息，或盡瘁事國。或息偃在床，或不已於行。或不知叫號，或慘慘劬勞。或棲遲偃仰，或王事鞅掌。或湛樂飲酒，或慘慘畏咎。或出入風議，或靡事不為。」大意即：有的人坐家中安樂享受，有的人忙國事皮包骨頭。有的人吃飽飯高枕無憂，有的人在路上日夜奔走。有的人從不知民間疾苦，有的人憂國事累斷筋骨。有的人專享福悠閒自得，有的人為工作忙忙碌碌。有的人尋歡作樂飲美酒，有的人擔心災難要臨頭。有的人誇誇其談發議論，有的人樣樣事情要動手。《詩經．小雅．大東》則寫道：「東人之子，職勞不來；西人之子，粲粲衣服。周人之子，熊羆是裘；私人之子，百僚是試。」大意即：東方子弟頭難抬，沒人慰勞只當差；西方子弟高一等，衣服鮮豔閃光彩。大人子弟福氣好，打熊獵羆把心開。小人子弟命運多舛，幹這幹那像奴才。

在這種情況下，周室朝野上下，離心離德，有的懍懍危懼。《詩經．小雅．正月》說：「謂天蓋高？不敢不局。謂地蓋厚？不敢不踏。維號斯言，有倫有脊。哀今之人，胡為虺蜴？」大意即：是誰說那天很高？走路不敢不彎腰。是誰說那地很厚？走路不敢不躡腳。人們喊出這些話，確實有道理說得好。可恨如今世上人，為何像蛇將人咬。有的怒不可遏，如《詩經．小雅．巷伯》說：「取彼譖人，投畀豺虎！豺虎不食，投畀有北；有北不受，投畀有吴」。大意是：抓住那個造謠家，丟到野外餵虎狼！虎狼嫌他不願吃，把他摔到北荒；北荒如果不接受，送他歸天見閻王。

這樣看來，周幽王之世，處處顯示出大廈將傾的景象，而一場自然災害，對西周統治更是雪上加霜。西元前七八一年，亦即周幽王二年，西周的統治中心關中地區發生強烈地震，使岐山崩壞，涇水、渭水和北洛水三條河流斷流。《詩經．小雅．十月之交》記述了這次大災難的嚴重程度：「百川沸騰，山塚崒崩。高岸為穀，深谷為陵。」大意即：大小江河齊沸騰，山峰倒塌亂石崩。高山剎那變深谷，深谷頓時變丘陵。伴隨大地震而來的是大旱災，農業連年歉收，又造成了大饑荒，百姓被迫流亡就食。《詩經．大雅．召旻》唱道：「旻天疾威，天篤降喪，瘨我饑饉，民卒流亡。我居圉卒荒。」大意即：老天暴虐難提防，接二連三降災荒，饑饉遍地災情重，十室九空盡流亡。國土荒蕪生榛莽。人民大量餓死。《詩經．大雅．雲漢》中說：「周餘黎民，靡有孑遺。」大意即：周地剩餘的老百姓，將要全部死亡。嚴重的自然災害加速了西周政權的崩潰。

由於對大自然的認知局限，古人對於天災極為畏懼，總認為是上天對下民的懲罰。天災在周人心理上造成的打擊，往往比實際的經濟損失更為沉重。大地震發生後，大臣伯陽甫深為不安，他說：「大周就要滅亡了。地震乃天地之氣、陰陽失序所致，這是將有變亂的徵兆啊！當初，伊河、洛河乾涸而夏朝滅亡，黃河枯竭而商代失統。現在周朝情形與夏商之末極為類似，山塌河乾，十年之內，大周必亡。」

種種跡象表明，西周已成即將潰崩之堤，塌陷就在旦夕之際。這正是周幽王的不幸。他在位期間的所作所為，無異於火中添薪。到西周末年，長期積蓄的各種矛盾之火，已經熊熊爆燃起來了。

在對外關係上，周幽王首先棋失一招。他命伯士進伐六濟之戎，不料全軍潰敗，伯士戰死；西戎乘機進擊犬丘，將戍守西境的周朝主帥秦世父活捉，於是鎬京西面門戶洞開，隨時處於西戎精騎的威脅之下。

在內政方面，周幽王寵信佞人虢石父。虢石父乃阿諛奉承之徒，貪好財貨，由於虢石父干政，使得周王室朝綱不整，朝野內外怨聲載道。

書到此，我們不得不引出中國歷史上一個著名的女人，她就是褒姒。

傳說在夏朝末年，有兩條龍降在夏王庭上，自稱是褒氏的兩位先君。夏王不明就裡，於是問卜，對其殺、驅和留都不是吉卦，又卜問請其龍涎深藏以志紀念，才得吉象。等夏王收集龍涎於金匣，二龍乃倏忽不見。夏朝滅亡後，此匣傳商；商亡，又傳於周，從未有人敢打開。直至國人暴動前夕，周厲王命人打開看驗，不料龍涎流到了庭堂上，再也清除不掉。厲王動用巫術，使裸體宮女對著龍涎喊叫，以壓其邪氣。龍涎竟化為一隻大玄黿（黑色的鱉），竄入厲王後宮，正巧被一年少宮女撞見。不久，此女便懷有身孕，無夫而產一女。宮女心中害怕，遂將女嬰遺棄。

轉眼到了周宣王執政時期。這時，天下童女開始傳唱一曲歌謠：弧箕服，實亡周國。大意是：山桑木之弓，箕木之箭壺，此物一出周國滅亡。這一神秘的預言不脛而走，傳遍王畿。正在這時，鎬京來了一對夫婦，宣稱出售桑弓箕壺。為了闢謠，宣王下令將他們捕殺。夫婦二人被迫連夜逃遁，在路旁正好遇見宮女遺女在那裡叫哭甚哀，二人不忍，收留此女，一起逃到了褒地。再後來，褒人有罪，遂將此女送入宮中贖罪，因是褒人，便稱為褒姒。西元前七八〇年，即周幽王三年，幽王在後宮巧遇褒姒，一見傾心，寵愛有加。從此幽王不再理朝政。

褒姒天生不喜笑，入宮以後，也是鬱鬱寡歡。幽王用盡辦法，都未能使她開心。一日，幽王心血來潮，擊起大鼓，點起驪山烽火，傳警諸侯。在周代，為了保衛王都，京郊都設有烽火臺，一有敵情，即點燃烽火，白日見煙，晚間觀火，日傳千里。諸侯得警，必須興勤王之師，千里馳援。周朝末年，西戎屢次奔襲關中，精騎數次侵入王畿。這一次，烽火連天，眾諸侯紛紛赴救。可到達鎬京城下，卻空無一敵。眾軍面面相覷，狼狽不堪。褒姒見此情景，開懷大笑。周幽王也非常高興，因為他終於找到使愛妃褒姒開心的辦法。如此一而再，再而三，眾諸侯憤懣不平，看見烽火傳警再也不興師勤王了。荒唐的周幽王應該知曉，在秦世父被俘而西線失守之後，他又親自撤去了鎬京的最後一道軍事保障。勤王之師不至，鎬京就僅僅是空城一座了，敵軍唾手可得。

周太史伯陽素讀史冊，深諳褒姒來由，默然嘆息：「大周將亡矣！」不久，為取悅褒姒，周幽王廢掉正妃申后及其所生太子宜臼，扶立褒姒為正妃，冊封其子伯服為太子。幽王廢嫡立庶，實際上是摧毀了西周政權的另一根支柱——宗法制。西周的政權基礎是分封制，有分封就有宗法，兩者是相輔相成的。所以，宗法制是西周最重要的政治制度之一，其核心的內容是確保嫡長子繼承制，它的實質是通過別分出來的親疏血緣關係確定財產和政治地位的分配。周幽王打破常規，也就破壞了西周政權的組織基礎，這無疑是又在西周衰亡的熊熊烈焰中又投了一把乾柴。

太子廢立之事一出，伯陽深感不妙，頓足說：「大禍已成，再也無可挽救了。」另一大臣史伯也對當時局勢深表不安：「周王室卑弱，而戎狄必然昌興。現在大王棄賢明之臣，用讒昧之人，法令不申；聽信婦人之言，廢嫡立庶，驅太子宜臼，宜臼的外祖申侯必不肯甘休。若申國與西戎聯手，鎬京必破！」

果然，宜臼被逐，遂投奔申侯。申侯見女兒后位被黜，外孫遭貶，大怒，聯合繒國和犬戎部族，合擊鎬京。周幽王趕忙舉烽火傳警，但眾諸侯唯恐再次受騙，都按兵不動，申戎聯軍與幽王戰於驪山（今陝西西安東），周軍大敗，周幽王、太子伯服遇害。聯軍衝入鎬京，將財物掠搶一空，褒姒也被西擄而去。西周遂告滅亡。

幽王即喪，申侯與魯侯、許文公出面，扶立宜臼為王，是為平王。由於周朝統治重心已轉移至洛邑，加之鎬京殘破，又隨時受西戎威脅，遂遷都成周，史稱東周。它標誌著一個新時代開始了。東周王室卑弱，各諸侯乘機崛起，從此，中原地區霸權迭興，進入赫赫有名的「春秋時代」。

成王敗寇，在中國歷史上，自古以來人們就是這樣認識的。周幽王無任何勇武和智謀，但他卻是一代君主，而且失敗了，所以他就只能在歷史上處於受蔑視和受批判的地位。

西周滅亡了，但長久以來，人們把罪責推到了一個女人褒姒身上。正如《詩經．小雅．正月》中說：「赫赫宗周，褒姒滅之。」褒姒何許人也，一個女子能有如此神力顛覆赫赫周國？其實，西周的滅亡是其自身矛盾發展的必然結果。褒姒是一個美貌女子，以色相取悅國君，對西周的敗亡自應負一定的責任。然而，對她過於苛責，未免失於公允。

第四章

秦二世　胡亥

在群嶺逶迤的驪山（今陝西臨潼）秦始皇陵，陪葬的兵馬俑和銅車馬令世人震驚，並被譽為「世界八大奇蹟」之一。秦始皇陵規模之大，建築之多，埋葬品之豐，足以與雄偉的長城、古希臘遺址相媲美。中國古代帝王陵墓可與其儔者罕見其匹！然而，在相隔不遠的西安市東南曲江池南岸，有一座很不起眼的小山崗，崗上有個土堆，這也是一個墓。墓高不過六米，墓底直徑不到十米，北面有一殘碑，黃色礫土裸露於外，給人以淒涼、遭遺棄的感覺。這裡埋葬的就是秦始皇的兒子——秦二世胡亥。中國歷代君主「視死如視生」，都想把人間的尊榮帶到地下去繼續享受，因而大修陵墓。秦二世胡亥之墓為何荒涼至此？他的一生表現如何？我們應當怎樣評價他？這些都發人深思！

狼狽為奸改詔篡位

秦二世胡亥（西元前二二九——二〇七年）是秦始皇第十八子。他生於秦滅亡六國之時，母為胡姬。始皇平素注重子女及宗室子弟的教育，由宮廷博士教導，諸公子必須接受貴族文化教育。秦宮中教育條件也很優越，特別是在「焚書坑儒」前，儒家宮廷博士較為活躍，儒家思想對諸公子有一定影響，始皇長子扶蘇就深愛儒學，對始皇「焚書坑儒」以及秦王朝推行嚴刑苛法等政策不滿，多次上書勸諫，因而觸怒始皇，被外派到北部邊境，任大將蒙恬為監軍。

胡亥也學了一些儒家理論，知道一點禮義廉恥，但更偏好法家學說。一來法家學說為秦王朝長期奉行，在統一天下過程中起了重要作用，被視為正統治國理論；二來趙高對他影響很大。

趙高是個宦官，出身於趙國宗室遠支，父親獲罪受宮刑後，母親與人野合生下了趙高兄弟。趙高兄弟也都受了宮刑，入宮為役。卑賤的出身，殘缺的身體，嚴重地扭曲了趙高的心理。懷著對世人的刻骨痛恨和極端的權力欲望，趙高像一條毒蛇蟄伏在秦宮裡。

天性狡詐、口齒伶俐的趙高善於察言觀色，曲意逢迎去討秦始皇的喜愛。他身高力大，寫得一手好字，尤其精通獄法。據說他對秦朝律令熟練到了每個細目都能背誦的程度。始皇帝在判決斷獄方面拿不準時，還經常向他諮詢，總能得到滿意的回答，因此頗受始皇賞識。於是將趙高提拔為中車府令，掌管皇帝的車馬儀仗隊，並讓他教導胡亥的書法和法律知識。趙高很得胡亥歡心，二人私交甚密。

中車府令也不過同一個縣令的級別差不多。雖然不算被重用，可是對一個陰謀家來說，任何一片枯葉都能成為他的晉升之階。官不大。卻是秦王的近臣，這就非同小可了，何況還有與胡亥的親密關係作後盾。所以這個臺階就為趙高奠定了發跡的基石，也為秦王朝的滅亡埋下了深深的隱患。趙高的劣跡，一度引起了秦始皇的注意。秦始皇命令上卿蒙毅（蒙恬之弟）負責審查。蒙毅掌握確鑿的證據後按律判了趙高死刑。可是，始皇偏愛趙高機敏能幹，特下書赦免。不久，又將他官復原職。趙高從此深恨蒙毅，只因蒙氏世有大功，蒙恬、蒙毅兄弟又是始皇倚重的文武大臣，趙高反而表面上曲意奉承蒙氏，暗地裡則尋機報復。

始皇三十七年（西元前二一〇年），秦始皇最後一次巡遊，至沙丘（今河北廣宗縣）行宮一病不起，趕緊招來左丞相李斯、中車府令趙高、公子胡亥三人，留下了遺詔：令長子扶蘇移交兵事於蒙恬，急赴都城咸陽主辦喪禮。明確指定扶蘇繼承帝位。遺詔加蓋御璽密封後，暫存於趙高處，還未及派使者送出，「千古一帝」秦始皇就一命歸天。李斯見始皇死於巡遊途中，當時朝中又未立太子，恐怕在咸陽的諸公子爭奪帝位、天下大亂，就嚴密封鎖消息，密不發喪。只有李斯、趙高、胡亥和幾個親近宦官知道始皇已駕崩，他人一概不知。

居心險惡的趙高趁始皇死後留下的權力真空，利用胡亥與扶蘇、李斯與蒙恬面臨的權力分配的矛盾，打著自己的小算盤。他要找到對自己有利的一方，暫時投靠，作為進一步向上爬的靠山。趙高使出了陰謀家的渾身解數，搖脣鼓舌，往來於胡亥、李斯之間，密謀策動了改詔更立的一場政變。

趙高首先試探胡亥，以談論皇上駕崩，扶蘇即將繼位，胡亥卻無尺寸封地的狀況，來表示對其前途命運的關心。胡亥對繼位無望雖心有不甘，但覺得兒子應遵從父命，對始皇的安排也無可奈何。趙高進一步挑明：「現在對天下的安排，完全在於你、我和丞相三人。」希望胡亥早作謀劃。並提醒胡亥：「臣人與見臣於人，制人與見制於人，豈可同日道哉！」胡亥明白了趙高的意圖，可是封建倫理道德在他頭腦中還是有一定影響。他覺得奪取兄長的繼承權是不義，違背父親的遺命是不孝，依靠別人爭奪帝位是不明智，不義、不孝、不智都違背了道德規範要求。即使做了皇帝，天下人也不會心服，如果一意孤行的話，不僅自身會有生命危險，連江山社稷都危在旦夕。見胡亥擔心道義的譴責，趙高舉出商湯、周武弒君代立，衛君殺父奪位而天下人稱讚他們仁義道德這些堂堂皇皇的歷史事件，企圖為其政變套上一串正義的光環，使胡亥不致做賊心虛。趙高進而勸說：「幹大事應不拘小節，盛德之人不在意別人的責備。顧小失大，必有後患；狐疑不決，定然後悔！」促使胡亥當機立斷，儘快行動。經趙高這一番誘勸和鼓動，也出於對自己前途的考慮和對帝位的覬覦，胡亥利令智昏，同意並縱容了趙高的陰謀。但仍有顧慮：丞相李斯是功臣的代表，身居要職，對政變成功與否非常關鍵，他的態度尚未明確，因此不敢貿然行動。於是趙高自告奮勇，又來遊說李斯。

李斯是始皇吞併六國時的智囊，統一天下後成為秦王朝的重要決策者。他原是楚國人，棄楚奔秦的思想動機是「人之賢不肖，譬如鼠矣，在所自處耳」。認為廁中之鼠與倉中之鼠本無區別，只因生存環境的不同造成了懸殊：倉鼠肥碩而安逸，廁鼠骯髒而驚惶。李斯由此樹立了做倉中鼠的人生信條。膨脹的權力欲求和小人氣質從他妒殺韓非，提議禁私學和焚書，諛辭頌德逢迎始皇這些事件中可見一斑。這是趙高覺得有把握說動李斯的思想基礎。趙高對李斯的策動正是從李斯在名利面前患得患失這個弱點入手而取得主動權的。趙高先說始皇遺詔及符璽皆在胡亥處，加重胡亥的分量。又讓李斯自己與蒙恬相比，得出在才能、功績、謀略、人望、與扶蘇的關係這五個方面不如蒙恬的結論，進而指明扶蘇一旦繼位，蒙恬定會取李斯而代之。然後舉出秦罷免大臣後，大臣及後代多遭不測的史實，使李斯自感地位動搖，惶惶不安。如何保護既得利益呢？唯一選擇只有與胡亥、趙高合謀篡位。這樣就「上下合同，可以長久；中外若一，事無表裡」。李斯也能世享富貴榮華。趙高的話，句句關係到李斯的個人利益。李斯最後仰天長嘆，垂淚嘆息，同意了趙高的政變計畫。

胡亥、趙高、李斯政變聯盟結成後，首先毀掉了始皇遺詔，偽造了遺詔，說是始皇遺命丞相李斯立胡亥為太子，葬禮完畢後即位。又偽造了一份陷害扶蘇、蒙恬的詔書，加蓋御璽後，派心腹日夜兼程去扶蘇、蒙恬統軍的駐地——上郡（今陝西榆林）下書。同時，胡亥等人擔心扶蘇違詔先入咸陽，便星夜賓士，越井陘，過九原，再入咸陽。他們故意從北邊繞一大圈，為的是掩人耳目，也為等扶蘇的消息。因天氣炎熱，時日長久，始皇屍體已腐爛發臭了。他們買來大量鹹魚，每車裝一些，讓屍臭魚臭混雜來掩蓋真相。為了篡位，胡亥、趙高可謂用盡心機。可憐一代強主，死前遺詔生變，死後如此下場！

扶蘇接到詔書後茫然無措。詔書指斥他的罪名是「無功」卻「誹謗」父親，「為人子不孝」，命其自裁。蒙恬為「同謀」，以「不忠」的罪名「賜死」。忠厚的扶蘇未經人事滄桑，懾於始皇威嚴，準備從命。蒙恬卻以其深刻的政治閱歷和經驗，懷疑「信有詐」，勸扶蘇調查一下原委再說。扶蘇不聽忠告，竟然輕信於人而自殺，至死不渝地執行了父要子死，子不得不死的儒家信條。扶蘇一死，陰謀者的目的便達到了，讓蒙恬處於進退維谷的絕境。倘若扶蘇不輕易自殺，蒙恬必不奉假詔命，他重兵在握，謀略過人，又有在全國素有賢名的扶蘇為號召，振臂一呼，天下鎮服，胡亥篡位能否得逞尚未可知。扶蘇死後，蒙恬無計可施，連調查詔書真假的可能和必要都化為泡影，只得任使者擺佈。但一代名將，怎能輕易自殺？於是被囚禁在上郡所轄的陽周（今陝西子長），等待朝廷的處置。

扶蘇死後，政變者們才放下心來。他們這才發佈始皇死訊，即日發喪，並徵發奴役，續修驪山秦始皇陵。

西元前二〇九年，胡亥登基，稱為二世皇帝。李斯仍居相位。趙高升為郎中令，臨朝處理政務，兼掌宮中禁衛軍，成為二世身邊最親信的決策人物。

貪圖享樂任悵作虐

秦二世胡亥登上皇帝寶座後，不思進取，只顧貪圖享樂。他認為人生在世如白駒過隙一樣短暫，既然自己已貴為天子，就應隨心所欲，盡情享樂。為了實現享樂主義這個唯一的人生信念，就必須長據天下。自從矯詔殺扶蘇篡帝位以來，胡亥心裡總不踏實，害怕陰謀洩漏，諸公子和他爭奪帝位，大臣們不擁護他。趙高雖已為郎中令，宮內外事情皆依其謀劃。趙高因自己以往地位卑微，如今雖有二世撐腰，也恐諸公子和眾大臣不服。他不失時機地一再對胡亥說大臣和宗室貴戚對其即位竊有異議，只是表面順從，而內心不甘，竭力鼓動二世誅殺大臣和宗室，來達到消滅政敵，扶持自己勢力的目的，逐步實現自己不可告人的陰謀。趙高建議：要想徹底消除隱患，就必須大刀闊斧地誅盡宗戚功臣。同時重用新人，新人定會感恩圖報，讓「貧者富之，賤者貴之」。重新立法，加重刑罰，堅決打擊舊勢力。趙高的建議讓二世大感興趣，於是令趙高全面負責執行。自己落得個清閒，可以縱情玩樂。

趙高打著鞏固二世統治的旗號，大開殺戒。一時，血濺朝堂內外，大秦帝國變成了一個巨大的屠場。他首先拿宿仇蒙氏兄弟開刀。本來，扶蘇死後，二世準備放過對自己地位已無威脅的蒙氏，仍用才幹過人的蒙氏兄弟為將。趙高、李斯為同一爭權目的，懼怕放虎歸山，蒙氏日後重獲重用，皆欲誅滅之以絕後患。趙高在胡亥面前百般詆毀蒙氏，他說以前始皇欲立胡亥為太子，只因蒙毅屢次阻撓才未下決心。而且，蒙氏長期帶兵，一旦他們為扶蘇復仇，天下必將大亂。二世遂決定誅殺蒙氏。胡亥的叔父子嬰聞訊急忙求見胡亥。他列舉趙王遷殺李牧，燕王喜用荊軻，齊王建殘害忠良而用後勝之謀，都導致亡國的史事，認為蒙氏是「秦之大臣謀士也，而主欲一旦棄去之，臣竊以為不可」。如果誅殺蒙氏，就是「誅殺忠臣而立無節行之人，內使群臣不相信而外使鬥士之意離也」。子嬰可算是秦統治家族中有膽識之人，他為蒙氏講情，主要是從秦王朝統治大局著想，所指的「無節行之人」無疑是影射趙高之流，可見其當時對趙高所為已存不滿。但目光短淺的胡亥從個人私利出發，根本不聽子嬰之諫。他派御史曲宮宣佈蒙毅「不忠」的罪名，將他賜死。蒙毅辯解道：「先帝從未就議立太子一事詢問我。駕崩時我身在外地，是不可能參與此事的。」他又擺出秦穆公殺三良，秦昭襄王殺白起，楚平王殺伍奢等君主之失。借古諷今，言己之無罪，試圖打動胡亥以期活命。御史根本不容蒙毅辯白，殺之於代（今河北蔚縣）。二世又遣使至陽周，令蒙恬自殺。使者說：「你的罪太多了，你弟弟又惑上不忠。所以，皇上將你賜死。」蒙恬統領邊兵十餘年，被囚之地又近邊關，故其對軍隊的影響依然存在。若舉兵反抗，必然一呼百應，遠非一使者就能置其於死地。但他考慮到蒙氏祖上對秦的功績和始皇對自己的信任，不忍因此使蒙氏聲名蒙受恥辱。況且起兵反對胡亥等人，不論結局如何，必然給統一不久的秦帝國帶來一場浩劫，使社會、經濟再受摧殘。蒙恬自知必死無疑，只希望使者把自己的諫言轉告胡亥，希望胡亥知錯能改，做一個聖明的帝王。但使者並不答應，只說自己是執行公務。蒙恬在無奈中嘆息自己要「無過而死」，然後吞藥自殺。

胡亥又放手讓趙高更改律令，督察百官。他們共同策劃，羅織罪名，揮刀殺向宗室功臣。首當其衝的就是諸公子，這些公子並沒有公開反對胡亥，趙高便以「莫須有」的罪名將他們處死。在杜郵（今陝西咸陽東）先後就肢解公子六人、公主十人，在咸陽市上斬殺公子十二人，公子將閭兄弟三人是最後一批被處理的。因三人平時行為十分謹慎。連趙高這樣的陰謀家都一時抓不到什麼把柄，只好先囚於內宮。趙高恐怕夜長生變，祕密派人以「不像臣子」為名逼三位公子自殺。將閭以「在宮廷未失禮，廊廟未失節，朝堂應對未失言」為由作蒼白無力的辯解，但已殺紅了眼的胡亥怎會放過他們？三位公子相繼被逼自殺。公子高看到兄弟姐妹一個個慘死，自知難以倖免。在走投無路的情況下，提出願為父皇殉葬。在封建社會，這是一種很體面的死法。胡亥只不過是為了消滅諸公子，除去爭奪政權的隱患，因此，無論他們怎麼死都是可以接受的。公子高既然願當孝子殉葬，當然再好不過。二世還賜十萬錢給公子高以表彰他的孝行。

就這樣，胡亥和趙高胡亂定個罪名，都能置人於死地。大批朝臣被殺，連小小的宮廷侍衛都不放過，還要株連親友，沒收家產。同時，趙高以啟用「新人」為掩護，趁機安插親信，兄弟趙成任中車府令，女婿閻樂任咸陽令，侍中御史等要職也逐步換上自己的心腹。

胡亥、趙高的倒行逆施，弄得宮廷內外人人自危，為了保住自己的身家性命，只有想方設法取悅於胡亥、趙高。忠良箝口，奸邪當道，大大動搖了秦統治根基。

二世又以秦始皇四處巡遊為榜樣，希望通過出巡顯威來懾服百姓。西元前二〇九年春，胡亥率文武大臣，先到碣石，後到琅玡，再行至會稽，最後由遼東而歸。一路上遊山玩水，記功刻石，這年四月才回咸陽。

官逼民反拔劍自戕

二世胡亥深居內宮縱情吃喝玩樂一陣，覺得沒什麼讓自己感到刺激的新花樣了，不由想起了阿房宮。他想，始皇帝認為咸陽的宮殿小，不夠氣派，才營建阿房宮。前殿尚未完成就趕上先帝駕崩，只好停工，集中人力去修驪山皇陵。現驪山覆土工程完畢，應繼續營建阿房宮。胡亥為自己個人享樂的目的找到了一個冠冕堂皇的藉口：若不繼續營建，不就等於宣告始皇興建阿房宮是錯誤的嗎？於是於二世元年（西元前二〇九年）四月下令繼續營建阿房宮，並在原規模上擴充。還繼續修築直道、馳道、驪山皇陵等各項大型土木工程，總計徵發民工、奴隸、囚徒近百萬人參與施工。為了防止他們逃跑造反，又徵調精兵五萬屯衛咸陽，演武射獵。咸陽一時人口驟增，糧不夠吃，物不夠用。二世又下令調集各郡縣糧草物資，轉運咸陽，轉運者須自帶食物，不得食用咸陽三百里內的穀物。人民痛苦不堪，怨聲載道。胡亥為了行樂又在雲陽（今陝西淳化西北）修造了方圓各五里的林光宮。就是在人民紛紛起義的情況下，二世還為自己建了菀園，恣意遊樂，不理朝政。當時，賦斂日趨沉重，徭役日益增多。這樣肆無忌憚地橫徵暴斂，民力幾乎枯竭，漸漸使國家到了無人可徵的程度——秦王朝的統治岌岌可危了。

西元前二〇九年七月，陳勝、吳廣九百名楚地戍卒被徵發到北部邊境戍守。走到大澤鄉（今安徽宿縣）時，正趕上一場大雨，耽擱了行期。按照二世更改後的律條，戍卒不能即時到達指定的戍守地點，應處死刑。在這種情況下，陳勝、吳廣起義爆發。「天下苦秦久矣」，各地民眾馬上呼應。因此，起義軍發展極快，不長時間，便擁有數萬人馬，聲勢浩大。攻佔戰略要地陳郡（今河南淮陽）後，陳勝自立為楚王，定都於陳，國號為「張楚」，一時天下震動。

使者向二世報告陳勝起義的消息，胡亥卻認為謊言欺主，謠言惑眾，把使者囚禁起來。昏庸的胡亥以為誅殺了宗室貴戚、功勳大臣，又巡遊關東，就能江山永固，他根本不信會有戍卒起兵反抗。直到紙包不住火了，各地使者一再告急，胡亥確信陳勝等人攻佔陳郡時，才召集三十餘名大臣商議對策。大臣們大多都認為事態嚴重，主張立即鎮壓，胡亥大為不悅。候補博士叔孫通看出二世只愛聽阿諛奉承之言，擔心二世盛怒之下又拿大臣開刀，就說了幾句違心話。他說：「現在天下合為一家，城防被拆除，兵器被銷毀，再也不會大動干戈了。陛下聖明，法令完備，臣民各安其責，四方太平。」強調陳勝等人不是造反，只不過是一群盜賊，對付這種小事，地方官吏就能辦理，沒什麼值得擔心的。二世聽了這些話，竟然很高興，封賞了叔孫通，查辦了那些認為陳勝是造反、建議發兵鎮壓的大臣，就真的不再過問此事，仍然過著醉生夢死的生活。

這樣一來，誰還敢向他報告真實情況呢？二世再問使者關東情況，使者就回答是群盜結夥搶劫，地方正在追捕。所以，不論局勢多麼嚴峻，二世一直不知真實情況。不久，起義遍布關東，六國名號復起，諸侯林立，兵鋒直指秦王朝的腹心要地——關中地區。陳勝部將周文一馬當先，率數十萬大軍殺奔函谷關而來，另一部將宋留打到武關。西元前二〇九年冬，周文部攻打到了距咸陽僅一百多里的戲（今陝西臨潼東）。二世著急了起來，慌忙召集群臣商議。秦本來是以武立國，建立起以軍功地主為核心的封建王朝，能征慣戰的人很多，宗親貴戚知兵者亦不在少數，可惜被二世和趙高殘殺殆盡。現在的大臣多是阿諛奉迎之輩，見到這種危急局勢，一時目瞪口呆，面面相覷。少府章邯倒是員猛將，他分析現在敵軍已到眼前，徵調咸陽附近的兵馬肯定來不及。建議二世赦免正在修建驪山皇陵的大量刑徒來組成軍隊，刑徒一定會感恩死戰，這樣或許還能扭轉局面。二世本無主見，為解燃眉之急只好宣佈大赦驪山刑徒，命章邯為將，組織刑徒抗擊起義軍。

驪山刑徒常年從事繁重勞役，頗能吃苦。獲赦後作戰勇敢。加上裝備精良，兵器鋒利，略經戰陣就成為戰鬥力極強的秦軍主力。章邯又指揮得當，很快擊敗了入關的農民起義軍，然後出關東鎮壓各地起義軍。二世又派長史司馬欣等人徵調關西各郡兵馬援助，章邯如虎添翼，半年多的時間，先後擊敗陳勝、項梁、魏咎這幾股實力較強的起義軍，然後北渡黃河，將趙歇部包圍在巨鹿（今河北平鄉）城中。

關東局面稍有起色，二世又一心玩樂，不理朝政。丞相李斯以一個老練政治家的敏感，從陳勝起義看出秦王朝形勢非常危險。嚴刑苛法、橫徵暴斂的政策讓忠良箝口，百姓離心，秦王朝的統治力量被嚴重削弱。他不免憂心忡忡，幾次請求二世賜給自己一個進諫的機會，二世耽於玩樂，無暇應允，卻提出一個問題，責成李斯認真答對。二世說：「韓非子說過：堯舜有天下時，住茅草屋，喝野菜湯，衣不遮體；禹治理洪水，東奔西走，三過家門而不入，累得腿上毛光肉淨，結果死在外地。據有天下的君主過這種艱苦生活，一點好處都得不到，是不值得提倡的。賢明的君主，專以天下來滿足自己的欲望，才能叫做富有天下。所以我打算隨心所欲，長享天下，你看有何良策做到這樣？」恰巧此時，李斯的兒子李由為三川郡（今河南洛陽）郡守，吳廣軍西進三川，李由抵擋不住，引起了一些大臣的非議。李斯非常恐懼，害怕丟官失祿，只好迎合二世以取寵，於是上書提出行「督責之術」，大意是用「督責之術」控制臣民，「督」是督察，「責」為治罪。建議二世高度集中權力，實行殘酷的血腥統治政策。洋洋千餘言，滔滔論古今，中心是要二世「獨制天下而無所制」，實行輕罪重罰。李斯還說只要推行「督責之術」，皇帝就能隨心所欲，為所欲為。這樣，就能做到帝道完備，臣民敬畏，天下太平。二世見書大喜，拍案稱奇，下令立即推行。秦律本已相當苛刻，再經如此嚴督重責，人民苦難更為深重。官吏狂徵濫調，殺人如麻，被認為是能臣，二世還稱讚這些人善於督責。李斯此舉完全是從維護自身利益出發，固位邀寵，卻無異於給已經羸弱的危重病人開了一劑砒霜。

李斯的「督責之術」，更讓陰險的趙高有機可乘。為了達到自己不可告人的目的，趙高以「督責」為名唆使二世進行大屠殺，自己任郎中令更是殺人如麻，引起朝野的普遍怨恨。秦王朝的統治進入最黑暗的時期。趙高為了避免大臣朝奏時的指責和進一步把持國政，他對二世說：「天子之所以高貴，就在於只許群臣聞其聲，不見其人，故稱為『朕』。先帝在位日久，一統天下，威服海內，大臣不敢在朝堂妄作議論。現在陛下剛即位，又年輕，對政務的處理未必都精通熟練。一朝會群臣時，一旦言語失當，處事不妥，就會在群臣面前露了短處，反而被臣下看輕。」趙高提議取消朝會，二世只深居宮中，由自己和幾個精通政務的侍臣協助處理政務，二世再裁決。趙高的用意太明顯了，他企圖徹底架空二世，由自己控制國政。但二世欣然接受，從此不再臨朝視事，「公卿希得朝見」。一切軍國大事都由趙高處置，自己日居禁宮玩樂，對外面發生的事盲無所知，成為名副其實的孤家寡人。

這時，朝中唯一可與趙高抗衡的，只剩下「沙丘密謀」的合作者李斯。趙高知道，李斯功高權重，閱歷豐富，絕不是無能之輩，要制其於死地得下一番功夫。於是，趙高經常在二世面前譭害李斯，同時更為李斯精心設置了一個陷阱。趙高先誘導胡亥沉溺於酒色享樂中，然後他又裝出一副憂國憂民的模樣來見李斯，鼓動李斯規勸二世應以江山社稷為重，不要沉溺酒色，應體恤百姓，取消營建阿房宮等等。並許諾為李斯安排進諫的時間。趙高為李斯安排的是這樣一個特定的環境：專等二世與美人宴樂狂歡之時，通知李斯入宮奏事，一而再，再而三，讓李斯去觸霉頭，拂逆鱗，引起二世極度反感。二世大罵：「我閒暇時你不來，我開心時你專來掃興，這是輕視我！」趙高趁機誣告李斯，從三個方面捏造了李斯的危險性。他對二世說：「一是沙丘之謀，李斯參與，過後富貴未顯，心懷怨恨；二是陳勝起義，李斯的兒子李由同起義軍勾結；三是李斯位高權重，威脅二世的地位。」這三點中每一點都使二世心驚膽戰，也都能致李斯於死地。二世遂決定「督責」李斯父子，又恐情況不實，就先派人去三川郡調查李由的「通盜」情況。

李斯聽到消息，才知被趙高耍了，急忙聯合右丞相馮去疾、將軍馮劫上書彈劾趙高。歷數其罪過，說趙高像戰國時齊國的田常，遲早要殺君篡位，應及早剷除。二世根本不信，說：「趙高是朕故人，一向忠心耿耿，為人清廉強幹。很合我的心意。」他擔心李斯私自殺死趙高，還將消息透露給趙高。趙高愈恨李斯，欲除之而後快。他挑撥道：「李斯根本不滿足於目前的相位，他想的是裂地稱王。現在李斯忌憚的人只有我一個，我一死，他就能為所欲為，放手幹田常所做的事了。」二世此時對趙高可說是言聽計從，於是下令由趙高來查辦李斯之事。趙高立即將李斯下獄，以「謀反」的罪名查處。並牽連數千人，馮去疾、馮劫本著「將相不辱」的想法相繼於獄中含恨自盡。李斯尚欲求生，不肯屈招「謀反」。還上書自呈，歷數自己的功績，懇請從輕發落。二世不准。趙高又加重刑罰，李斯受刑不過，只得屈招。西元前二〇八年，李斯於咸陽受五刑而死，被夷三族。李斯從一個鄉下小吏轉而成為秦國重臣，他對自己的所作所為，一向是明白的。即使趙高向他遊說篡位時，他還清醒地說這是「亡國之言」，「非人臣所當議也」，但他一生貪圖榮華富貴，少節無義，一味阿諛迎合。始皇剛死，就屈從於趙高而迎合二世，作了二世篡權的主要策劃者。二世登基後，為了固位邀寵，不敢堅持個人的政治見解，甘願與昏君、奸佞沆瀣一氣。不僅替胡亥樹碑立傳，粉飾太平，而且不顧百姓死活上「督責之術」，成為二世暴虐統治的重要幫兇，造成民族災難，也導致了自己的可悲結局。李斯臨刑前對兒子說，願意帶著兒子，牽著黃狗在老家自由自在地獵兔，這個願望與他誓做「倉鼠」，一心追求權利的人生信條是多麼自相矛盾。

西元前二〇七年初，各支反秦起義軍向巨鹿彙集，為趙解圍，形成了與秦軍主力決戰的態勢。章邯部的勝負，將直接關係到秦帝國的生死存亡。這年夏天，項羽破釜沉舟，率領兇猛剽悍的楚軍前來決戰，章邯連連失利。二世遣使嚴加責問。章邯派司馬欣到咸陽解釋情況，並請求增援。趙高卻拒不接見，也不上報，還威脅要治罪。司馬欣逗留多日不得入宮，急抄小路回軍中報告。這時戰場形勢對秦軍更為不利，各路起義軍已將章邯部團團圍住。章邯在戰場失利和朝廷不信任的雙重壓力下，率軍投降了項羽。至此，秦帝國統治大廈的最後一根支柱倒塌了，秦王朝統治土崩瓦解已為期不遠了。

各路起義軍紛紛西進，直奔咸陽。這時，李斯已死，二世拜趙高為中丞相，事無大小皆由其裁決。趙高重權在握，大力安插親信，為實現個人野心做準備，成為實際上的獨裁者。這年八月，趙高為了測驗大臣們對自己的態度，在秦宮中導演了一幕奇特的「民意測驗」，這便是臭名昭彰的「指鹿為馬」。朝會之機，他獻給二世一隻鹿，聲稱是一匹馬。二世大笑：「明明是鹿，怎會是馬？」趙高堅持是馬，二世只得遍問群臣。群臣大多附和趙高說是「馬」，少數人默不作答，只有幾個正直的大臣說是「鹿」。一向沒有主見、只知盲目迷信趙高的二世被弄糊塗了，還以為自己得了迷惑病，連馬和鹿都分不清了。他更覺得自己不宜處理政務，應該將權力全部委託給趙高，自己移居望夷宮休養。「指鹿為馬」過後，凡是說「鹿」的大臣均遭趙高毒手，群臣更加害怕趙高。

章邯投降後，各路起義軍如入無人之境。義軍一路攻城掠地，勢如破竹。劉邦部更是進展神速，已攻下武關，殺奔關西。趙高無法應付如此嚴峻的形勢，稱病不朝。二世也終日悶悶不樂，想到趙高常說「關東群盜不足慮」，現在卻已是天下反叛，不由埋怨起趙高來，派人去責問。趙高本欲篡位，經二世一逼，決定立即動手。他派女婿咸陽令閻樂組織吏卒，詐稱捕盜，直闖內宮，又密令掌管宮廷侍衛的弟弟郎中令趙成為內應，裡應外合，突然襲擊。閻、趙二人很快得手，合兵直入內殿。二世如夢方醒，只得驚慌亂竄。左右多已四散而逃，無人出來護駕，只有一個宦官緊緊相隨。二世氣急敗壞地訓斥這個宦官為什麼不早報告真相，以至到這種地步。宦官回答：「只因平日不敢多言，才能活到今天。」這時，閻樂逼近，執刃痛斥二世橫暴兇殘，人人痛恨，讓其早作打算。二世慌忙要求見一下趙高，閻樂不答應；二世退而願求一郡之地為王，閻樂不允許；願作個萬戶侯，還是沒被同意；最後二世情願什麼都不要，只要與妻子做個平頭百姓，閻樂還是不許。這位昏庸的年輕皇帝終於明白，把自己逼到這步境地的人，正是自己平日最尊重和依賴的趙高。胡亥無奈，追悔莫及，只得橫心拔劍自殺。

二世胡亥在位三年（西元前二〇九——二〇七年），死時僅二十三歲。死後被趙高按黔首（平民）的身分和禮節葬於杜南（今陝西西安南）宜春苑中，無廟號和諡號。二世死後，趙高權衡輕重，知道自己還不能立即登皇位，才立子嬰為王。這一方面是中國古代人正統觀念的心理狀態使然，更重要的還在於趙高多行不義，遭到正義力量反對的結果。子嬰即位不久，設計殺死趙高，夷其三族。剛做了四十六天的秦王，劉邦便破武關入灞上，子嬰只好投降。又過了一個多月，項羽率各路諸侯入關，子嬰被殺，秦王朝就此滅亡。

秦始皇本想讓帝位從二世、三世傳到千千萬萬世，直至無窮盡，沒想到秦王朝剛運行二世就滅亡了。當然，秦的滅亡並非二世一人之過，原因是多方面的。始皇統一天下後，存在著很多問題：一是秦王朝推行「郡縣制」與宗室功臣要求分封的矛盾未決；二是秦一統天下與六國舊貴族勢力圖謀復仇的矛盾激化；三是人民要求休養生息與皇帝大興土木、追求個人享受的矛盾未得到妥善處理；四是秦專制主義統治與知識份子要求「百家爭鳴」的矛盾愈演愈烈；五是統治集團內部爭權奪利的矛盾等等。這些矛盾始終得不到調和，種下了秦亡國的禍根。再者，秦統治集團是以軍功地主為核心通過長期戰爭培養起來的特權階級，只懂得暴力而不知其他。對天下人民無限度的剝削壓榨以滿足私欲，完全不能認識民眾強大的力量。這種崇尚功利主義，迷信專制主義的階級局限也是秦亡國的重要原因。

然而，秦亡國，二世的個人原因也不能低估。胡亥自幼專寵嬌慣，幼稚任性，深居宮中，接觸到的無非是權力爭奪和縱欲享樂，接受的又是趙高的獄法教育，形成了貪婪、殘忍的性格。他的才能平庸不堪，在追求權力和享樂方面卻有無止境的欲望。依靠陰謀家趙高和投機分子李斯政變奪權以至予人把柄，篡位者心虛、猜忌的特性在胡亥身上得到充分表露。登基之後大殺宗族功戚，無疑動搖了秦帝國統治根基，胡亥身邊都是以保官固位為目的，對國家社會毫無責任心的「阿順苟合」之徒，更造就了趙高這樣的野心家，忠言不進於朝堂，讒言日聞於耳畔。二世橫徵暴斂，嚴刑苛法，不能順應治理守成的形勢，一味追求個人享樂，將始皇時期的暴政發揮到極端，使民力枯竭，人心向背，終於將矛盾激化，導致農民起義爆發。面對嚴峻局勢，胡亥應對失當，沒有採取輕徭薄賦的政策來暫時緩和矛盾，而是用專橫殘暴堵塞忠臣進諫的道路，用「督責術」殘害蒼生。一再被趙高蒙蔽，逐步被架空，大權旁落，至死不悟。

第五章

西漢平帝 劉衎

西漢最後一位皇帝是漢平帝劉衎，他於元壽元年（西元一年）即位，死於元始五年（西元五年），年僅十四歲。

「燕飛來，啄皇孫」

平帝劉衎是在西漢末年外戚專權的背景下登上皇位的。外戚專權局面的形成得從漢成帝時說起。西元前三十三年，漢元帝劉奭病死，太子劉驁即皇帝位，史稱漢成帝。漢成帝尊母后王政君為皇太后，封母舅陽平侯王鳳為大司馬、大將軍，領尚書事。王政君的另一位親弟弟王崇為安成侯。外戚王家攬權由此肇始。王氏的諸位庶弟雖然沒有什麼功勞，也相繼封得官爵，其中王譚為平阿侯，王商為成都侯，王立為紅陽侯，王根為曲陽侯，王逢時為高平侯，這五人同日封侯，世人稱之為「五侯」。王氏一家門第顯赫，許多朝廷大臣、地方官吏都出於王氏門下，四方賄賂，絡繹不絕。

當五侯子弟競相奢靡，席豐履厚，乘堅策肥之時，卻有一人不挾富貴，好為恭儉，恰似鶴立雞群一般，十分引人注目。此人就是王莽，他是皇太后王政君的侄兒，其父名王曼，在王氏家族顯赫之前即已去世，因而未得封侯；王莽的哥哥也早死，王莽孝順母親，厚待寡嫂，對待伯叔，與朋友交遊，也是極其周到禮貌。他曾經向沛人陳參學習禮經，儼然一副有禮好學的樣子，他平時穿的衣服也如貧苦人家一樣。王莽的所作所為，與王氏家族的其他人形成了鮮明的對比，為他博取聲名、走上政界奠定了基礎。時任大司馬、大將軍的伯父王鳳病重，王莽猶如孝子一般，衣不解帶，日夜侍奉在床前，藥必先嘗，惹得王鳳更加憐愛。王鳳在彌留之際，向成帝及太后推薦王莽，說他如何賢明。成帝聽後，拜王莽為黃門郎，不久遷官射聲校尉。叔父王商也極力稱讚王莽恭儉有禮，情願將自己的食邑分一部分給他。朝廷的一些大臣，也都對王莽交口稱讚，紛紛向朝廷舉薦，說王莽如何賢明。漢成帝在這朝野上下的一片讚譽聲中，晉封王莽為新都侯，授官光祿大夫、侍中。王莽頗工於心計，在上下稱譽、拜官封侯的情況下，非但不得意洋洋，反而更為恭謙謹慎，所得到的俸祿，也都分給賓客，家中並無餘財。

過了幾年，任大司馬的王根病危，一時缺人繼任，王莽理所當然地成為理想的人選。

再說成帝即位多年，先寵倖皇后許氏，後寵倖趙飛燕、趙合德姐妹，將她們二人分別立為皇后和昭儀。許皇后生下的兒子不久都死了，趙氏姐妹沒有生子。成帝雖然平素照樣荒淫，但心裡很著急，自己年逾四十，未得一子，這日後的江山該託付給誰呢？加上趙飛燕姐妹心懷嫉妒，一心只想得到成帝專寵，希望生下兒子，可以鞏固自己的地位，所以不許成帝臨幸其他人。成帝心裡著急，偷偷召幸宮中婢女曹曉的女兒曹宮，曹宮生下一子。成帝知道後，心裡暗自高興，瞞著趙氏姐妹，特地派六名宮女服侍曹宮。紙終究包不住火，趙合德還是很快就知道了。趙合德立即假傳聖旨，讓曹宮自盡，剛生下的嬰兒被處死，連服侍曹宮的六個宮女也不放過，全部被勒死。成帝懾於趙合德的淫威，眼睜睜地看著曹宮母子命赴黃泉。

另外還有一位許美人，住在上林涿沐館中，得到成帝的數次臨幸。生下一男孩。成帝暗地派人帶著醫生、乳母到涿沐館，囑咐許美人靜心調養。但他一想到趙合德，心裡就不踏實。成帝躊躇了幾天，終於想到了一個自以為不錯的計策：上次曹宮的事一直在偷偷摸摸進行，引得趙合德醋勁大發，使得曹宮母子斃命，還連累了那麼多人。這次不如主動去告訴她，求她看在自己的情面上，發些慈悲之心，給許美人母子留下一條生路。

想到這些，成帝來到趙合德住的少嬪館中，見到合德，先與她溫存一番，逗得合德喜笑顏開。成帝見時機成熟，便含糊其辭地把有關許美人母子的事說出。成帝的話音剛落，趙合德便柳眉倒豎，杏眼圓睜，一下子從座位上跳了起來，手指著成帝的鼻子叫道：

「你經常騙我說在中宮！如果是這樣，許美人的兒子又是從哪裡來的呢？好吧！你去立許美人為皇后吧！」

趙合德一面說，一面哭，用手亂捶胸部，還一頭向屋中的柱子撞去，口口聲聲嚷著不想活了。宮女們將她從地上拉起來，扶到床上。她又掙扎著從床上滾下來，口中叫嚷著要回去。

見到這種陣勢，成帝嚇得目瞪口呆，站在一旁不知如何是好。等趙合德哭鬧了一陣子，成帝才開口道：「我是好心來告訴你的，為什麼這麼不好說話，實在是不可理喻！」

趙合德仍然只是哭鬧，對成帝的話不予理睬。這時天色已晚，宮女們送來晚膳，趙合德還在賭氣，不肯吃飯。成帝坐在一旁陪著，一邊好言勸慰。趙合德哭泣著說：「陛下為什麼不進膳？陛下常常發誓說不辜負我，今天許美人這件事作何解釋？」

成帝心虛，只得發誓說：「我一定不會違背以前的誓言，許美人即使生了兒子，我也不會立她為皇后。你儘管放心好了，我一定不會使天下人在趙氏之上。」

趙合德聽了，這才停止哭泣。站在旁邊的宮女又極力勸說，趙合德才勉強就座，稍稍地吃了一點。成帝被這一場鬧劇弄得心煩意亂，胡亂扒了幾口飯，就令宮女撤去晚膳。當晚成帝留在少嬪館中，免不了百般勸慰，這樣連續過了三五天。

最終，成帝下令叫人到涿沐館向許美人索要小孩，把小孩裝在用葦編成的筐子中，送到少嬪館。成帝和趙合德看了一會兒，叫人把筐封好，拿出去埋在偏僻處，可憐這小孩就這樣被活埋了。從前民間曾流傳著「燕飛來，啄皇孫」的童謠，趙氏姐妹的做法，正應了這句童謠。

成帝少嬪館暴亡

趙合德連殺兩兒，使成帝想有繼承人的希望成了泡影。元延四年（西元前九年）正月，中山王劉興和定陶王劉欣同時入朝。劉興是成帝的同父異母的弟弟，為馮昭儀所生。劉欣是成帝弟弟定陶王劉康的兒子，為劉康的妾丁姬所生，由祖母傅昭儀撫養成人，承襲父爵為定陶王。傅昭儀聽說成帝還沒有子嗣，想把自己的孫子劉欣過繼給他，也同劉興一同入朝。劉欣來長安的時候，把傅相、中尉等官也一同帶來了。劉興只帶了太傅一人。

兩人去拜見成帝，成帝見劉欣少年俊逸，頓生喜愛之心，見他帶了這麼多官員隨同入朝，就問：「你為什麼帶了這麼多官員一起入朝？」劉欣從容地回答：「依照漢律，諸侯王入朝，要使二千石的官員隨行。我想傅相、中尉等都是二千石的官，所以就讓他們一起來了。」劉欣的機智回答使成帝欣喜不已，他乘興問劉欣道：「你平時學習什麼經書？」劉欣回答說是學習《詩經》。成帝隨意點了幾章，劉欣倒背如流，一句都沒有遺漏，而且還能講解大義。成帝連聲叫好，回過頭來問劉興道：「你為什麼只帶了太傅一個人前來？」劉興唯唯諾諾，說不出個所以然。成帝又問他平時學習什麼經書，劉興回答說是《尚書》。成帝讓他背誦其中的幾章，劉興斷斷續續地背了幾句，其餘的大半已忘到九霄雲外。成帝心下尋思，劉興年已三十好幾，為什麼還這般呆滯，竟不如一個十六七歲的少年？當即揮手讓他退下，劉欣也隨同退下。

成帝回到宮中，恰好劉欣祖母傅昭儀來相見，成帝當著她的面對劉欣讚不絕口。傅昭儀早已拜見過皇太后王政君，又到皇后趙飛燕和昭儀趙合德等處問候一番。傅昭儀頗有心計，讓劉欣到宮中問候，還去問候當朝掌權的大司馬王根。這其間少不了錢財開路。幾人共稱劉欣才華出眾，足以繼承大統，建議立為皇太子。成帝雖然喜歡劉欣，但仍然不死心，還是希望趙氏姐妹能生下兒子，免得過繼他人的兒子為皇太子。礙於眾人的請求，只是為劉欣舉行了冠禮，仍舊讓他回定陶。

轉眼又過了一年，趙氏姐妹仍然沒有生育。姐妹倆勸成帝立定陶王劉欣為太子；王根也上書請求。成帝這才下了決心，改年號為綏和，派人把定陶王接入京城，立為皇太子。獨獨只有御史大夫孔光，上書請求立中山王劉興。成帝不答應，將孔光貶官，只是加封中山王劉興食邑三萬戶。

綏和二年（西元前七年）的一天，成帝晚上就寢於少嬪館。第二天天已大亮，趙合德先起床，成帝也即刻起床，剛把鞋襪帶繫好，忽然眼前一黑，撲倒在床上，不省人事。趙合德不知道是什麼原因，連聲呼叫成帝，不見回應；返身用手去探成帝的鼻息，已經停止了呼吸。趙合德雖然平時跋扈，這時也慌了手腳，急忙派人去請御醫。等到御醫趕來，成帝脈搏已無，身體已經僵硬了，哪裡還有什麼起死回生的良方？只好將成帝的死訊報告給王太后及朝廷大臣。王太后急忙趕來，撫摸成帝屍首，不禁號啕大哭。皇后趙飛燕等人陸續趕來，陪著大哭一場。

第二天，太后下詔，令大司馬王莽，以及剛剛接替丞相位置的孔光，會同掖廷令調查成帝日常起居以及突然死亡的原因。王莽接到聖旨後，樂得從嚴查辦。他一次又一次地派人到少嬪館中調查，詳細詢問趙合德一些情況，去的人氣焰都很囂張。

趙合德平時很霸道，成帝一死，她失去了靠山。雖說她沒有害死成帝，但成帝畢竟是死在少嬪館中，縱使她有千萬張嘴，也辯不清是非。仔細一想自己以前的所作所為，一旦被這些人抓去審問，難免會暴露，自己不但脫不了關係，反而會連累姐姐和其他人。她思來想去，覺得除了一死，別無辦法。下定了決心，她把身邊的宮女召集起來，賞賜給她們錢財，囑咐她們不要說出她以前做過的壞事，之後，喝毒藥而死。

成帝死後，太子劉欣即位，史稱哀帝。尊太后王氏為太皇太后，皇后趙飛燕為皇太后。

荒淫的年輕皇帝

哀帝劉欣是過繼給成帝為皇太子的。他即位以後，一個問題使他寢臥難安：即如何對待自己的生母丁姬和祖母傅昭儀。當初決定立劉欣為皇太子時，成帝認為既然劉欣已經過繼，就不便再承祀共王，於是另立楚孝王的孫子劉景為定陶王，以承祀共王。同時又決定傅昭儀和丁姬只能留在定陶王官邸，不許隨同入京。當時傅昭儀不甘心，到王太后那裡去活動，謀求與太子相見。王太后和成帝商量，成帝說：「太子既然已經承繼大統，就不應該再顧念私親。」王太后說：「太子年幼的時候，全靠傅昭儀養大，讓她見見太子，想來應該沒有妨礙。」成帝不好違抗太后的旨意，只好准許傅昭儀來京城和太子見面，劉欣的生母丁姬反而沒有這個權力。

哀帝即位以後，太皇太后王氏經不住傅昭儀等人的恭維獻媚，改變了成帝時定下的規矩，答應傅昭儀和丁姬每隔十天可以到未央宮與哀帝見面。太皇太后王氏又傳旨詢問丞相孔光和大司馬何武，問定陶王太后應該住在京城的什麼宮中。丞相孔光素來聽說傅昭儀才略過人，如果讓她住到未央宮來，將來必定要干預政事，挾持哀帝，所以他認為不如再另外找一個地方。大司馬何武沒有領悟孔光的意思，上奏說不如在北宮居住，免得勞神。太皇太后依照何武的意思，讓傅昭儀和丁姬住在北宮。北宮和未央宮有紫房復道相通，雖然規定十天可以與哀帝見一面，實際上每天都可以和皇帝見面。

傅昭儀是個權勢欲很重的人，在與哀帝見面的時候，要求哀帝給她加尊號，給外家親戚封官。哀帝才即位不久，心裡沒有把握，不敢自作主張；又不好拒絕祖母，還在猶豫不決。恰好有一位高昌侯董巨集，得知這一消息，為了迎合哀帝和傅昭儀，上書稱引秦莊襄王故事，說莊襄王本來是夏氏所生，過繼給華陽夫人；莊襄王即位以後，夏氏和華陽夫人一起尊稱為太后。如今可以參照這一做法，尊稱定陶共王后為太后。未等哀帝下詔，當時的大司馬王莽和左將軍師丹聯合上奏，彈劾董宏，認為皇太后是至尊之號，不能同時有兩個；董宏援引亡秦時的弊政，蠱惑聖聽，應該以大不道論罪。哀帝雖然不高興，但王莽是太皇太后的侄子，只得下詔貶董宏為庶人。

傅昭儀聽說這件事，心中大怒，立即趕到未央宮，當面責怪哀帝，讓他馬上給她加尊號。哀帝無奈，只好去請求太皇太后。太皇太后答應了哀帝的請求，於是尊定陶共王為共皇，定陶太后傅氏為定陶共皇太后，共皇妃丁姬為定陶共皇后。

哀帝為定陶王時，傅太后想親上加親，把自己堂弟的女兒許配給劉欣，這時傅氏被立為皇后。

傅太后沒有親弟弟，她的堂弟均被封侯。丁皇后和皇后趙飛燕的弟弟也被封侯。相反，王氏外戚受到冷落，王莽被免官，回到封地。

哀帝委政外戚，寵倖董賢，比起成帝來有過之而無不及。

董賢是雲陽人，他的父親董恭曾為御史。董賢當太子舍人的時候不過十五六歲。哀帝即位以後，董賢隨入為郎官。兩年後的一天，董賢站在殿下傳報時，哀帝從殿上看到，以為是個美貌的宮女裝扮的。心中疑惑不解，令人將他傳喚到殿中，一問姓名，原來是董賢。看到他的容貌，哀帝心中讚嘆不已，不禁想入非非起來。心想董賢的美色不說在男子中絕無僅有，連六宮粉黛也都黯然失色了。哀帝當即把他留在宮中，日夜侍寢。董賢一月之內三次升官，一直升到駙馬都尉、侍中，出則與哀帝乘車相陪，入則共榻而眠。

一天，哀帝和董賢白天在睡覺，哀帝一覺醒來想起床，可是衣袖被董賢身體壓住。他見董賢還在酣睡，不忍心驚醒他，便從床頭拔出短劍，將衣袖割斷，然後悄悄離去。董賢醒後見身邊沒有了哀帝，自己身下卻壓著哀帝的一隻斷袖，心中不由湧起一股感激之情。從此以後，董賢更加賣力地侍奉哀帝，日夜不離左右，輪到自己休假也不肯回家，只是對家裡人說哀帝身體多病，需要自己侍候。董賢是有妻室的人，哀帝多次勸他回去，與家人團聚，董賢都不肯回去。哀帝實在過意不去，特地開了一個先例，叫董賢的妻子隸名宮籍，搬進宮來住。哀帝又聽說董賢有一個妹妹，尚未訂婚，長得容貌動人，也讓她進宮來，第二天就被封為昭儀。從此，董賢與妻子、妹妹三人不顧禮義廉恥，輪番伴宿，深得哀帝寵信。董賢的父親被提拔為少府，賜爵關內侯。董賢的岳父也被封為大官，他的小舅子官至執金吾。哀帝還在未央宮北邊選了一塊位置，替董賢修築一座府第，和宮殿差不多。更為可笑的是，哀帝在自己的陵墓旁，給董賢修了一座墓，以便讓他像后妃一樣，與自己生死相伴。後來，哀帝又封二十二歲的董賢為大司馬，地位超過三公，掌握兵權，這是漢朝開國以來從來沒有過的事情。雖然以前丁、傅兩家已經夠顯貴的了，但比起董賢及其家人來，又是小巫見大巫了。外戚王氏家族更加失勢了，只有平阿侯王譚的兒子王去疾還擔任侍中。

元壽二年（元年）六月，哀帝病死，年僅二十六歲，在位六年。傅皇后和董昭儀等人痛哭不已，董賢更是感激哀帝對他的厚恩，在寢宮門外大哭。太皇太后王氏聽到消息後急急忙忙趕來，痛哭之餘把皇權的象徵——玉璽藏到衣袖中。王太后問董賢喪事該如何辦理，董賢平時只知道陪哀帝玩樂，哪裡知道什麼喪葬禮儀？加上哀帝突然病死，董賢如同寡婦失去了情夫一般，魂魄都不在身上了，讓他如何回答得出？太皇太后說：「新都侯王莽曾經辦過先帝的喪事，熟悉舊事，就讓他來幫助你吧！」董賢連忙叩頭說：「這樣就太好了！」太皇太后派人召回王莽，命王莽控制兵權，掌握軍隊。王莽又假託太皇太后的旨意，命令尚書彈劾董賢不親醫藥，立即禁止董賢進出宮殿。董賢聽說，慌忙跣足免冠到殿前去謝罪。王莽又傳太皇太后的旨意，當場在殿下收去董賢的大司馬印綬，將他罷官。董賢回到家裡，心想王莽對自己如此手辣，必定是來報復的，自己這條小命，遲早都會斷送在他的手裡，還不如自己了斷。隨後與妻子大哭一場，雙雙自殺。

董賢死後，太皇太后召集百官推舉大司馬的人選，大司徒孔光邀同百官推薦王莽。大將軍何武和後將軍公孫祿認為不應該委政外戚，兩人互相舉薦。太皇太后決定採納孔光等人的意見，拜王莽為大司馬，領尚書事。

王莽手中的傀儡皇帝

王莽掌權之後，與太皇太后商議，迎立中山王箕子為帝位繼承人，他就是平帝。

箕子是中山王劉興的兒子，劉欣被立為皇太子，劉興得到增加的食邑以後，就得病死了。劉興的妃子馮氏是宜鄉候馮參的女兒，只生了兩個女兒，沒有兒子。成帝把衛子豪的女兒許給劉興為妾。元延四年（西元前九年），衛姬生一子，取名箕子。次年，劉興病死，箕子承襲中山王。箕子年幼喪父，身體多病，患有一種醫家稱之為「肝厥」的病，不時發作。發作時手腳痙攣，指甲發青，嘴巴變顏色。他的祖母馮昭儀養護他，見他多病，難以治好，只好向神靈禱告，希望神靈保佑她唯一的孫子平安。

當時哀帝聽說箕子有病，特地派遣中郎謁者張由帶著醫生前往中山國替箕子看病。張由本患有瘋病，在中山國待了幾天，見箕子的病經過治療後沒有什麼好轉，不由得憂愁焦急，引發了舊病。硬撐了一兩天，就收拾行裝匆匆回到京城，向哀帝覆命。哀帝問他箕子是否痊癒，張由回答說沒有。哀帝很惱怒，當即讓他退下。又讓尚書去責問張由為什麼這麼快就回來了。張由連驚帶嚇，瘋病也差不多好了，頭腦清醒了一大半，心想自己無端跑回，是要被治罪的。事已至此，乾脆一不做，二不休，寧可我負人，不可人負我。便說中山王太后馮氏私下命令巫祝詛咒皇上及傅太后，事關重大，所以自己就先回來了。尚書得了口供，慌忙報給哀帝及傅太后。哀帝還沒覺得什麼，傅太后倒是不高興了，連忙派御史丁玄前往中山依法查辦。後又派中謁者史立等人前往審訊。史立嚴刑逼供，讓下面的人把責任往馮昭儀身上推。馮昭儀知道是傅太后要加害於她，便喝毒藥而死。馮氏家族或被株連，或自盡，共死十七人，中山王妃被貶為庶人。

馮昭儀死後，箕子幸而沒有受到牽連。這時太皇太后和王莽派人前去迎接箕子。箕子到達京城後，王莽召集百官，奉太皇太后詔令，擁立他登基，改名為衎，史稱平帝。當時他只有九歲，又患有嚴重的疾病，不能親政，由太皇太后臨朝，王莽總理朝政。

王莽掌權後，雖然權勢很大，但功勞方面還不怎麼顯著，他必須想出一些辦法，才可以抬高自己的身價。恰好這年的正月，塞外蠻人報告說，南方蠻夷越裳氏仰慕天朝，特地上貢白雉一隻。王莽當即奏報太皇太后，將白雉獻給宗廟。據說從前周成王的時候，越裳氏也曾經上貢過白雉。群臣紛紛拍王莽的馬屁，說王莽恩德遍及四夷，絲毫不比輔佐周朝的周公旦差。周公旦輔國有功，而稱周公；如今王莽安定漢朝，應該加稱「安漢公」，增封食邑。太皇太后同意群臣的意見，王莽卻忸怩作態，假意推辭，說安定漢朝並不是他一個人的功勞，孔光等人也有功勞，應該替他們這些人請功。孔光一聽急了，說迎立平帝，王莽功勞最大，怎麼能落後於人呢？太皇太后也在旁邊勸王莽不要再推辭了。王莽仍舊推辭，一定要將功勞讓與孔光等人。太皇太后沒有辦法，封孔光為太師，其他人均有不同的封賜；又頒詔徵召王莽入朝受賞，王莽託病不來。群臣請求封王莽官爵，太皇太后即日下詔，封王莽為太傅，賜號「安漢公」，加封食邑二萬八千戶。王莽只接受官爵名號，把加封的食邑退還。

此外，王莽還採取一系列籠絡人心的措施，如奏請太皇太后分封宣帝第四、五代孫三十六人為列侯，王侯無子有孫者，或為同產兄弟子，都可立為嗣，承襲官爵；皇族因罪被廢的，允許恢復屬籍；官吏年老退休的，享受原俸的三分之一，贍養終身。王莽的這些舉動，博得朝野上下交口稱讚，都對安漢公的恩德感激不盡。

第二年的盛夏，天下大旱，蝗蟲成災。王莽派出官吏巡查，準備賑濟。又上奏太皇太后，說自己願意出錢一百萬，獻田三十頃，交給本司農賑濟災民。朝中大臣見王莽如此慷慨，有二百多人跟著捐田賑災。天下災民都感激王莽。

轉眼又過了一年，平帝已經十二歲了。王莽上奏太皇太后，說應該為平帝擇婚了，並且認為應該採取古代的禮儀，替平帝娶十二位女子，這樣才能有更多生兒子的機會。下詔佈置下去，負責官員在名門望族的女兒中選擇了幾十人，造成表冊，呈送上去。王莽一看，這些候選人中一半是王家的女兒，他自己的女兒也名列其中。王莽眉頭一皺，計上心來，立即攜帶名冊，面奏太皇太后說：「臣本來沒有什麼功德，女兒也不才，不配入選，應當立即除名。」太皇太后聽了，不知道王莽此舉是什麼用意，仔細一想，恐怕是王莽不想讓平帝在外戚家的女兒中選擇皇后。當即命令擇婚官員，王家的女兒一律不得選入。其實王莽的本意正是想自己的女兒為皇后，不過那麼多的王氏女兒在名冊中，恐怕魚目混珠，皇后的位置被別人奪了去。誰知太皇太后領會錯了王莽的意思，竟將所有王氏女兒一律除去，豈不是弄巧成拙？誰知道，馬上就有許多人上書，要求立安漢公的女兒為皇后，說安漢公功德無比。如今皇上選皇后，不選他的女兒，還去選誰的女兒？太皇太后不能不從，決定選立王莽的女兒為皇后。這時的王莽不著急了，反倒推辭起來，見太皇太后已經下定決心，不好再更改，就上奏說另外再選十一位女子，這樣才符合古代的制度。群臣又紛紛上書，都說不必要再選了，免得多了產生後患。

太皇太后派長府宗正、尚書令等人去王莽家「相親」，他們回來說：「安漢公的女兒窈窕端莊，很適合做皇后。」太皇太后又派大司馬和大司空占卜這件婚事是否吉利，他們的回答自然是大吉。按照聘禮規格，太皇太后派人給王莽送去聘禮共計黃金二萬斤，錢二萬萬緡。王莽只要了其中的四千萬，還拿出其中的三千三百萬分給新選的十一位妃子家，自己只得七百萬。群臣中又有人上奏，說皇后接受聘禮只有七百萬，與其他妃子差不多，應該增加。太皇太后增加二千三百萬。王莽從中拿出一千萬，分給宗族中的人。

婚禮定在次年的春天。誰知這時王莽家發生了一件意想不到的事情。王莽家裡正在籌備嫁妝，免不了一番忙碌。一天晚上，門官外出，看見一個人站在門口，打了一個照面，匆匆離去。門官認識此人，他是王莽兒子王宇的妻舅呂寬。平時經常來往，為什麼這天晚上鬼鬼祟祟，看到人就突然跑了呢？門官感到這其中必有問題。正在懷疑，突然聞到一股刺鼻的血腥味，回屋取火一照，只見門上血跡淋漓，地上也是血跡斑斑，不由得毛骨悚然。連忙報告王莽，王莽連夜派人捉拿呂寬。第二天呂寬被抓到，仔細一審問，原來和自己的兒子有關。

以前王莽迎立平帝的時候，害怕重蹈哀帝生母丁氏及傅太后等人的覆轍，以免平帝的生母衛氏及其外戚分割他的權力，便不讓衛姬進宮。只是派人到中山封衛姬為中山孝王后。平帝的舅舅衛宣、衛玄等人封爵關內侯，仍然留居中山，不許進京。扶風功曹申屠剛直言上奏，說皇帝年幼，不能讓他們母子骨肉分離，應該讓中山太后進京。這一下正中王莽要害，他自己不出面，請求太皇太后下詔，斥責中屠剛違背大義，勒令免官歸田。中屠剛被免官，其他人不敢說話，衛姬只得留居中山，她因思念兒子，時常哭泣。

王莽的兒子王宇對父親的這種做法極為不滿，恐怕將來平帝長大以後要來報復，不如先想想辦法，免得以後後悔。王宇和他的老師吳章和妻兄呂寬商議。吳章沉思良久，對王宇說：「按理說應該由你去勸說你父親，不過你父親很固執，這我也是知道的。目前只有一個辦法，晚上在你家門上灑上血，你父親必定暗中心疑，向我說起這件事，我再趁機勸勸他，讓他接回衛后，把權力歸還衛氏就行了。」呂寬一聽，拍手叫好，說：「此計甚妙，馬上就去做。」王宇知道王莽迷信鬼神，認為這是個好計策，便讓呂寬晚上按計行事，不想偏偏撞見門官，事情敗露。

呂寬把責任往王宇身上推，心想王宇是你王莽的兒子，看在父子情面上，王莽一定會饒恕王宇的。誰知王莽絲毫不講情面，結果，王宇被逼迫自殺，他的妻子呂焉因身懷有孕，暫令緩刑，吳章被腰斬。王莽索性一不做二不休，殺盡衛氏的支屬，只留下平帝母親衛后一人。還株連許多人，如與他不合的元帝的妹妹敬武公主、紅陽侯王立、平阿侯王仁、樂昌侯王安等，或自殺，或被殺。

再說哀帝即位以後，其祖母傅氏和生母丁氏先被封為定陶共皇太后和定陶共皇后，後來除去「定陶」二字，尊傅氏為帝太太后，丁氏為帝太后。哀帝去世，王莽掌權之後，當時傅太后已死，王莽追貶傅太后為定陶共王母，丁太后為丁姬，所有丁、傅兩家的子弟，一律免官歸田。到了元始五年（西元五年）夏天，王莽又打算發掘丁、傅兩后的墳墓，太皇太后不同意。王莽心中不服，爭辯說：「傅氏和丁氏墳墓中藏著帝太太后和帝太后印綬，如今已經下旨貶抑，如果不將印綬取出來毀掉，如何執法？況且傅氏應該改葬定陶，這樣名分才正！」太皇太后只好同意。丁、傅兩后墳墓都被挖開，取出印綬珠寶，把屍骨轉移到另外棺材中，草草安葬。王莽又令人在二后的墳墓上種滿荊棘。以作為壞的榜樣，垂戒後人。

王莽掌權之後，一些官吏的任免等重要事情只與太皇太后商議，不讓平帝知道。這時平帝已經十四歲了，懂得一些事情了，對王莽專權跋扈日益不滿，特別是王莽下令開挖丁、傅二后的墳墓，覺得太過分；對王莽把自己舅家的人全部殺盡，只留母親衛姬一人，也實在難以容忍，所以每次與王莽見面，平帝臉上都露出惱怒之色，背地裡對王莽也有些微詞。宮中到處是王莽的耳目，平帝的言行當然逃不過王莽的眼睛。他想平帝小小年紀，就這樣恨我，長大以後，那還得了！況且漢室江山已在我的掌握之中，不如先發制人，較為主動。到了當年臘日（漢代以大寒以後戌日為臘日），王莽向平帝進獻椒酒，在酒中放了毒，平帝哪裡知道，喝下酒後，夜間發作，腹疼不止，在床上輾轉呻吟。王莽裝作愁眉苦臉的樣子，進宮問候平帝的病情，又讓人寫了一篇祝文，到西漢祭天的場所泰畤禱告，情願以自己的身體代替平帝生病。幾天之後，平帝一命嗚呼，年僅十四歲。

平帝死後無嗣。當時，元帝的後嗣已絕，只有宣帝的曾孫五人為王，群臣準備在這五人中推舉一人為帝位繼承人。王莽說：「這五位列侯都是大行皇帝的兄弟，不能繼立為皇帝，應該從宣帝玄孫中選取。」大臣們一聽，都不敢再說什麼。實際上王莽是為了方便自己掌權，故意要立一個小皇帝。當時宣帝的玄孫共有二十三人，王莽獨獨找出一個最小的來。這位最小的名叫劉嬰，只有兩歲，被立為皇太子。

同時，王莽加快了篡奪漢室江山的步伐。在此之前，有人上書說，安漢公應該攝政，像周公輔佐成王的舊事一樣。這時又有人上奏說，在長安附近挖井時挖出了一塊白石，上面刻著「告安漢公莽為皇帝」幾個字。太皇太后沒有辦法，下詔稱王莽為「攝皇帝」。不久，又有人上書說，齊郡臨淄縣亭長辛當夢見天使對他說：「攝皇帝當為真皇帝」。巴郡和扶風都有祥瑞出現。王莽向太皇太后報告，認為自己當真天子是天意難違。大權已落王莽之手，太皇太后不得不從。初始元年（西元八年）十二月初一日，王莽穿天子禮服，在未央宮前殿登基，改國號為「新」。不久，廢劉嬰為安定公，西漢滅亡。

西漢從元帝時起，朝中大權逐漸落入外戚之手，先是王氏「五侯」相繼專權，除掉哀帝寵臣董賢之後，王莽繼續掌握朝政。平帝劉衎繼位以後，太皇太后王政君臨朝，實際上由王莽總領朝政。王莽一方面和哀帝外家丁、傅等族人爭權奪利，一方面漸漸把漢室權力抓到手，以便有朝一日取而代之。平帝雖然是國家的最高統治者，但只是名義上的，國家大事的處理與他無關，就連他的生母衛姬能否來長安，他也不能決定，眼睜睜地看著母子分離，無可奈何！他是王莽和太皇太后王政君手中的玩偶，一個不中用的傀儡，一個擺設！這正如班固在《漢書．平帝紀》中所說的：「孝平之世，政自莽出，褒善顯功，以自尊盛。」然而，隨著時間的推移，逐漸長大懂事的皇帝必定與外戚發生不可避免的矛盾，要麼皇帝親政，要麼皇帝被廢。平帝的悲劇正在於此。王莽意識到了這一點，甚至不顧念自己的女兒，在平帝還沒有來得及還手之前，對他下了毒手，平帝最終成為矛盾鬥爭的犧牲品。平帝劉衎糊里糊塗地登上皇帝寶座，迷迷糊糊地當了五年擺設，又糊里糊塗地做了冤死鬼！這是他的悲劇，更是封建社會皇帝制度的悲劇！

第六章

東漢獻帝　劉協

漢獻帝，字伯和，漢靈帝次子，漢少帝異母弟，漢靈帝中平六年（西元一八九年）即位，延康元年（西元二二〇年）禪位於曹魏的開國君主魏文帝曹丕。他是東漢最後一位君主，縱觀其帝治生涯，充滿著悲情色彩。

立長還是立少

東漢獻帝劉協是漢靈帝的第二個兒子，生於光和四年（西元一八一年），他還沒有出世以前，在娘胎中就遭受磨難。靈帝在宋皇后被廢兩年後立貴人何氏為皇后。何氏出身微賤，是一個屠夫的女兒。何氏的父親何真住在南陽，做生意發財以後，一直想攀附權貴，在政治上有些地位。恰好宮中招選采女，何真用錢賄賂宦官，他的女兒被選中。何氏生就一副花容月貌，使得本來就好色的靈帝喜歡得不得了，後來何氏生子名劉辯，為了讓他順利長大，特地寄養在道士人家。何氏生子後，先被封為貴人，後被立為皇后，他的哥哥何進為侍中。

何皇后生性多忌，為了保住自己的地位，對後宮的其他人時刻加以防範。劉協的母親王美人出身名門，是前五官中郎將王苞的孫女。王美人懷孕的時候，何皇后略有所聞，時常加以陷害。王美人怕胎兒保不住自身更受其害，偷偷地服藥墮胎。哪知服藥無效，孩子還是生下來了。靈帝事先不知道，這時得知王美人生下一子，自然歡喜，替孩子取名為協。王美人產後需要服藥調養，何皇后派人將毒藥放在藥中，王美人服後當即身亡。靈帝聞訊，前去後宮查驗，見王美人四肢青黑，知道是中毒而死。派人追查兇手，得知是何皇后所為。靈帝怒不可遏，打算廢掉何皇后。何皇后又驚又怕，急忙賄賂宦官曹節、張讓等人，請他們代為求情。靈帝放了何皇后一馬，他怕劉協再遭不幸，將他寄養在永樂宮，請董太后撫養。

靈帝晚年，面臨著選擇繼承人的問題。靈帝長子劉辯，為何皇后所生，舉止輕浮，沒有做皇帝的威儀。靈帝不喜歡他，打算立少子劉協，又怕何皇后和何進不同意，所以遲遲沒有決定。中平六年（西元一八九年）四月，靈帝一病不起，自知將不久於人世，只好和上軍校尉宦官蹇碩商議，讓他擁立劉協。蹇碩打算先殺掉何進，再立劉協為帝。不久，靈帝病死。蹇碩秘不發喪，假傳聖旨讓大將軍何進入受顧命。何進接了聖旨，匆匆入宮；剛到宮門，正與蹇碩的司馬潘隱相遇。潘隱與何進是故交，連忙用手向何進示意，讓他別進去。何進慌忙退至營中，蹇碩的陰謀沒有得逞，不得已立劉辯為帝，史稱少帝，尊何皇后為皇太后。劉辯才十四歲，不能親政，由何太后臨朝。

外戚與宦官間的廝殺

何進掌權後，打算殺掉蹇碩，以報前仇；不僅如此，他還想趁此機會把宮中宦官一網打盡。這時佐軍校尉袁紹還京，與何進一起謀劃，打算除盡宦官。蹇碩那邊也在緊鑼密鼓地準備反擊，他給中常侍趙忠、宋典等人寫去密信，讓郭勝去傳遞。郭勝與何進是同鄉，平時關係不錯，他把蹇碩的密信直接送到了何進手中。何進一看，大驚失色，只見信中寫道：

「大將軍兄弟秉國專權，今與天下黨人，謀誅先帝左右，掃滅我曹，但知碩典禁兵，故且沈吟。今宜共閉上，急捕誅之！」

何進採用郭勝的計策，決定先下手為強，他讓黃門令把蹇碩引誘入宮，當即捉住殺掉。同時宣佈蹇碩的罪行，其他的人概不株連，蹇碩統領的禁軍歸何進指揮。

殺了蹇碩，何進與董重的矛盾又尖銳起來。董重時任驃騎將軍，是撫養劉辯的董太后的侄子，與何進的權勢相當，兩人互不相讓。劉協寄養在永樂宮董太后那裡，深得董太后喜歡，董太后曾經和董重密謀，打算勸靈帝立劉協為皇太子，將來好借此鞏固自己的地位。靈帝感到為難，拖延了幾年，導致了現在的局面。何太后臨朝之後，何進掌握政權，他們時刻提防董氏東山再起，出來干政，就千方百計壓制董氏。董太后心中不平，曾與人交談，罵何太后說：「你靠你兄長為將軍，便敢作威作福，目中無人。如果我讓驃騎將軍砍掉何進的頭，易如反掌，到時候看她怎麼辦？」這些話傳到何太后耳中，何太后也不是等閒之人，立即召何進進宮商議，讓他除掉董氏，以絕後患。何進讓三公及自己的弟弟車騎將軍何苗共同上奏，說董太后如何交通官吏，貪婪索賄；並且說董太后為藩國王后，不應該留居京師，應該立即返回本國等等。奏章呈送上去之後，何太后立刻准奏，派官吏逼迫董太后出宮；何進親自率兵包圍驃騎將軍府，勒令董重交出印綬。董重惶恐之中自殺，董太后也忽然暴病身亡。收拾了董氏之後，何太后這才為靈帝發喪，葬於文陵，將渤海王劉協改封陳留王。

雖然殺了蹇碩，但宦官勢力還沒有徹底消除。這時袁紹向何進建議說：「如今將軍兄弟統領禁兵，這是天賜良機，將軍應該借此良機為天下除害，請不要再遲疑！」何進認為袁紹的話有道理，就去和何太后商議，清除掉宦官，改用士人。何太后沉吟再三，說道：「宦官統領禁省，是漢家的舊制，何必都除掉呢？況且先帝剛剛去世，我也不便與士人共事，還是暫且過一陣子，以後再說吧！」何進不好多說什麼，唯唯諾諾地出來了。袁紹迎上前去問事情怎麼樣了，何進皺著眉頭說：「太后不同意，這如何是好？」袁紹也急了，說：「現在已經是騎虎難下了，一旦失去機會，恐怕反受其害！」何進緩緩說道：「我看不如殺一儆百，將為首的除掉，其餘的還能有什麼作為呢？」袁紹一聽，覺得不妥，說：「宦官和皇上親近，出納號令，一動百動，豈止是殺一二個就能永絕後患的？況且他們都是同黨，怎麼能區分首從？必定將他們全部消滅，才能永無後患！」

何進本來是個優柔寡斷的人，終究不知道如何辦才好。宦官張讓、趙忠等人已經探知到了一些蛛絲馬跡，他們用金珠玉帛賄賂何進的母親舞陽君和何進的弟弟何苗。何母得了好處，屢次到太后宮中，替宦官說好話，並且說大將軍專殺左右，太過於專橫，並非皇上之福。如此一來，何太后與何進漸漸疏遠。

何進失去了太后的支持，一時不敢怎麼樣。袁紹在一旁替他出主意，讓他召四方豪傑進京，迫使太后除去宦官。主簿陳琳認為不可，他勸說道：「俗話說『掩目捕雀』，這是笑人自欺欺人，試想捕捉一個小東西，都不應該如此，何況是國家大事呢？如今將軍倚仗皇威，掌握兵權，要想除去宦官，就像在火紅的爐子中燎去毛髮，易如反掌。只要當機立斷，便可成功。如今想借助外臣，召其進京，這正是所謂倒持干戈，授人權柄，不但無功，反而會招來禍患！」何進不加理睬，反而讓人寫好文書，遣使出發。

董卓進京

前將軍董卓得到文書，派人前來報告，說指日即可進京。何進聽說後大為高興。何太后還在猶豫，不肯輕易下手。何苗也百般袒護宦官，他勸何進說：「以前與兄長從南陽入都，是何等的困苦！多虧宦官相助，我們才擁有富貴。國家政治，談何容易？一旦失手，覆水難收，還望兄長三思！現在不如和宦官講和，不要輕舉妄動！」何進聽了，又猶豫了起來，忙派諫議大夫種邵帶著詔書前去阻止董卓進京。董卓已到澠池，竟不接受詔書，繼續進兵。種邵極力勸阻，董卓不得已駐兵河南夕陽亭。

京城中袁紹見事已至此，勸何進下定決心，誅滅宦官。何進還在猶豫，遲遲不肯下手。袁紹沒有辦法，假託何進的命令，傳書州郡，逮捕宦官家屬，歸案定罪。何進也在袁紹的逼迫下，進宮面告太后，請她答應誅殺中常侍以下的宦官。何太后沉默不語，何進只得退出。宦官張讓、段珪等人見何進進宮，早就起了疑心，派手下的人跟著去偷聽，原來是這麼回事。張讓等數十人埋伏在嘉德殿外，等何進一進殿門，就圍上去將他殺死。

何進的將吏吳匡等人聽說何進被殺，率兵包圍內宮。袁紹聽說後，也派弟虎賁中郎將袁術幫助吳匡攻打宮門，要求交出張讓等人。宦官在宮內死守，好久不見動靜。袁術等人就在青瑣門外放起火來，火勢猛烈，照耀宮中。張讓等人膽戰心驚，只得報告何太后，說大將軍的手下叛亂，放火焚燒宮門。何太后還不知道何進已死，驚慌失措，被張讓等人挾持著，同少帝和陳留王一起，從地道逃往北宮。

袁紹等人衝進北宮，關上大門，分頭搜尋宦官，見一個殺一個，一共殺了三千多人。張讓等人被尚書盧植攔住，盧植救下何太后。張讓等人逃出北門，半夜被盧植等人追上，死於非命。盧植扶住少帝兄弟摸黑趕路。

再說董卓駐兵夕陽亭，後經袁紹寫信催促，率兵到顯陽院，望見宮中大火，料想宮中有變，便日夜兼程，趕往京城，剛好在北邙山與少帝等人相遇。董卓拜見少帝，少帝看見董卓很害怕，驚魂未定之餘，說話結結巴巴，不知所云。陳留王從容自如，撫慰董卓後，簡要說明事情經過，自始至終，無一失言。董卓暗暗稱奇，心中定下了立陳留王為皇帝的打算。

董卓進京以後，逐漸控制了局勢，他指使人彈劾司空劉弘，由自己代替。立九歲的陳留王為皇帝，史稱獻帝。廢劉辯為弘農王，何太后遷居永安宮，後被董卓毒死。

董卓立獻帝以後，自封為郿侯，不久升為相國，控制朝中大權。董卓貪財戀色，縱容士兵搶劫，見財便取，見色就擄。董卓在家中等著，每遇士兵搶劫回來，他必定親自查驗，最貴的珍寶和最好的婦人都留給自己，其他的分給士兵。宮中的公主和采女，只要被董卓看中，就逃脫不了厄運。

董卓的暴行，引起人們的義憤。各地豪強勢力紛紛興起，討伐董卓。東郡太守橋瑁假託三公的密令，傳書州郡，歷數董卓的罪惡，希望各地豪強起兵，解救危難。渤海太守袁紹首先起兵，不久，集結起十四路人馬。由於起兵的州郡都在關東（潼關以東）。史稱「關東軍」。關東軍共推袁紹為盟主，從北、東、西三面包圍洛陽。

為暫避關東軍的兵鋒，董卓決定遷都長安。文武大臣都不同意，只是為董卓所逼，不得已西行。數百萬百姓背井離鄉，一路上顛沛流離，凍死、餓死的不計其數。董卓還下令火燒洛陽，二百里內，一片焦土，雞犬不留。

關東軍因各有打算，誰也不想與董卓真正決戰。初平三年（西元一九二年），司徒王允設計，利用董卓的義子呂布殺掉了董卓。獻帝命王允錄尚書事，晉升呂布為奮威將軍，封溫侯，二人共同主持朝政。

李傕、郭汜相互爭鬥

這時百姓中流傳謠言，說朝廷準備殺盡涼州人，董卓的部將李傕、郭汜等人都是涼州人，他們派人到長安請求朝廷赦免，王允不同意。李傕、郭汜等人更為害怕，打算各自解散，逃歸家鄉。討虜校尉賈詡獻計說：「大家如果解散軍隊向東走，一個亭長就可以把你們抓住；不如向西攻取長安，為董公報仇，打勝了還可以得到天下，失敗了再逃走也不遲！」李傕聽了他的話，傳令部下，向西朝長安進發。一路上收拾殘兵，共達十餘萬人。

李傕、郭汜率兵包圍長安，呂布登城拒守，彼此相持八天不下。呂布的部下發生兵變，偷偷打開城門，李傕等人攻入城內。長安城內一片混亂，呂布奮力拼殺，怎奈外兵越來越多，終於招架不住，不得已殺開一條血路，來到青瑣門外，要王允一起逃走。王允長長地嘆了一口氣，說：「承蒙社稷威名，安定國家，是我的願望；萬一不能，我只有一死。如今皇上年幼，全依靠我來輔佐；臨難脫逃，我不忍心做。請替我轉告關東諸公，為國家轉危為安多多盡力，如此，我死也瞑目了！」呂布帶領殘兵數百人，出武關，投奔袁術去了。

李傕等人圍住宮門。王允扶獻帝登上宣平門樓，從城上望下去，只見兵馬如潮。獻帝沒有被眼前的陣勢嚇倒，他大聲對李傕說：「你們放兵縱橫，究竟要幹什麼？」李傕望見獻帝，伏地叩頭，回答說：「董卓忠於陛下，卻為呂布所殺，臣等前來，是替董卓報仇，實在不敢造反；等事情過了之後，我們自己到廷尉處去請罪。」獻帝說：「呂布已經逃走，卿等要抓呂布，儘管前去追趕，為何包圍宮門？」李傕回答說：「司徒王允與呂布是同謀，請陛下讓王允出來，我們向他問個明白！」王允聽到這裡，躋身下樓，對李傕說：「王允在此，爾等有什麼話說！」李傕等人都指責王允，說：「太師有什麼罪，被你害死！」王允睜大眼睛，怒聲說：「董卓死有餘辜，長安百姓聽說董卓被殺，無不拍手稱快，你們沒有聽說嗎？」李傕反駁道：「就算太師有罪，也與我們無關，為什麼不肯赦免我們？」王允大聲喝道：「汝等謀逆害民，怎能說是沒有罪？如今你們擁兵進入京城，難道不是大逆之罪，你們還有什麼話說！」李傕等人不與他多言，擁上前去抓住王允，把他殺掉。獻帝落到李傕、郭汜手中。李傕晉升車騎將軍，郭汜為後將軍，兩人共同掌握朝政。

轉眼過了兩年，獻帝行了加冠禮，改年號為興平。次年（西元一九五年），李傕、郭汜互相猜忌，以至於率兵相互攻擊。為了取得主動，郭汜想把獻帝挾持到自己手中，不料消息走漏，李傕搶了先。他派他哥哥的兒子李暹率領數千人馬圍住宮門，脅迫獻帝出宮。太尉楊彪出來對李暹說：「自古沒有聽說帝王徙居臣子家中的，君等舉事，應該符合人心，為什麼如此輕率！」李暹大聲說道：「我家將軍恐怕郭汜入宮叛逆，所以派我前來迎駕，暫避兇險。你膽敢前來阻擋，莫非與郭汜合謀不成！」楊彪不再言語，進去報告獻帝，獻帝也無計可施。李暹用三輛大車載著獻帝及皇后到了李傕大營。李暹隨後縱兵入宮，大肆搶劫，宮中的金銀財寶全都被搬到李傕大營中，之後放起一把火，把宮闕焚燒殆盡。

獻帝在李傕營中寢食不安，日夜擔憂。為了擺脫這種局面，獻帝派太尉楊彪等幾位大臣到郭汜營中講和。郭汜不同意，反倒將楊彪等幾位大臣扣住，逼迫他們一起攻打李傕。楊彪勃然大怒，說：

「群臣相互爭鬥，一個劫持天子，一個扣留公卿，從古到今有這樣的道理嗎？」郭汜大怒，離座拔劍指著楊彪，面目恐怖，楊彪毫無懼色，從容地說道：「卿尚且不顧念國家，我又何敢求生！」在別人的勸解下，郭汜才放手。但仍舊不肯放還大臣。李傕召集數千胡人，分給他們財物，讓他們向郭汜進攻。郭汜則偷偷地賄賂李傕同夥中郎將張苞，約為內應，自己率兵攻打李傕軍營。箭射到獻帝住的帳中，李傕左耳上中了一箭。張苞在營後放火，李傕嚇得把獻帝轉移到北塢，派人監守塢門。由於內外隔絕，飲食難以供應，群臣臉上都現出饑餓之色。獻帝向李傕要五斗米、五具牛骨頭，以便分給群臣。李傕大怒，說：「早晚都供應給你們飯吃，還要米做什嗎？」只派人送去五具臭牛骨。獻帝見了，心中有氣，還想找李傕理論。侍中楊琦勸他說：「李傕自知所做事情乃大逆不道，想劫持車駕到池陽，願陛下暫時容忍一下，等待時機，以後再說。」獻帝聽了，低頭無語，只是不停地抹眼淚。

獻帝又派謁者皇甫酈勸說李、郭二人講和。皇甫酈先到郭汜那裡，婉言力勸，郭汜答應講和。繼而到李傕處調解，李傕不願意，說：「我有討伐呂布的大功，輔政四年，三輔清靜，為天下所共知！郭汜只不過是個盜馬賊，怎麼膽敢與我抗衡；況且他擅自扣留公卿作人質，罪在不赦，我一定要將他殺掉。您也是涼州人，您看我的謀略和部下是不是勝過郭汜許多？」皇甫酈見他出言如此，回答說：「古時候有后羿氏，自恃善射，最後終歸滅亡。近來董公強盛，最後身死族滅，可以見得有勇無謀，反而會招來禍患。如今將軍身為上將，子孫宗族多居顯要之位，豈可辜負國家的恩典？再說郭汜扣留公卿為人質，將軍卻脅迫皇上，誰的罪過輕，誰的罪過重，不用說就清楚了。將軍如果不及時悔悟，一旦眾叛親離，到時候再後悔也來不及了。」李傕終究不肯聽從勸告，還要殺掉皇甫酈。

李傕的部將楊奉對李傕的做法不滿，他與軍吏宋果密謀，打算殺掉李傕，把獻帝送回去。不幸計畫洩露，宋果被殺，楊奉逃走。剛好這時鎮東將軍張濟引兵入都，他拜見獻帝，請獻帝下詔調和李傕和郭汜的矛盾，並且自己願意陪皇帝到弘農，獻帝高興地聽從了。經過反覆說和，李郭二人講和，郭汜放了群臣，獻帝在張濟的保護下，啟程去弘農。

李傕不願去弘農，出屯池陽。郭汜仍舊領兵跟隨獻帝。獻帝命張濟為驃騎將軍，郭汜為車騎將軍，楊定為後將軍，楊奉為興義將軍，董承為安集將軍，一起前去弘農。郭汜不願意東去，勸獻帝轉去高陵。等到走到新豐，郭汜又想脅迫獻帝還郿。楊定、董承率兵阻止，郭汜寡不敵眾，逃入南山。不久，獻帝一行到了華陰，寧輯將軍段煨出營迎接，供給獻帝及皇后飲食衣服，請獻帝臨幸他的軍營。後將軍楊定與段煨不和，聯合董承、楊奉等人，誣陷段煨勾結郭汜，妄圖劫駕。獻帝半信半疑，沒有怪罪段煨。楊定與楊奉領兵攻打段煨，段煨率兵抵抗，雙方激戰十餘天，不分勝負。段煨還是依舊供應獻帝等人飲食，並且上書表明他沒有二心。獻帝派人和解，雙方的爭鬥才平息。

不想一波未平，一波又起。李傕、郭汜二人又重新聯合，來追趕獻帝。楊定恐怕抵擋不住，索性丟棄獻帝，逃往藍田。中途被郭汜攔截，被打敗逃往荊州。張濟生出二心，打算到楊奉軍營中奪走獻帝。事情洩露，楊奉與董承護衛獻帝等人，當晚趕往弘農。張濟得知後，尾隨追擊，沒有追上，與郭汜、李傕兩人會合，一同追趕獻帝等人。楊奉、董承寡不敵眾，被殺得大敗，禦物國寶，拋棄殆盡，只有獻帝和皇后兩人分乘兩輛車子，由董承拼死保護，才得逃脫。一行人逃入曹陽境內，已是夜幕低垂，君臣無處棲身，只好露宿一晚。楊奉、董承一面使出緩兵之計，假意派人與李傕講和，一面派人到河東請求援兵。援兵和楊奉、董承聯合，大破李傕的軍隊，殺死幾千人。獻帝一行人繼續東進，走了幾里之後，只見後方塵土飛揚，原來李傕探知河東援兵不過數千，且為烏合之眾，因此又追趕上來。李傕三人分三面夾擊，把楊奉的隊伍衝亂，隨同的大臣死傷很多。董承護衛獻帝逃走，走不了幾里，後面追兵又到了。有人勸獻帝騎上馬快跑，獻帝哽咽著說：「不行，百官有什麼罪，我不能丟棄他們逃走。」董承等人且戰且走，到天黑才到達陝西境內。這時追兵稍微少了一些，將士們結戍營寨自守。這次戰鬥，將士損傷七八成，虎賁羽林軍剩下不滿百人。李傕等人圍著營寨大呼小叫，眾人大驚失色，商議逃走。

有人主張渡過黃河，好不容易找到一條船，眾人擁著獻帝，徒步出營。伏皇后頭髮蓬鬆，面色慘澹，跟隨獻帝。伏皇后的哥哥伏完一手扶著皇后，一手還挾著十匹絹。董承瞧見，心裡不愉快，讓人上去爭奪，一人被殺死，血跡濺到伏皇后的衣服上。伏皇后嚇得發抖，連忙拉住獻帝的衣服，哭泣著求救。獻帝出言喝止，這場爭端才平息。走到河邊，只見天寒地凍，岸高數丈，獻帝和伏皇后不能上船。幸好伏完手中還有殘絹，就將絹裹住獻帝，由兩人抬著，放到船上。伏完背著皇后，一躍跳上船。其餘的人，有的伏在地上爬下去，有的從岸上跳下去，帽子和髮巾都弄壞了。到河邊後，士兵們爭先恐後地跳上船，沒有上船的紛紛拉住船纜。董承用戈亂砍，在船中被砍掉的手指可以一把一把地捧起來。一起渡河的只有楊彪以下的幾十人，那些宮女以及官民不能渡河的，都被亂兵掠奪，衣服被剝光，頭髮也被割掉，凍死的人不計其數。

李傕得知後，派人去追擊，正好看見獻帝在船上，大聲呼喊：「你們要把天子弄走嗎！」董承害怕他們射箭，就用被子當屏障。李傕把岸上丟棄的東西搶劫一空。獻帝一行人渡過黃河後，步行數里，抵達大陽，這時天已大亮了。董承、楊奉到民間搜尋車馬，毫無所得。只找到一輛牛車，載著獻帝，其餘的人步行相隨。趕到安邑。河內太守張揚、河東太守王邑前來接駕。獻帝拜張揚為安國將軍，王邑為列侯，軍中的一些將領也紛紛求任官職，以至於刻的印章都供應不上，只好用錐子在石頭上畫字。獻帝住在以荊棘為籬笆的房子中，窗門不能關閉，群臣議事，就借茅舍作為朝堂，士兵們扒在籬笆上觀看，相互擁擠取笑。

楊奉等人主張在安邑建都，太尉楊彪等人主張東還洛陽，雙方相持不下，只得暫時駐在安邑，以後再作打算。轉眼到了第二年年初，改年號為建安。這一年的七月，獻帝回到洛陽。宮殿還沒有修成，暫時住在中常侍趙忠的府第中，作為行宮。不久遷居楊安殿。獻帝安頓下來後，大肆行賞功臣。只是好端端的洛陽城被董卓一把火燒掉，短時間內不能修復，除了楊安殿以外，四處瓦礫成堆，荊榛滿目。百官無處安身，只得暫時棲身於破壁斷垣中。城中沒有糧食吃，獻帝派人向州郡徵求，十無一應。自尚書郎以下的官員親自出城去採野穀子充饑，有的甚至朝不保夕，往往餓死。

曹操挾天子以令諸侯

當時在兗州的曹操得知這一情況，乘機搶先進入洛陽，任官司隸校尉，隸尚書事，取得了「挾天子以令諸侯」的地位。由於楊奉等人在洛陽擁有重兵，恐怕不會服從曹操。曹操為了取得主動，就和議郎董昭商議。董昭認為遷都許昌方為上策。曹操入朝面奏，請獻帝東幸許昌，以免乏糧。獻帝不得不從，群臣害怕曹操，都不敢有異議。曹操抵達許昌後，修築宮殿，立宗廟社稷。獻帝拜曹操為大將軍，封武平侯。獻帝才擺脫李傕、郭汜之手，又落入曹操之手，繼續他的傀儡生涯。

太尉楊彪見曹操大權獨攬，請辭離去。曹操自命為司空，百官都受他節制。獻帝不甘心自己的傀儡地位，暗地寫好密詔，讓車騎將軍董承帶出，命宗室劉備作外援，董承、偏將軍王服等人做內應，殺掉曹操。誰知事情洩露，曹操派兵把董承等人一併拿下，關在監獄中。曹操自己提著劍，怒氣衝衝地進宮，要獻帝交出董承的女兒董貴人。獻帝正坐著與伏皇后閒談，談到曹操專權之事，不免相互嘆息。猛然間曹操提劍闖入，怒容滿面，不由得大吃一驚。曹操開口道：「董承大逆不道，竟敢謀反，請陛下即日治罪。」獻帝說：「董承是朝廷勳戚，如何至於造反呢？」曹操說：「老臣迎駕至此，未嘗有負陛下。董承自恃國戚，竟想害死老臣。臣若被害，恐怕也會牽連到陛下，這難道不是謀反嗎？」獻帝問：「有真憑實據嗎？」曹操瞪大眼睛，怒聲說道：「證據確鑿，並非臣誣陷他，陛下袒護董承，莫非是要他殺了臣不成？」獻帝本來有密詔給董承，心中不免有些虛，只好說：「董承有罪，當依法懲治。」曹操大聲說：「還有董承的女兒在宮中伴駕，應該連坐！」說罷，喝令衛士去捉拿董貴人。獻帝哭泣著說：「董貴人剛剛懷孕幾個月，等她把孩子生下來以後，再治罪不遲。」曹操憤然說道：「不管她孩子是否生下來，即使已經有了孩子，也應當一起處死，免得留下種子，為他的母親報仇！」獻帝聽了，嚇出一身冷汗，連話都說不出來。曹操命令衛士將董貴人拖出宮去，獻帝急了，對曹操說：「曹公！你如果要輔佐我，就不要做得太過分了，否則不妨捨棄我。」曹操不聽，調頭走出宮外，命令衛士將董貴人勒死，董承、王服等人一併斬首，株連三族。

就在這一年（建安五年，西元二〇〇年），曹操和袁紹的軍隊在官渡作戰，曹操以少勝多，擊敗袁紹，取得北方大片土地，為北方的統一奠定了基礎。此後，曹操相繼佔領北方州郡，到建安十二年，降服烏桓，統一了北方。次年六月，曹操罷三公，置丞相、御史大夫。曹操自為丞相。七月，曹操南征，在赤壁被孫權和劉備的聯軍擊敗，天下三國鼎立的局面初步形成。建安十八年，曹操自立為魏公，加九錫。

董貴人被曹操害死後，伏皇后內心不安，她寫信給她的哥哥伏完，歷數曹操罪惡，請伏完尋找機會，除掉曹操。伏完雖然曾擔任過輔國將軍，卻性情恬淡，不願意與曹操爭權，所以接到伏皇后的信後，始終沒有採取行動。到這時，曹操為魏公，伏完已經去世三四年了。曹操有三個女兒，大女兒和二女兒都被曹操送進皇宮，獻帝封她們為貴人。到了建安十九年（西元二一四年），伏皇后給他哥哥伏完的信被伏家的一個僕人偷偷地獻給曹操。曹操勃然大怒，進宮脅迫獻帝廢去伏皇后。獻帝猶豫，不忍心這樣做。曹操不等獻帝許可，便讓尚書令華歆起草廢後的詔書，逼獻帝蓋印。伏皇后得到詔書，正想搬出後宮，忽然聽到外面人聲嘈雜，原來是華歆帶人來搜捕皇后。伏皇后嚇得躲進宮中的夾牆裡，被華歆發現。華歆揪住伏皇后的頭髮，將她拖到外殿。獻帝正在外殿和御史大夫郗慮坐著，見伏皇后披頭散髮。赤著雙腳，情形十分悲慘，不禁淚流滿面。伏皇后對獻帝哭泣說：「真的就不能活命了嗎？」獻帝嘆了一口氣，說：「我也不知道自己能活到哪一天！」說完回過頭來對郗慮說：「郗公！天下果真有這樣的事情嗎？」華歆不由分說，將伏皇后拉走，關在監獄裡，幽閉而死。伏皇后生的兩個兒子被毒死，伏氏家族受株連被處死的有一百多人。建安二十年正月，曹操立他的第三個女兒曹節為獻帝皇后。

曹丕代漢

建安二十五年（西元二二〇年），曹操病死，他的兒子曹丕襲爵為魏王。獻帝以為曹操一死，自己就可親政，改建安二十五年為延康元年。誰知曹丕比他的父親曹操更為厲害，他認為代漢的時機已經成熟，讓手下的人捏造出種種祥瑞來，說漢代的氣數已盡，將由魏來代替。曹丕還命華歆等人先行到許都，脅迫獻帝讓位。獻帝吃了一驚，不禁流下淚來，還在猶豫，忽然外面湧進許多全副武裝的兵士。獻帝慌忙起身，轉身向宮內走，華歆等人追趕。到了中宮，曹皇后聞聲而出，見獻帝慌慌張張，忙問出了什麼事，獻帝哭泣著說：「你的哥哥要奪走我的帝位呢！」曹皇后一聽，不禁豎起柳眉，她繞過獻帝，攔住華歆等人，開口就罵：「你們貪圖富貴，膽敢謀反。試想我的父親功蓋寰宇，尚且始終侍奉漢朝為臣，我的哥哥繼立魏王才幾天，就想奪取皇位，這是不可能的事，一定是你們這些人慫恿他做的！」因為曹皇后是曹丕的妹妹，華歆等人也不敢怎麼樣，只得暫時退卻。

過了幾天，聽說曹丕馬上就要到許都了，華歆等人會合群臣，請獻帝出殿，獻帝迫不得已，只好勉強出來。華歆已經起草好了退位的詔書，逼迫獻帝頒佈。獻帝含糊答應，派御史大夫張音將詔書送給曹丕。曹丕正在曲蠡，得到詔書。心中大喜，但表面上不肯接受，上表推辭。張音回來報告，華歆等人連忙致書勸曹丕登位，一面脅迫獻帝交出玉璽。獻帝流著淚，對他說：「玉璽由皇后收藏，不在朕身邊。」華歆去向曹皇后索要玉璽，曹皇后不肯給。華歆將此事報告曹丕。曹丕派曹洪、曹休領兵入宮，奪取玉璽。曹皇后把玉璽甩到窗外，邊哭邊說：「上天將不保佑你！」曹洪得到玉璽，仍舊派張音將玉璽連同第二道詔書一起給曹丕送去。曹丕看到玉璽和詔書，還不肯接受，再讓張音將玉璽退回。不得已，獻帝只好第三次下詔，曹丕這才答應了。這年十月，曹丕正式在繁陽亭登上受禪壇，接受玉璽，文武百官，齊呼萬歲。隨即進入許都，改延康元年為黃初元年，國號為魏，廢獻帝為山陽公，曹皇后為山陽公夫人，勒令搬出宮去，但仍然可以用天子禮樂。算是另眼看待。

十四年之後，即魏青龍二年（西元二三四年），獻帝死去，終年五十四歲。以漢天子禮儀葬於禪陵，謚號為孝獻皇帝。

東漢末，經過黃巾農民起義的打擊，中央集權的力量大大削弱，各地豪強紛紛興起，形成軍閥混戰的局面。漢獻帝劉協於九歲（西元一八九年）時被董卓立為皇帝，延康元年（西元二二〇年）被曹丕廢掉，共在位三十餘年。在這三十餘年的皇帝生涯中，獻帝只是名義上的皇帝，成為軍閥混戰中軍閥們撈取政治資本的一塊牌子，一個實實在在的傀儡皇帝。剛即位時董卓把握朝政，董卓死後，李傕、郭汜互相爭鬥，獻帝成了他們爭來奪去的戰利品。逃到洛陽，又落到曹操手中，成了曹操「挾天子以令諸侯」的工具。曹操死後，獻帝以為有了出頭之日，不想被曹丕脅迫，拱手讓出皇帝寶座。但是獻帝並不是昏庸無能之輩，如興平元年，三輔地區幾個月不下雨，一斛谷價值五十萬錢，獻帝詔令侍御史侯汶拿出太倉的米、豆為貧民熬粥，可是餓死的人依舊很多。獻帝懷疑其中有鬼，派人取出米、豆各五升在自己面前熬粥，只有兩盆。獻帝下令責打侯汶五十大棍。《後漢書．孝獻帝紀》中說：「獻生不辰，身播國屯。」認為獻帝生不逢時，自己流離遷徙，國家又多災多難。這是有一定道理的。處在那樣的形勢之下，獻帝連自己的命運都難以掌握，談何治理國家呢？

第七章

蜀漢後主　劉禪

在中國古代眾多的亡國之君中，蜀漢後主劉禪是一個家喻戶曉的人物，「扶不起來的阿斗」——千百年來，人們總是這樣評價他。劉禪是一個典型的低能形人物，後世戲曲、小說描述了許多關於他的帶有侮辱性質的傳說，以至他的乳名「阿斗」也成為呆傻無能的代名詞。劉禪有一個被曹操認定為天下英雄的父親，唐代詩人劉禹錫曾寫詩道：「天下英雄氣，千秋尚凜然。勢分三足鼎，業復五銖錢。得相能開國，生兒不像賢。淒涼蜀故妓，來舞魏宮前。」劉禹錫在詩中對蜀漢開國之君劉備推崇備至，而對劉禪則給予了無情的嘲弄。劉禪還有一個因國破家亡而壯烈殉國，從而被後世譽為英雄的兒子——北地王劉諶。毛宗崗在評點《三國演義》時寫道：「使蜀之後主，而以北地王為之，則吳可吞，魏可滅，而漢亦得遂亡哉？」該文又將劉禪描寫為覆國滅宗，斷送恢復漢室江山宏偉大業的罪魁。

劉禪到底是一個什麼樣的人呢？

顛沛流離身世堪憐

劉禪，字公嗣，乳名阿斗。其生母甘夫人本是劉備的小妾，因為劉備數喪正室，就經常讓甘夫人掌管內事。劉備寄居荊州時，甘夫人生下了劉禪。劉備早年屢遭挫折，過著顛沛流離、寄人籬下的生活，幼年的劉禪也因此備嘗艱辛。

東漢建安十三年（西元二〇八年），曹操率領大軍南下，當時屯兵新野的劉備既兵微將寡，又缺乏穩固的根據地，只得倉皇出逃。當他率軍南行至今湖北當陽時，被曹軍騎兵追上。劉備的軍隊很快被曹軍鐵騎擊潰，情況萬分危急。劉備只得拋妻棄子，倉皇南奔。此時劉禪及其生母甘夫人陷入曹軍萬馬叢中，猶如在萬頃波濤中行將顛覆的一葉扁舟。千鈞一髮之際，幸得大將趙雲拼死相救，在千軍萬馬中殺開一條血路，才將劉禪母子救出重圍。對於這一事件，《三國演義》中「趙子龍單騎救主」一回的描述可謂精彩絕倫。應該說羅貫中的描述是基本符合史實的，所做的想像也基本合理，只是他對劉禪的描寫無疑受到傳統觀點的極大影響。他在大肆謳歌趙雲英勇忠義的同時，卻對尚在襁褓之中的劉禪大加嘲弄。小說描寫趙雲衝出重圍後，從懷中放下劉禪，劉禪尚「睡著未醒」。這一描寫確具有喜劇效果，長期以來為人們所津津樂道。其實，當時還處於嬰兒期的劉禪，即使是一個神童，出現這種現象也極其正常。對幼小的劉禪來說，無論他是否睡著，他都無法理解他所僥倖躲過的是怎麼樣的一場劫難。

赤壁之戰後，劉備寄居荊州，總算有了一塊安身立命之處。但這塊地盤還是從孫權手中借來的。

孫權部將周瑜等人將劉備視為眼中釘。周瑜在臨終時寫給孫權的信中說：「劉備寄居在荊州，就如同養了一隻兇猛的老虎……。」孫權雖將其妹嫁與劉備，但這是一樁典型的政治交易——孫劉之間貌合神離。為了鞏固和擴大自己的生存空間，劉備決計攻取益州。劉備率軍離開荊州後，孫權乘機派人去荊州接回其妹，並企圖帶走劉禪，以作為日後向劉備討還荊州的人質。孫夫人帶著劉禪離岸登舟，順江東下，眼看就要消失於浩渺的煙波之中。危急關頭，趙雲、張飛領兵阻截，救回了劉禪。在劉備與孫夫人這樁短暫的政治婚姻中，孫夫人無疑是最大的受害者，但倘若沒有趙雲、張飛攔江截奪劉禪的英勇行為，這樁政治交易將又會多出一個犧牲品。劉禪又一次身蹈險境，卻又一次僥倖得脫。

在裴松之《三國志注》所引《魏略》的一段記載中，劉禪幼年的經歷要曲折得多。根據這段記載，劉禪在劉備小沛之敗時已有數歲。劉備在小沛慘敗後，倉皇棄家出逃。劉禪隨著逃難的人群向西逃竄，輾轉來到漢中，屢次為人所賣。東漢建安十六年（西元二一一年），扶風富豪劉括避亂漢中，需要一個可堪驅使的小僮，遂將劉禪買入府中。時間一長，劉括對劉禪印象不錯，便將他收為義子，後又為他娶了個妻子。不久，劉禪妻生下一子。劉備攻佔益州後，劉禪的一個姓簡的鄰居當上了劉備的將軍。碰巧劉備派遣簡將軍出使漢中，劉禪便去館驛拜見他，並說明了自己的身世。簡將軍經過詳細盤問，確認眼前之人的確是劉備之子，便將此事報告了張魯，張魯時任漢中都督，十分想結好劉備，便為劉禪沐浴更衣，然後將其送往成都。

對《魏略》中這段鮮為人知的記載，裴松之經過考證認定與事實不符，其結論雖說有一定道理，但不管哪一種說法，劉禪幼年的遭際是相當曲折和艱難的，他早年在顛沛流離中長大成人。

東漢建安二十四年（西元二一九年），劉備稱漢中王。昔日寄人籬下的劉備如今已割據佔有荊、益二州，與曹操、孫權鼎足而三分天下，劉禪自然也今非昔比，命運出現了巨大的轉折，他被立為太子。蜀漢章武元年（西元二二一年），劉備正式稱帝，劉禪又成為皇太子。

東漢建安二十四年（西元二一九年），孫權襲殺劉備荊州守將關羽，從劉備手中奪得荊州。蜀漢章武二年（西元二二二年），劉備不顧諸葛亮等人的勸阻，執意親率大軍東下伐吳。猇亭一戰，東吳大將陸遜利用火攻，大破蜀軍四十餘營，劉備盡失舟船器械，水步軍資，狼狽逃回白帝城。

蜀漢章武三年（西元二二三年），劉備在白帝城一病不起，他自知時日不多，想到自己早年屢遭挫折，透過百折不撓的奮力創業，終於能建國稱帝，不禁百感交集。如今恢復漢室江山已有一線希望，卻又因自己不聽勸阻，導致猇亭慘敗，致使蜀漢政權元氣大傷。眼看自己即將撒手西去，而太子劉禪才能低下，會不會將自己辛苦半生創下的基業葬送。劉備一想到此，便憂心忡忡。他派人快馬加鞭，急召坐鎮成都的諸葛亮、太子劉禪和魯王劉永等幾個兒子到白帝城，以囑託後事。

諸葛亮得知劉備病重後，便和劉禪等人晝夜兼程趕赴白帝城。永安宮中病榻前，劉備對劉禪說：「凡是壞事，不能以為小就去做；凡是好事，不能因為小就不去做。只有那些具有賢德的人，才能使人心服。我的德行不夠，不值得你效法。你可以閱讀《漢書》、《禮記》，有空的話看看諸子百家的著作以及《六韜》、《商君書》，這些書既能使人開闊眼界。又能增長智慧。聽說丞相已經把《申子》、《韓非子》、《管子》、《六韜》等書給你抄了一遍卻在路上丟失了，你可以再向他請教。」

囑咐完劉禪，劉備又叫過諸葛亮，真誠地對他說：「你的才能勝過曹丕十倍，一定能安定國家，成就大業。如果太子劉禪還值得輔佐的話，你就輔佐他。如果他實在不堪輔佐，你可取而代之。」面對此情此景，諸葛亮早已泣不成聲，他向劉備表示：「我一定盡心盡力，竭盡忠誠，死而後已。」

劉備又叫過劉禪、劉永兄弟，囑咐他們說：「我死之後，你們要像對待我一樣來對待丞相」。

劉備去世後，劉禪繼位為帝，改元建興，其時，他年僅十七歲。

任賢相則為循理之君

劉禪即位後，仍以諸葛亮為丞相，封武鄉侯，開府治事。他對諸葛亮表示：「政由葛氏，祭則寡人。」也就是說他要把一切政務都交由諸葛亮處理，自己只管一些禮儀方面的事情。這實際是讓諸葛亮以大臣之身，行君主之事，諸葛亮自然有些惶恐，但他想起劉備臨終時的囑託，又看到缺乏治國才能的劉禪的請求，只得挑起了總攬朝政的重擔，諸事無論大小，都由他決定。同時他還要擔負教誨劉禪，以使他早日親政的重任。

劉禪即位之初，蜀漢政權面臨著嚴重的動盪。劉備伐吳大敗而歸，使蜀漢政權元氣大傷，作為蜀漢政權後方的南中地區不斷發生叛亂，東吳孫權又在其中推波助瀾，使得蜀漢政權的處境十分困難。面對如此紛繁的局面，諸葛亮提出首先要恢復吳蜀聯盟。蜀漢建興元年（西元二二三年），諸葛亮派鄧芝使吳，鄧芝成功地說服了孫權斷絕與曹魏的關係，使得一度破裂的吳蜀聯盟得以恢復。

蜀漢建興三年（西元二二五年），諸葛亮決定分兵三路出征南中，蜀軍士氣高漲，所向披靡，很快深入南中腹地。諸葛亮用參軍馬謖攻心之計，使南中少數民族首領孟獲心悅誠服，很快平息了叛亂。南中叛亂的平定，既為以後的北伐提供了大量戰略物資，也鞏固了蜀漢政權的後方。

蜀漢建興五年（西元二二七年），諸葛亮在長期準備後決計北伐中原。即將遠離成都，他最為掛心的還是後主劉禪，害怕他因為年輕，不辨忠奸。他為此做了周密的人事安排，任命張裔為留府長史，與參軍蔣琬共同處置丞相府政事，以侍郎董允管理宮中事務。除此之外，他又給劉禪上了一封情真意切、感人至深的表章，即著名的《前出師表》。他諄諄教誨劉禪不要妄自菲薄，堵塞忠臣諫諍之路；對官員的提升、獎勵、懲處應公正嚴明，不應有所偏私；應該親近賢臣，疏遠小人。他還將張裔、蔣琬、費禕、陳震、董允、郭攸之等一大批正直有才幹的大臣推薦給劉禪，希望劉禪能任賢用能，勵精圖治。

接到諸葛亮的表章後，劉禪下了一道討伐曹魏的詔書，以激勵蜀軍士氣。詔書中表達了劉禪對諸葛亮的無限信任，他寫道：「諸葛丞相抱負遠大，意志堅強，忘身憂國。先帝將國家重任託付於他，讓他輔佐我治理國家。今天我授予他統帥軍隊的重任和專制一方的權力，統帥步騎兵二十萬，北伐中原，恢復漢室。」

諸葛亮接到詔書後，隨即率大軍出屯漢中。這次北伐開始時相當順利，蜀軍很快就攻佔了戰略要地祁山。只因關鍵的街亭一戰，諸葛亮錯用馬謖，使北伐功敗垂成。諸葛亮對街亭一戰失利痛心疾首，為嚴明軍紀，諸葛亮將馬謖斬首，並且按照《春秋》責帥的原則，上書後主劉禪，請求自貶三級。

劉禪接到諸葛亮的表章後，大惑不解。他對侍中費禕說：「勝敗乃兵家常事，丞相完全沒有必要如此。」內心充滿的仍是對諸葛亮的信任。費禕十分理解諸葛亮的這番苦心。他對劉禪說：「按照法律行事，才可能將國家治理好。丞相街亭一戰失利，自求貶職，正是依法行事。」劉禪認為費禕的見解在理，就批准了諸葛亮的請求，下詔將諸葛亮貶為右將軍，行丞相事，仍舊總督全國兵馬。應該說這一貶職詔令絲毫沒有削弱諸葛亮的實際權力。

蜀漢建興六年（西元二二八年）至七年（西元二二九年）這兩年間，諸葛亮又率軍進行了兩次北伐。臨行前，諸葛亮上書劉禪，表示要「鞠躬盡瘁，死而後已」，以報答蜀漢兩朝君主對他的知遇之恩。當時朝中大臣鑒於上次北伐失利，多數認為魏不可伐，但劉禪為諸葛亮的忠心所感動，再次支持他出師北伐。諸葛亮此次北伐雖未能從根本上改變局面，但卻取得了局部勝利，擊殺魏將王雙。劉禪便乘此機會下詔恢復了諸葛亮的職務，他在詔書中寫道，「街亭一戰失利是由馬謖一手造成的，您卻引咎自責，自求貶職，我不願違背您的意思，故此答應了您的請求。如今您屢次北伐中原，戰功卓著，功勳顯然。當今正值天下大亂、國賊未除之際，您身負興復漢室之重任，長久地貶抑自己，實在於國家不利。現在我恢復您的丞相職務，請您務必不要推辭。」

蜀漢建興七年，吳主孫權正式稱帝，並派使者赴成都，建議和蜀漢互尊為帝。蜀漢的一些大臣認為，只有蜀漢才是繼承漢朝的正統，吳國根本沒有稱帝的資格。他們主張高舉正統旗幟，斷絕與孫權的關係，吳蜀聯盟出現了新的危機。諸葛亮認為，吳蜀之間保持良好關係比互相之間的正統之爭要重要得多。如果斷絕吳蜀關係，吳國必然仇視蜀國，蜀國只得移北伐之兵而東伐孫吳，而吳國賢才很多，將相和睦，伐吳之戰必定曠日持久，吳蜀相爭，必然使蜀漢的主要敵人曹魏得利。因此，諸葛亮主張從大局出發，對孫權僭稱帝號的行為不作深究。諸葛亮的建議無疑符合當時蜀漢政權的根本利益，這一正確意見得到了劉禪的支持。劉禪按諸葛亮的意見派陳震為使者赴東吳祝賀孫權即位，並約定在滅魏之後，平分其土地，吳蜀聯盟得到進一步鞏固。

蜀漢建興十二年（西元二三四年），諸葛亮率十萬大軍再次北伐。這次北伐得到了東吳的配合，吳蜀兩軍同時在東西兩線上對魏國發起進攻，聲勢浩大，但由於吳軍出師不利，加上和諸葛亮對陣的對手司馬懿老謀深算，採用深溝高壘，拒不應戰的策略，使諸葛亮進不能戰，退不甘心。久而久之，諸葛亮鬱悶致病，積勞成疾。他已預感到自己已時日不多，就給劉禪上了一份奏章，報告了自己的病情，並對身後的繼任人選作了安排，建議劉禪將後事託付給蔣琬。

遠在成都的劉禪得知諸葛亮病重的消息，十分震驚，他立刻派尚書僕射李福趕赴五丈原軍中探望。當李福趕到時，諸葛亮已昏迷不醒，但這時他忽然睜開雙眼。李福問道：「陛下讓我問您，在您百年之後，誰可以委以大事？」諸葛亮答道：「蔣琬。」李福進一步問道：「蔣琬以後，誰可繼任？」諸葛亮答道：「費禕。」李福再問其後時，諸葛亮已無回聲，大家上前一看，諸葛亮已經帶著沒有完成統一大業的遺憾永遠地離去了。

諸葛亮病逝的消息傳到成都後，視諸葛亮為父的劉禪十分悲痛，以至於「肝心苦裂」。劉禪下詔高度評價諸葛亮的一生，稱他「在漢朝末年建下了豐功偉績，其功勞可與伊尹、周公並論」。按照諸葛亮的遺囑，他的遺體被安葬在定軍山，劉禪派大臣去定軍山弔唁，並贈以「忠武侯」稱號。

諸葛亮病逝後，劉禪按照諸葛亮臨終前的建議任命蔣琬為尚書令兼益州刺史，後又加拜為大將軍，錄尚書事，封安陽亭侯，開府治事，總理蜀漢一切政務。蜀漢延熙九年（西元二四六年），蔣琬病逝，劉禪按照諸葛亮的安排，任命費禕為大將軍，錄尚書事，接替蔣琬掌管蜀漢軍國大事。在這一期間，劉禪對蔣琬、費禕十分倚重。蔣琬、費禕身任大將軍，多數時間身在漢中前線。但每遇大事，劉禪都要派人去諮詢他們的意見，聽從他們的決斷，然後再加以執行。劉禪的信賢任能，使這一時期的蜀漢政局比較穩定。

在蔣琬、費禕執政期間，他們執行的是一種穩健政策，即以防禦為主，同時進行有限度北伐的政策。他們對蜀漢的國力以及自身的能力都有十分清醒的認識。費禕曾對積極主張北伐的領兵將領姜維說：「我們的才能遠遠趕不上諸葛丞相，以丞相之才，尚無法去平定中原，何況是我們呢？還不如保境安民，守好國家。以等待能者。如果靠僥倖而決成敗於一戰，導致失敗，那時後悔就晚了。」從當時蜀魏雙方綜合國力的對比來看，費禕的意見無疑是明智的。在這種思想指導下，費禕對姜維北伐的規模加以嚴格限制，每次給他的兵力不過數萬人。

在劉禪時期的大臣中，還有一位著名的人物，他就是諸葛亮生前好友董和的兒子董允。諸葛亮在世時就十分器重董允。蔣琬執政期間，他成為蔣琬的得力助手，先後歷任侍中和尚書令等要職。董允秉性正直，敢於直諫。一方面對劉禪所寵信的宦官黃皓的不法行為予以堅決抵制，另一方面還對劉禪的各種不當行為提出忠告，加以糾正。在劉禪後在位期，專權誤國的宦官黃皓十分害怕董允。董允在職期間，黃皓的地位始終沒有超過黃門丞。董允對劉禪的一些過分要求總是嚴詞拒絕，劉禪常想挑選民間女子充實後宮，董允認為古來天子后妃之數不超過十二人，現今劉禪的後宮已有此數，不應該再行增補，故一直加以拒絕。董允和諸葛亮、蔣琬、費禕一起被當時的蜀國人稱為「四相」，正是由於有他們輔佐劉禪，也是由於劉禪對他們的信任和依靠，使得蜀漢相當長一個時期內的統治較為清明。

在四相，特別是諸葛亮的輔佐和教誨下，劉禪也逐漸具有了一些處理政務的能力。

蜀漢延熙十二年（西元二四九年），在權臣司馬氏父子的逼迫下，魏國大將右將軍夏侯霸投奔蜀漢。夏侯霸與蜀漢政權的關係十分微妙。他是原曹操麾下驍將征西將軍夏侯淵之子，夏侯淵在東漢建安二十四年（西元二一九年）漢中定軍山一戰中為劉備部將黃忠所殺，夏侯霸因此與蜀漢有不共戴天的殺父之仇，時刻不忘報仇雪恨。但另一方面，他和劉禪有姻親關係，夏侯霸的堂妹嫁與張飛為妻，婚後生下一女，即劉禪的張皇后。在這種背景下，夏侯霸被迫亡命西蜀，其心情之沉重和矛盾不言自明。劉禪對夏侯霸降蜀一事十分重視，他派人遠道迎接夏侯霸，和夏侯霸相見時，他十分理解夏侯霸的心情，寬解他說：「你的父親死於亂軍之中，並非我父親親手殺死，」又指著自己的兒子說，「他就是夏侯氏的外甥。」劉禪對夏侯霸降蜀一事的處理可以說相當得體。

不僅如此，劉禪對大臣也十分寬厚，特別是對曾有恩德於他的大臣更是念念不忘。蜀漢建興七年（西元二二九年），蜀漢大將趙雲因病去世，劉禪聞訊後十分悲痛。蜀漢景耀四年（西元二六一年），趙雲已死去多年，他仍對趙雲的功績和恩德念念不忘，刻骨銘心。他在封贈趙雲的詔書中說：「我幼年時代顛沛流離，屢次蒙難，多虧趙將軍的忠心護衛，才使我躲過劫難。」身為九五之尊的帝王，能如此確實難能可貴。

惑閹豎則為昏闇之後

蜀漢延熙九年（西元二四六年）冬十一月，蔣琬病逝，費禕繼任大將軍輔政。費禕是蜀漢重臣，很有治國才能，也是諸葛亮生前器重的人物，但他在輔政期間把主要精力放在軍事上，長期領兵在外，很少有空過問宮中之事。再加上蔣琬執政時期協助蔣琬主管宮廷事務的侍中董允也在蔣琬病逝的同一年去世。這樣，劉禪一下子就失去了控制。他原先就寵愛宦官黃皓，只是由於董允的嚴格管束，黃皓不得不對自己的行為有所收斂，而且始終只能擔任黃門丞一類低級職務。董允一死，黃皓便躍躍欲試，圖謀干預政事。再加上費禕錯誤地提拔了一個徒有虛名、道貌岸然的陳祗擔任侍中以接替董允，陳祗表面上看很正派，也十分多才多藝，但他私心極重。他看到黃皓深得劉禪寵信，不但不像董允那樣加以勸阻，反而和黃皓相互勾結，狼狽為奸，使黃皓一下子成為宮中掌權的宦官頭目。黃皓專權，把蜀漢政治弄得一片黑暗。

蜀漢延熙十六年（西元二五三年），大將軍費禕被曹魏降將郭脩刺殺。費禕的死使劉禪、黃皓完全失去了控制，劉禪貪圖享樂的劣根性日益暴露。他經常帶領宮人宦官外出遊樂，又派人在宮中廣置聲樂以供自己賞玩娛樂。大臣譙周見劉禪如此貪圖享樂，不思進取，曾上一書諫諍，但從實際效果看，這封諫書根本沒有發揮什麼作用。

劉禪在一些事情的處理上也開始為所欲為。一次，大臣劉琰的妻子胡氏進宮朝見太后，太后特地命令胡氏一人在宮中留住了一個月。因為胡氏長得很漂亮，劉琰懷疑她和劉禪私通，便令人將她綁起來，讓士兵用鞋抽打她的臉，然後將她休棄。劉禪聽到此事後，竟將劉琰處以極刑，劉禪這種處理問題的做法，引起當時朝廷上下一片非議。

而這時宦官黃皓干預朝政，操弄權柄也更加肆無忌憚。劉禪十分寵信黃皓，誰對黃皓不滿，黃皓就在劉禪面前進讒言加以詆毀。劉禪的弟弟魯王劉永對黃皓十分痛恨，結果劉永十年見不到劉禪。而善於巴結逢迎的右將軍閻宇，並無尺寸之功，就因為阿附黃皓，便一再升官。黃皓後來甚至想用他取代當時執掌蜀漢最高兵權的大將軍姜維。

費禕死後，姜維成為蜀國的最高統兵將領。姜維很有軍事才能，曾深得諸葛亮的賞識。但由於他執掌軍權以來，連年出師北伐，且多出兵不利，在朝廷中沒有什麼威望。姜維對黃皓專權十分厭惡，他曾密奏劉禪，讓劉禪下令殺掉黃皓。劉禪卻認為姜維多管閒事，他對姜維說：「黃皓不過是供我驅使奔走的一個宦官而已，以前董允十分厭惡他，我當時就非常不高興，到現在我對董允還十分記恨，大將軍怎麼連一個宦官也容不了呢？」劉禪還叫出黃皓，假惺惺地讓他向姜維謝罪。姜維看到劉禪如此偏袒黃皓，害怕繼續留在成都會遭到黃皓的暗算，不久就要求去遝中（今甘肅臨潭西南）屯田去了，從此不敢再回成都。

自此以後，在劉禪的縱容下，黃皓等人更加肆無忌憚，將蜀漢朝廷弄得烏煙瘴氣。

然而，此時偏安西南一隅的蜀漢王朝已經處於風雨飄搖之中。內有奸臣當道，政治腐敗，外有魏軍虎視眈眈。蜀漢景耀五年（西元二六二年），姜維發現魏國鎮西將軍鐘會在關中操練兵馬，大有伐蜀的跡象，他立即上表劉禪，建議派重兵防守陽平關（今陝西勉縣西）和陰平（今甘肅文縣）。劉禪接到姜維的表章後，十分慌亂，急忙召見黃皓商量對策。黃皓卻說是姜維謊報軍情，為進一步哄騙劉禪，黃皓又裝神弄鬼，假託巫鬼的意旨，說魏軍絕不會進攻四川。這樣，劉禪便不再重視姜維的建議，每天依然尋歡作樂，而邊境各地來的告急文書都被黃皓扣押起來，劉禪根本無從知曉。

蜀漢景耀六年（西元二六三年），魏軍兵分三路，向蜀漢大舉進攻。征西將軍鄧艾從狄道（今甘肅臨洮）、甘松（今四川松潘）進攻駐軍遝中的姜維。雍州刺史諸葛緒進攻祁山，攻佔武街橋頭，以截斷姜維歸路。鍾會則率魏軍主力十萬人從斜谷、子午谷攻打漢中。由於劉禪聽信黃皓之言，蜀軍未作任何備戰準備，防守鬆懈，致使鍾會很快在漢中得手。直到這時，劉禪才慌了手腳，趕緊派張翼、廖化等率軍抵抗，但此時為時已晚。

在遝中的姜維獲悉漢中失守後，大為震驚。他急忙避開鄧艾，擺脫諸葛緒，與從成都北上的廖化、張翼、董厥等援軍會合，以集中兵力堅守劍閣。鍾會率魏軍主力到達劍閣後，被姜維擋住去路，無法前進。不料此時鄧艾突出奇兵，從陰平出發，經過七百里荒無人煙的崎嶇山地，越過了劍閣天險，直達江油，蜀江油太守不戰而降。

鄧艾攻下江油後，又進軍涪城。涪城守將諸葛瞻是諸葛亮之子，他在軍事上失利的形勢下被迫退守綿竹。這時鄧艾派人對諸葛瞻進行勸誘，許其降後加封琅琊王。諸葛瞻斷然拒絕了鄧艾的誘降，與其子諸葛尚一起和魏軍奮力拼殺，終因寡不敵眾，先後戰死疆場。

綿竹的失守，使蜀漢都城成都失去了最後一道屏障，鄧艾率軍長驅直入，屯兵成都城下。面對魏軍兵臨城下的嚴峻形勢，劉禪早已嚇得六神無主，不知所措，他急忙召集群臣商議對策。有的人認為蜀吳互為盟國，可投奔吳國，有的人認為南中七郡地勢險峻，易守難攻，可以暫作棲身之地，光祿大夫譙周則力主降魏。譙周說：「從古到今，哪有身為天子而寄居別國的事。投奔吳國，也就是要向吳稱臣，同樣是向別人稱臣，向小國稱臣則不如向大國稱臣。就吳、魏兩國的力量對比看，吳遠遠小於魏，吳國遲早也會被魏國滅掉，如投奔吳國，到魏滅吳之時，您還要向魏稱臣，那麼您將再受一次屈辱，一樣是受辱，何不只受一次辱。」

譙周這一番說教顯然打消了劉禪東投吳國的想法，但他心裡仍然想著去南中，譙周又對他進行了一番分析，以堅固劉禪降魏的決心。

「南中地處遙遠，為蠻夷所居之地。平時既不出賦稅，也不借徭役，還不斷發生叛亂。如今我們身處困難而南奔，使南中七郡既要對外抵禦強敵，對內要供給我們的各種用度。耗費他們那麼多人力物力，而他們卻無所得，必然要再次發生叛亂。」

經譙周這麼一說，本來就毫無主見的劉禪左思右想，實在找不到兩全其美的辦法，只得同意譙周的建議，決定投降魏國。

劉禪決定投降魏軍後，在成都的滿朝文武都為譙周的投降理論所說服，唯有劉禪之子北地王劉諶十分憤怒。他對劉禪說：「就算我們已經勢窮力屈，註定要遭受滅頂之災，也應該父子君臣，背城一戰，同為社稷而死，然後一起去地下見先帝，為什麼一定要投降魏國呢？」貪生怕死的劉禪對他置之不理，執意降魏。劉諶大哭而去，他帶領妻子來到供奉劉備的昭烈廟，大哭一場，先殺妻子，然後自殺。

劉禪派侍中張紹、駙馬都尉鄧良等人帶著他的皇帝璽綬去鄧艾軍營中投降，又派尚書郎李虎送上蜀國的戶籍財物，共計有戶二十八萬，人口九十四萬，士卒十萬二千、官吏四萬，米四十餘萬斛，金、銀各二千斤，綿綺絹各二十萬匹。

鄧艾來到成都城北，迎接劉禪歸降。劉禪反綁著雙手，用車拉著棺材，率領太子、諸王及群臣數十人前來投降。鄧艾對劉禪投降表示歡迎，他親手給劉禪解開綁繩，並下令燒毀棺材，表示對劉禪以禮相待的誠意。

至此，歷時四十三年的蜀漢政權終於滅亡了。

鄧艾進城後，承制拜劉禪為驃騎將軍，隨降官吏各有封賞。魏軍進城後，抓住了奸臣黃皓，鄧艾對黃皓的奸佞早有所聞，準備將其殺死。哪知黃皓竟然買通了鄧艾的手下，得以免去一死。

此間樂，不思蜀也

雖然成都陷落，劉禪投降，但各地蜀軍將士仍在拼死抵抗魏軍，姜維、張翼、廖化等人仍堅守劍閣，擋住鐘會大軍去路。劉禪便派人到各地命令各處蜀軍停止抵抗，向魏軍投降。姜維等人得知劉禪已降並讓他們投降鐘會時，不禁義憤填膺，紛紛拔出刀劍力劈山石以泄其憤，但最後還是百般無奈，投降了鐘會。

姜維雖然表面上投降了鐘會，但心中總不忘恢復蜀漢王朝。魏軍滅蜀後，素來不和的兩員魏軍伐蜀主將鄧艾、鐘會之間的矛盾公開化了。姜維看准這正是恢復蜀漢統治的大好時機。他在鄧艾、鐘會之間進行挑撥，先讓鐘會告發鄧艾，將鄧艾押解回洛陽，然後鼓動鐘會發動兵變，據蜀叛亂。姜維把他的想法偷偷地告訴了劉禪，並對他百般叮囑說：「您暫時在這裡忍耐些時日，我一定可以恢復蜀漢江山，使社稷復安，日月重光。」劉禪聞此信後十分高興，他急切地等待這一時刻早日到來。

然而，天有不測風雲，司馬昭對鐘會早有防備，鐘會軍中諸將對他不滿，鐘會、姜維反被軍士所殺。至此，姜維為恢復蜀漢統治的最後一次努力歸於失敗。

而此時坐鎮南中的蜀安南將軍霍弋仍對劉禪忠心耿耿。早在魏軍攻蜀之始，霍弋即欲率兵北上救援，但劉禪沒有同意。得知成都陷落、劉禪投降的消息後，霍弋素服號哭，大慟三日。其部下勸他速降，霍弋則表示：「現今道路隔塞，皇上安危尚不知曉，如果皇上在魏國受到禮遇，我則保境而降，為時也還不晚。倘若皇上受到屈辱，我將以死拒之。」

可見，在當年蜀漢覆滅之際，身為亡國之君的劉禪尚有如此眾多忠貞死節之臣，蜀國府庫中還有那麼多金銀財物，而他在雖兵敗卻無土崩之勢之時匆忙做出投降決定，足以說明劉禪是貪生怕死的一代庸主，而譙周確是一個駑臣。

西元二六三年初冬的一天，幾駕騾車離開了成都城。車上的人心情都十分沉重，他們就是蜀漢的亡國君臣劉禪以及秘書令郤正、殿中督張通等人。他們望著逐漸遠去、永遠不可能再回來的成都城，沉默不語。

劉禪來到洛陽後，司馬昭給他的待遇還算優厚，封他為安樂公，食邑一萬戶，賜絹萬匹，奴婢百人。

一次，司馬昭設宴招待劉禪，席間大奏蜀樂，郤正等蜀漢舊臣聽後泣不成聲，而劉禪卻歡娛自若，毫不傷感。司馬昭看過此景，悄然對身邊的賈充說：「人沒有感情竟然到了這種地步，就是諸葛亮還活著，也難以保他，更何況是姜維呢？」賈充則湊趣地回答說：「假如不是這樣，您如何能夠吞併蜀國？」

一曲蜀樂終了，司馬昭問劉禪：「你想不想念蜀地？」劉禪回答說：「這裡很快樂，我不再想念蜀地了。」

郤正對劉禪席間的對答十分不滿，宴席結束回到自己的住所後，他告訴劉禪說：「您宴席上的對答大有失體面，以後司馬昭再問您這件事的話，您可哭著回答，我祖先的墳墓在蜀地，我沒有一天不想回蜀國。這樣，司馬昭就會放您回去了。」

果然，司馬昭對劉禪仍不放心，不久又問了劉禪同一問題，劉禪按郤正的話說了一遍，並閉上雙眼，故作思蜀模樣。司馬昭看到這種情況後問道：「你的話怎麼和郤正一個腔調？」劉禪連忙睜開雙眼回答：「我正是按照他教給我的話說的。」

看到劉禪如此毫無心肝的表演，司馬昭完全放心了。自此以後，劉禪在洛陽安度餘生。西晉泰始七年（西元二七一年），劉禪在洛陽病死，終年六十五歲。

劉禪樂不思蜀的故事歷來被傳為千古笑談，人們斥之為全無心肝。其實，這很可能是劉禪迫不得已而行的一條韜晦之計。劉禪為保殘生，通過這種屈辱的表演，不僅騙過了司馬昭和賈充，而且還騙過了身邊的故臣郤正。正是靠著這條明哲保身的韜晦之計，才使得劉禪雖處險境而有驚無險。正像其父劉備當年在曹營種菜騙過曹操一樣，劉禪在這一點上可謂得到了其父的真傳。

首先，劉禪雖然是一個較為平庸的君主，但史料中並無多少有關他的劣跡的記載，後人也認為「禪雖庸主，實無桀、紂之酷」。諸葛亮對他進行的「親賢人，遠小人」的教誨，他在相當長時期內也是做到了的。諸葛亮、蔣琬、費禕等賢相長期執掌政權，姜維雖對蜀漢忠心耿耿，但他繫魏降將，又屢次出師不利，缺乏威信，劉禪也並未聽信黃皓之言而完全削奪其兵權。其次，劉禪的智商是有限的，又得不到恰當的培養和鍛煉。劉禪早年顛沛流離，談不上受過適當的教育，一直沒有被放在一個應有的位置上接受鍛煉和培養，養成了他極端依賴的性格。這樣，當他處於逆境，身邊又無人可以依靠時，自然手足無措，以致屈膝投降，落得千古罵名。第三，劉備死後，諸葛亮成為實際上的最高統治者。他南征北伐，為實現其隆中對策拼搏一生，到頭來只落得「出師未捷身先死」。以諸葛亮之才，尚無法實現統一大業，說明了偏安一隅的蜀漢難以和曹魏爭統一天下。

綜上所述，應該說陳壽對劉禪「任賢相則為循理之君，惑閹豎則為昏之後」的評價是相當公允的。

蜀漢後主　劉禪

第八章

西晉湣帝 司馬鄴

西元三一六年，在經歷了三個月既無糧草，又乏兵將的極其艱難的困守之後，西晉十七歲的末代皇帝司馬鄴在饑寒交迫、外無救兵的情況下，率手下僅有的幾個面黃肌瘦、搖搖欲倒的大臣從長安城東門出來，向率大軍圍攻京城的漢王劉聰手下大將劉曜投降，一統天下四十一年的西晉王朝至此滅亡。這位後來謚號「孝愍」的小皇帝在帝位上待了還不到四年，便被趕下了台。

武帝貽患

要想弄清司馬鄴國破家亡的原因，還要從其祖父晉武帝司馬炎談起。司馬炎既是創立西晉王朝的開國之君，也是讓其很快走向滅亡的罪魁禍首。

司馬炎其實是歷代帝王中的一個幸運兒，在其祖父司馬懿、父親司馬昭的苦心經營之下，他沒有費多大力氣便摧毀了魏皇室，登上了皇位，開創了司馬氏的西晉王朝。但他實實在在又是一個能幹的帝王，憑藉他父輩的文臣武將，加上他自己的文韜武略，輕而易舉地蕩平了割據江南的孫吳王朝，把江山治理得有條有理，幾乎可以說是國泰民安。「天人之功成矣，霸王之業興矣。」面對大一統的政治局面，面對欣欣向榮的大好河山和安居樂業的純樸百姓，可悲的是司馬炎忘記了「生於憂患，死於安樂」的古訓，倒是感到了一種從來沒有過的滿足和陶醉，平添出幾分飄飄然的驕奢與淫逸，以為「土地如此廣大，萬世而無虞；天下如此安定，千年而永治」。於是，當年那個厲行節儉到車輿的青絲繩斷了以青麻代之、御醫獻雉頭裘而當眾焚之的司馬炎漸漸消失，取而代之的是一個色欲薰心、盡情享樂的昏君形象。他不僅全盤接受了魏（其中包括蜀漢皇室皇妃）皇室後宮美女，還大肆采選將相大臣及民間女子入宮，下令不論王侯將相，只要家有少女一律要等到經皇宮選美不收後才許嫁人，使后妃宮女達六七千人。滅吳後，又將色欲狂吳末帝孫皓的五千妃嬪，全部納入懷抱，使後宮美女猛增到一萬多。面對如此眾多美女，武帝無所適從，實在不知道該投入哪位美人帳中，便別出心裁地每天乘坐一輛羊車，任由羊兒拉到哪，便在哪下車寢宿。弄得那些日夜盼望一睹天顏、一沾龍澤的后妃們不得不挖空心思地由討武帝歡心轉而處心積慮地討羊兒歡心，紛紛在自己的房門口插竹葉、灑鹽巴，以求羊兒開恩，在自己房門前停下來光顧一番。司馬炎還有其他的妄舉劣行，不一而足，惹得一些忠臣義士憂心忡忡。一次，司馬炎率群臣到洛陽南郊祭祀。禮畢，他很有感慨也很自信地問一向耿直敢言的司隸校尉劉毅：「我能和漢代哪一個皇帝相比？」那言下之意不說是劉邦之匹，也該是文、景之輩。誰知得到的回答竟是「可以和桓、靈二帝相比」。武帝自然明白，東漢王朝正是在桓帝與靈帝的手中毀掉的，不免為之一怔，慍怒之色隨之而出：「朕何至於落到與桓靈二帝相類比呢？」在場官員都為劉毅捏了一把汗。劉毅卻硬生生地又補充了一句：「桓、靈二帝賣官鬻爵，所得之錢都入國庫；陛下您賣官鬻爵，卻中飽私囊。兩相比較，陛下恐怕還不如桓、靈呢！」面對這樣一個耿直大臣，頭腦反應快的武帝只得自我解嘲地說：「桓、靈之世聽不到你這種大膽忠言，而現在我身邊有你這樣的直臣，可見我比桓、靈還是要賢明得多。」

上有好之者，下必更甚。在武帝的推波助瀾之下，晉王朝上下一片奢侈頹廢之氣。石崇與王愷鬥富的故事早已為人們所熟知。其實，如果鬥富與享侈依靠的是社會經濟的普遍增長，代表的是國富民殷的背景，也就不足為怪。最可怕的是當時那種豪侈帶有那個社會世家大族腐朽沒落的殘忍與不道德，遠遠超出那個社會經濟發展的總體水準和平民百姓的承受能力。有一次，司馬炎到女婿王濟家作客，侍宴的婢女竟達一百多人。席中上了一道乳豬，味道特別鮮美。作為皇帝的司馬炎似乎從來不曾吃過這麼可口的大菜，便向王濟打聽烹調方法，王濟悄悄對他說：「這是用人乳餵養，又用人乳烹製的。」用人乳餵豬，又用人乳烹製，這在科技十分發達的當今社會都是聞所未聞、見所未見的新鮮事，其中包含了多少民眾的血淚！石崇宴請客人時總是讓美女敬酒，如果客人飲酒不盡，便將美女斬首。有一次，他請大貴族王導、王敦兄弟赴宴，王導知道石崇的惡規矩，雖不能豪飲，還是盡力支撐。而王敦生性豪侈，故意要看石崇殺人取樂故意次次飲酒不盡。石崇一連殺了三個美女，王敦依然神態自若，不為所動。王導實在看不下去了，就一個勁地勸王敦無論如何要一飲而盡。王敦卻淡淡地說：「石崇殺自家人，與您何干？」這種殘酷的豪侈，能給社會、給百姓塗上什麼樣的色彩與情調，不是顯而易見的嗎？全社會上層貴族的寄情山水，放縱女色，崇尚玄談，爭奇鬥富，醉生夢死，所造成的大氣候似乎培育了魏晉豐富的文學色彩，催生了魏晉玄學的思想奇葩，但卻葬送了司馬皇家的王氣，損傷了全社會的浩然正氣，斷送了平民百姓的芸芸生氣，為晉王朝的過早衰敗種下了病因、掘下了墳坑。因為普遍而過分的奢侈必然導致社會經濟的崩潰與人倫道德的墮落，而經濟的崩潰與道德的墮落又必然帶來政治大廈的坍塌與社會基層的全面動亂。

武帝司馬炎不僅助長了晉代社會一種十分不健康的頹廢風氣，更可悲的是他還為西晉帝國選定了一個十分無能的後繼者。兩相比較，這後一點恐怕是司馬炎最對不起其列祖列宗和晉代百官與百姓的地方。司馬炎的皇后楊豔，共生有三個兒子，長子兩歲便夭折，次子司馬衷是一個智力十分低下的兒童，長到七八歲還不能知書識字。一次，他到皇家華林園去玩，聽到蛤蟆的叫聲，便問隨行人員：「這些蛤蟆叫，是為公還是為私？」弄得隨行官員哭笑不得。還有一次，他聽隨從說起某地老百姓遇到荒災，餓死不少人，便非常關心地說：「那些人怎麼那樣傻呀？為什麼不吃肉粥呢？」隨從們只好一個個掩口而笑。這樣一個弱智兒卻因是司馬炎的長子，處在被立為皇太子的得天獨厚的地位。司馬炎深知這個兒子不可託付，所以，遲遲不願冊立皇太子。但畢竟歲月不饒人，在平定吳國之後，立儲的大事便被提到議事日程上來了。當時有名的宰相張華曾勸司馬炎立弟弟司馬攸為皇儲，但司馬炎跳不出兒女情長的血緣圈子，忘不了當初父王想立司馬攸為接班人的舊怨，儘管他明明知道司馬攸胸有濟國安邦的才能，遠不是自己那白癡兒子可比。在痛苦地猶豫中，有一次，皇宮失火，司馬炎站在城樓上觀望，司馬衷五歲的兒子司馬通看到後，一把拉住武帝的手說：「爺爺，夜間危急，皇帝不應站在光亮可以照見的地方。」司馬炎一聽，十分驚訝於他小小年紀竟能說出這般深明事理的話來，絕望的心中一下子升騰起一股希望：如果衷兒將來立這個長孫為太子，豈不是又能把國家重新治理好嗎？於是，司馬炎最終做出了抉擇，立司馬衷為太子，期望國家經歷白癡兒子的守成之後，能順利將皇位傳給這位皇孫，讓司馬氏的晉朝再放光彩。

殊不知司馬衷這個白癡太子繼承帝位後，並不能按照父皇的如意算盤平安無事地守成到把皇位傳給長子司馬通，卻把國家拖到了全面戰亂的境地。

白癡肇禍

當然，司馬炎深知太子的無能，臨終前想讓叔父汝南王司馬亮主政，輔佐太子治天下。但為時已晚，朝政早被後任皇后楊芷之父楊駿把持，司馬炎沒能把司馬亮提拔到主政之位便撒手西歸。

司馬炎在平吳之後，便以為天下無事，不關心政事，專意聲色。將皇后楊芷的父親楊駿及楊駿之弟楊珧、楊濟提拔到將相之位，幾乎把持了整個朝政，勢傾天下，時號「三楊」。當司馬炎病重將死時，楊駿把所有朝臣拒之門外，一人獨侍。司馬炎死後，楊駿假傳遺詔，自為太尉、都督中外諸軍事，並依前為侍中、錄尚書事，並很快把楊家一門親黨都安插到朝廷重要位置，控制了國家軍政要職。隨後，白癡太子才被推上傀儡皇帝的寶座。

白癡皇帝的悲劇還不在於自己的愚昧無知，而在於娶了一個外貌與心靈都十分醜陋的皇后。這件事說起來還得歸過於武帝司馬炎。當初在為太子司馬衷選擇太子妃的問題上，武帝司馬炎不是沒有留心考慮。他曾有意將德才皆佳的重臣衛瓘的女兒娶為太子妃。無奈楊皇后受賈充及其妻郭槐的重賂，一個勁地主張娶賈充女兒賈南風為媳。加之當時朝廷中部分重臣如荀勖、馮沈都是賈充黨羽，從旁慫恿，為賈充女兒塗脂抹粉。司馬炎在將信將疑之中點頭同意了這件事。於是，傻瓜與醜婦便結合在一起了。賈南風是一個既黑又醜且心靈險惡的女人，與太子結婚後，既不知尊重皇太后及元老大臣，又不守皇家懿德閨範，過著極為混亂的私生活。司馬炎多次發現太子妃心胸狹隘、妒忌剛狠、無德無行的諸多缺點，也曾產生過廢黜太子妃的念頭，但牽於千絲萬縷的聯繫和情面，終究沒有成功。

賈南風挾持著司馬衷這麼一個馴服工具，司馬衷登上皇位，便開始處心積慮地結黨營私，以實現自己的權力欲。她製造的第一個血案便是誅殺楊皇后一家。司馬炎的原配皇后楊豔先他而死，楊豔的堂妹楊芷繼為皇后。司馬炎死後，楊芷之父楊駿控制著朝政，年輕的楊芷被尊為皇太后。賈南風在這個比自己還小兩歲的皇太后面前一向不恭不敬，對楊駿把持朝政、獨攬大權更是極為不滿。而楊駿只知道白癡皇帝可以任由自己擺佈，卻沒想到賈皇后並不是一個甘居人下的善良之輩，更沒料到自己會敗在這個女人手裡。經過一番緊鑼密鼓的準備，賈南風聯合楚王司馬瑋和淮南王司馬允於永平元年（西元二九一年）即惠帝登位的第二年二月發難，脅迫惠帝頒佈詔書，以謀反罪名廢黜楊駿，隨後派禁軍前往楊府圍捕楊駿。

大禍當前，一向剛愎自用的楊駿聽說宮中有變，立即召集部下商議，在部下提出了幾種行之有效的方案後，他本人卻優柔寡斷，猶豫不決，錯失反攻良機。最後，禁軍衝入相府，楊駿一家及相府上下官員隨從全被殺死，隨後楊駿的黨羽也一一被剷除。這次事變，前後殺人數千。消滅了楊駿及其黨羽後，賈南風轉而對身為皇太后的楊芷下毒手。她先暗示人上書要求廢黜楊太后為庶人，並將其母龐氏處死。然後將楊芷廢為庶人，禁錮在宮中，活活餓死。至此，楊氏一族算是被斬盡殺絕。

楊駿被殺以後，汝南王司馬亮和元老重臣衛瓘坐享其成，被請出來做新的輔政大臣。同時，賈后族黨賈模、賈彰、賈謐等也共同參政。但這樣的權力分配與妥協方案對賈后來說只是暫時的，她並不滿足於這一切，她要的是自己獨攬大權。要達到這個目的，當然首先要除掉司馬亮和衛瓘，但這兩個人手握大權，不是輕易可以撼動的。不久，機會來了。原來，司馬亮和衛瓘對年輕氣盛、兇狠好殺的楚王司馬瑋很不放心，覺得他難以駕馭，有心要奪他的兵權，把他趕出京城。司馬瑋知道這一消息後，立即投靠賈后一邊。賈后正愁沒有機會打擊司馬亮和衛瓘，見司馬瑋主動送上門來，眉頭一皺，生出一個一石二鳥的計策：叫惠帝下詔，命司馬瑋率兵誅殺司馬亮和衛瑾兩大家族。司馬瑋看到報仇時機已到，立即率兵將兩家殺得一個不留。滿以為又立了一大功，誰知賈南風只是想借刀殺人，然後再來個殺人滅口。在司馬瑋完成誅滅司馬亮和衛瓘兩家人的任務後，賈南風卻以惠帝的名義派殿中將軍王宮到司馬瑋軍中當眾宣佈：楚王假傳聖旨，圖謀作亂，諸將軍不可受騙盲從。

司馬瑋立刻成為眾矢之的，被禁軍輕而易舉地逮捕，不幾日即被殺害。這次事件前後被殺者又達近千人。

兩次血案，賈南風幾乎不費吹灰之力就除掉了朝廷中的文武實權人物，使大權穩穩落在自己手中，但卻嚴重地敗壞了朝廷風氣，極大地損害了晉室諸王的團結，使朝廷中多數正直有為的文武大臣大失所望。而賈南風的私欲又遠沒有得到滿足，她雖然控制了朝廷大權，連生三個公主，就是沒生出個皇子，這使得早已被立為皇太子的司馬通成了她心頭又一大患。這司馬通原是後宮妃子謝玖與惠帝所生，的確如當初武帝司馬炎所估計那樣，為人聰明伶俐，但在那種污濁環境中很快被一幫宦官調教壞，成了一個吃喝玩樂，對做生意賺錢特別有興趣的花花公子。這正是天助賈南風！賈南風就是希望太子不成才，現在她見太子越來越不成器，大臣意見紛紛，便又開始了謀害太子的步伐：一次，她以惠帝生病為由將太子召進宮中，用酒把他灌醉，然後讓人拿出事先寫好的一個條幅說是惠帝的詔書要他重抄一遍。太子醉得稀里糊塗，提筆便照抄起來。次日，賈南風逼迫惠帝召集大臣開會，拿出太子寫的條幅，說太子謀反，應當賜死。大臣們抬頭一看，只見條幅寫道：「陛下宜自了，不自了，吾當入了之；中宮又宜速自了，不了，吾當手了之。並謝妃共要克期而兩發，勿疑猶豫，致後患……」等。於是，太子被廢為庶人，遷許昌幽禁。幾個月後，司馬通即被毒死。

豈知螳螂捕蟬，黃雀在後！當時在朝廷中掌握軍權的右軍將軍司馬倫在唆使賈后毒死太子司馬通後，立即召集禁軍，發動宮廷政變，將賈后及賈后家族誅滅殆盡，司馬倫一下子成為朝廷中最有實力的人物。這又引起了其他王侯的嫉妒，接下來便是司馬皇族諸王長達十六年的大混戰，造成幾十萬人的死亡和幾百萬人的流離失所。

從賈南風製造第一樁血案開始，直至八王之亂為止，所有內亂與罪惡都是在晉惠帝司馬衷的眼皮底下發生的，都是打著惠帝的旗號幹的。這位白癡皇帝不僅沒能維持父輩開創的政治局面，沒能保住自己那位被父皇看好的長子司馬通，反而成了政治野心家們施陰謀、搞動亂、爭權利、奪皇位的庇護傘和擋箭牌，成為當時一切罪惡的禍根！

替罪羔羊

隨著八王之亂臨近結束，白癡皇帝的使命也宣告結束。西元三〇六年，惠帝吃麵餅中毒死亡，終年四十八歲，據說這事是東海王司馬越做的。晉惠帝在位十六年，朝廷內亂就延續了十六年。諸王混戰的結果是東海王司馬越最終得勝，掌握了朝廷大權。在惠帝被他毒死後，立皇太弟司馬熾為帝，是為晉懷帝。這位晉懷帝在位五年，完全是在司馬越的淫威下度過的，是個不折不扣的傀儡皇帝。

在晉朝如此內亂不止、腐敗日甚的同時，北面匈奴貴族首領劉淵稱帝，建立匈奴汗國，遷都平陽（今山西臨汾），對西晉王朝虎視眈眈。

懷帝永嘉五年（西元三一一年），在劉淵死後殺其子劉和而自立為帝的大將劉聰聽說晉朝東海王司馬越生病而死，立即率大軍殺奔洛陽而來，沒有遇到多大抵抗就攻佔洛陽，俘虜了晉懷帝及其臣僚，富庶的洛陽古都被洗劫一空。第三年正月，晉懷帝司馬熾被毒殺。

晉懷帝一死，晉室大大小小的王公諸侯陷入群龍無首狀態，各地晉室大臣紛紛擁立司馬皇族王公作為號召。其中，只有閻鼎與荀藩等人處置得當，帶著武帝孫子司馬鄴攻佔長安，扶立為帝，是即西晉末代皇帝——孝湣帝。

湣帝司馬鄴生於晉惠帝元康九年（西元二九九年），取字彥旗。其父吳王司馬晏乃晉武帝第十二子，是武帝二十六個兒子中才能最差的一個，且從小得瘋病，目不明，耳不聰，洛陽被劉聰攻佔時遇害，時年三十一歲。司馬鄴是司馬晏第三個兒子，從小過繼給武帝第三子秦王司馬柬為嗣，襲封秦王。懷帝永嘉二年（西元三〇八年），他九歲時，受任為散騎常侍、撫軍將軍，這大約是他的第一個官職。劉聰進攻洛陽時，他隨逃難人群逃出洛陽，避難到滎陽密縣，遇到他的舅舅荀藩、荀組等，遂相與轉徙到許昌。在許昌，遇上豫州刺史閻鼎正準備率部下一支幾千人的流民隊伍打回甘肅、陝西老家。荀藩見閻鼎很有才能，便與之合併，同謀迅速挺進關中，扶立司馬鄴為帝。

閻鼎是司馬鄴得以登上帝位，並能維持幾年的得力大臣之一。他祖籍甘肅天水，胸有大志，頗負文武才略。起初是東海王司馬越的參軍，後出任密縣令兼豫州刺史，屯兵許昌。洛陽失陷後，即於密縣糾集流民數千人，準備打回甘肅老家，立功鄉里。恰在此時，荀藩等人奉司馬鄴令到達，隨後，晉中領軍華恒、河南尹華薈、司徒左長史劉疇、中書令李恒、太傅參軍劉蔚、鎮軍長史周凱、司馬李述等都前來會合。閻鼎認為，山東非用武之地，不是建立霸業的場所，不如關中有利。河陽令傅暢則專門寫信給閻鼎，建議他奉秦王為主，先至洛陽，參拜皇家陵墓，獲得正統與合法之位，然後直趨長安，糾合各地軍隊，趕走匈奴軍隊，重建帝業。閻鼎深知這一建議是非常有遠見的，立即著手準備進軍洛陽事宜。不料流民軍隊歸心似箭，害怕到洛陽遭到攔截，只願意從武關進入關中，閻鼎無奈，只好率部西進。但劉疇等人都是山東人，又不願隨行人關，便在中途逃走。閻鼎大怒，派兵追捕，殺了劉疇、李恒等人，萄藩、荀組等人則四處逃散。這支原本相當強大的流民隊伍由此遭受嚴重削弱，這給以後的政局留下了不良影響。

恰在此時，屯兵關中的雍州刺史賈疋擊退了劉聰進犯長安的大軍，又派兵迎接司馬鄴進入長安。此時，晉懷帝司馬熾尚在劉聰手中當俘虜，閻鼎、賈疋等人便立司馬鄴為皇太子，以賈疋為征西大將軍，以秦州刺史司馬保為大司馬，以閻鼎為太子詹事，總攬政務，另有輔國將軍梁綜、衛將軍梁芬、始平太守麴允、撫夷護軍索綝等共同翼助這位臨危受命的皇太子。賈疋是魏太尉賈詡的曾孫，身材魁梧，有勇能謀，是當時不可多得的一位帥才，可惜在隨後不久的長安保衛戰中不幸殉職，使司馬鄴事業尚未開始便失去了一員有才有德的大將。麴允是金城人，為西州世家大族，為人性情仁厚，有忠臣之心。索綝的父親索靖是晉武帝、惠帝兩朝重臣。索綝少年時代即有聲譽，時人許之以將相之才，在劉聰進軍洛陽前後，他身為奮威將軍，屢建戰功。

這樣一個班子，如果為君者統禦有方，為臣者協力同心，晉室的康復也許是有可能的。不幸的是，麴允、索綝與梁綜等人與閻鼎相互爭權奪利，閻鼎借故殺了梁綜。閻鼎作為地方藩鎮大將，雖有經天緯地之才，卻鬥不過麴允、索綝等久已盤根錯節的中央世族官僚集團，終於被迫逃出京城，在途中為氐族首領所殺，一腔忠誠熱血化作了縷縷煙雨。這次的內訌再次證明了魏晉以來的世家豪族的確已發展到十分腐朽沒落階段，在如此國難當頭的危亡時機，竟然還在爭權奪利！

晉懷帝永嘉七年（西元三一三年）正月，懷帝被殺。四月，凶訊傳到長安。司馬鄴遂宣佈即位為帝，時年十四歲，改元為建興元年，下令大赦天下。以衛將軍梁芬為司徒，麴允為使持節、領軍將軍、錄尚書事，索為尚書右僕射。

當時的長安城，經過多年大戰浩劫，雜草與荊棘叢生，滿目荒涼，戶不過百，公私車輛加在一起只有四輛，朝廷百官既無官印與朝服，更沒有多少軍隊和糧草。而四周則強敵如雲。作為主政者的麴允和索綝等人當然知道長安現有力量是遠不足以驅除匈奴、復國興業的，必須依靠遠在江淮擴展地盤、手握強兵的琅琊王司馬睿和遠在南陽同樣手握重兵割據一方的南陽王司馬保。於是，他們將國家最高的軍政職銜留給了這兩位晉皇室現在最有實力的人物。任命司馬睿為鎮東大將軍、侍中、左丞相、大都督陝東諸軍事，任命司馬保為大司馬、右丞相、大都督陝西諸軍事。並派人專程送了一封司馬鄴的親筆信給司馬睿，試圖讓司馬睿率二十萬軍隊迅速進軍洛陽，將匈奴汗國的軍隊趕出洛陽，然後坐鎮洛陽，為關中和江南擋住匈奴汗國隨時可能的南下入侵。又下詔讓司馬保率三十萬軍隊火速進軍關中，直入長安，一方面履行右丞相之職，另一方面也加強長安的軍事實力。還下令讓幽州及並州等地刺史率軍三十萬進攻山西大同一線，以配合司馬睿的北進軍團。按理說，這樣的一種戰略部署如果能夠得到完全的貫徹，晉室的復興是可能有望的。但腐朽的東西是不可能重新復蘇的，晉皇室所有成員已經到了利令智昏的地步，不可能再團結到一個目標上來。司馬睿與司馬保早已對復興中央政府不感興趣，他們各自都在打著如意的小算盤。司馬睿一心一意要經營東南一隅的半壁江山，以江南剛剛平定，須時日安輯民眾而無暇北伐為由，斷然拒絕了出兵北上的要求；司馬保更是意在擁兵自保，視入朝輔政為畏途，視右丞相為糞土，同樣以種種理由推遲率兵入保長安。

外援靠不住，只有靠自己了。但十四歲的小皇帝不會管事，整個朝廷全靠麴允和索綝兩人慘澹維持。而這兩個人並不是那種能夠力挽狂瀾的砥柱幹臣，麴允有忠心而無輔國之才，索綝有一定的軍事才幹，但缺乏政治才能，且遇事私心第一。他們對付危機的唯一辦法是大肆封官許願，最後連各地大小塢堡的主帥都封了侍中、將軍等稱號，而真正作戰有功的將士卻得不到及時的獎賞。這也難怪兩位主政，巧媳婦難為無米之炊，當時除了空虛的官銜和爵號外也的確沒什麼可以拿出來獎賞的。

在久等司馬睿和司馬保的援兵不到的情況下，即位第二年，小皇帝只好依照大臣的意見，重新調整中央政府結構，任命幽州刺史王浚為大司馬，衛將軍荀組為司空，涼州刺史張軌為太尉，並州刺史劉琨為大將軍，企圖轉而利用非司馬氏將領來挽救晉室的危亡。也許是上天成心要滅亡晉朝天下，小皇帝剛剛作了新的調整和任命，幽州刺史王浚就被石勒攻殺，幽州成了匈奴汗國的土地，後來石勒依靠這裡建立了自己的國家。不久，捍衛長安西部國門的涼州刺史張軌也因病去世。與此同時，劉聰派劉曜率軍步步進逼，關中地區、長安以外已是處處有敵。在這種情況下，麴允和索綝只好親自率軍東征西戰，以裝備低劣、單衣乏食、數量有限的部隊抗擊著從四面八方圍攏過來的匈奴軍隊。至建興三年底，劉曜的軍隊已基本肅清長安週邊各縣的抵抗力量。建興四年（西元三一六年）七月，劉曜率部進攻北地（今陝西耀縣），允率軍三萬前往增援，結果不戰而潰，整個渭水北岸頃刻全部落入劉曜手中，麴允部下將領魯充、梁緯、皇甫陽等人都壯烈戰死。

八月，劉曜率軍進圍長安。允等人立即向各地發出求援詔令，南陽王司馬保派出部將胡崧率軍進屯長安西郊，關中各地州郡也紛紛派出援兵進屯灞上。但這些援軍出於自私的考慮，都只是搖旗吶喊，虛張聲勢，並不願也不敢與劉曜正面交鋒，都停留在長安東西郊，再不前進一步。麴允面對這種狀況，曾建議保護著小皇帝，殺出城去投奔南陽王司馬保。但索綝認為司馬保不可靠，皇帝一旦落入他手中，他必然生出其他野心來。再說劉曜開始見各路援軍到來，還著實有點害怕，對長安只好圍而不攻。過些日子，劉曜見各路援軍只是觀望而已，便膽子大了起來，指揮部隊發起猛攻，一鼓作氣攻下了長安外城。長安守將宋哲、竺恢等人在外城守衛戰中為國殉職。麴允率小皇帝與文武大臣退入宮城堅守，此時，長安城中一片混亂，米價漲到一斗值黃金二兩，出現了人相食的慘況。宮城中更是既無糧又無兵，太倉中只有麴餅十個，麴允拿出來加水煮稀釋成湯粥，給小皇帝充饑，其他大臣將士只好餓著肚子守城抗戰。幾天以後，小皇帝見實在難以堅持下去了，便明智的決定投降。索綝作為長安城中唯一能戰善守的大將曾幾次率軍跳出長安週邊作戰，一度重創劉曜所率汗國軍隊主力，給劉聰的匈奴汗國以很大威脅。但在長安面臨被破的危急情況下，竟然私下將小皇帝派去與劉曜送降書的大臣劉敞留下，另派兒子去與劉曜談判，提出只要在投降後劉曜封他為車騎將軍、儀同、萬戶郡公，便率全城投降。劉曜勝算在握，根本不理這一套，將其子斬首示眾，斷然拒絕了索綝的要求。

十一月十一日，在群臣的哭哭啼啼聲中，小皇帝司馬鄴坐著羊車，赤著上身，口銜玉璧，用車拖著一口棺材，以一種負荊請罪、為民受死的姿態，出城向劉曜投降。御史中丞吉朗受不了這種亡國屈辱，當場自殺。麴允等人則隨小皇帝一同出降，劉曜率軍進城，把司馬鄴一行押解到平陽交給劉聰。劉聰以不忠於君為由將索綝處死，將司馬鄴、麴允等人軟禁起來，並以各種方式來羞辱晉室被俘君臣。每當劉聰率部出去打獵，司馬鄴就要穿上戎裝，手拿晝戟在前面開道；劉聰在光極殿宴請群臣，司馬鄴便要拿著酒壺上去為他們斟酒，事後還要負責洗刷酒具；每當看到這種情形，麴允總是痛心疾首，抱頭痛哭，劉聰大怒，害怕這種情緒激起晉室被俘舊臣的抗拒情節，便將他投入大獄關押起來，麴允悲憤致極，毅然自殺。司馬鄴在這種羞辱中度過了一年的俘虜生活，於次年底被劉聰祕密用毒藥殺死，年僅十八歲。

據史書記載，小皇帝司馬鄴臨出城投降之前，曾嘆道：「誤我事者，麴、索二公也。」這大約是有感而發，如果小朝廷內大臣之間能夠同心協力，而不是互相勾心鬥角，閻鼎等忠幹的大臣便不會死於非命，司馬睿與司馬保便不會不把小皇帝放在眼中，各地勤王大軍便不會觀望而不前進，劉曜所部也不會如此倡狂、屢屢得逞。

第九章

東晉恭帝　司馬德文

東晉恭帝，字德文，安帝義熙十四年（西元四一八年）即位，元熙二年（西元四二〇年）禪位於南朝宋的開國君主劉裕。他是東晉最後一個君主。縱觀其帝治生涯，充滿著悲劇色彩。

王室衰微權臣當道

魏晉以來，士族地主占統治地位。他們把持國政，享有各種特權，且與庶族地主有著嚴格的界限，使一國之中逐步形成「上品無寒門，下品無士族」的局面。東晉政權是西晉門閥政治的繼續和發展。國家政權實際上由幾個士族大家輪流把持，皇帝並沒有什麼真正的權力。在這樣的社會歷史條件下，恭帝成為一個傀儡皇帝，一個亡國之君，也就有其歷史必然性。「冰凍三尺，非一日之寒」，從恭帝的父親孝武帝開始，亡國之兆已初露端倪。

孝武帝，字昌明，是東晉簡文帝的第三個兒子。他即位時只有十歲，由崇德太后攝政。他小的時候挺聰明，謝安曾感嘆他的聰穎精明不亞於其父簡文帝。孝武帝親政後，威嚴既出，頗有作為。然而他沉溺於酒色，常常長醉不醒，醒來過問政事的時間很少，國家大事都交給他的弟弟司馬道子處理。孝武帝還信仰佛教。他不惜重金，在國內大興土木，建造精美的寺廟供僧尼居住。他平日所親近的人也大多是些僧尼、法師。孝武帝既無心管理國家，自然由司馬道子獨攬大權。司馬道子也特別愛喝酒，整日與孝武帝在宮中飲酒作樂。他任用奸臣、小人，排斥忠良。朝廷之中，結黨營私，爭權奪利比比皆是。尚書令陸納常常悲嘆：「好好的一個國家，就要斷送在你這樣一個幼稚無知的人手中！」

司馬道子勢傾內外，許多人都來巴結他，這些事傳入孝武帝耳中，引起孝武帝的強烈不滿，不過表面上對他還是很信任，裝裝樣子。司馬道子有一個心腹叫王國寶，是個善於阿諛奉承的小人。

他煽動群臣，讓親信大臣聯名上書給皇帝說，應該給司馬道子進位丞相、揚州牧，加以特殊的禮遇。護衛將軍車胤說：「這是像周成王那樣尊敬周公。當今皇上聖明，不是成王可以比的，司馬道子怎麼能夠成為周公呢？」於是假稱自己有病，不署名。孝武帝知道後，對其弟和王國寶很是生氣，特意嘉獎了車胤。此後，司馬道子恃寵驕恣，在宮中侍宴常常爛醉如泥，醜態百出，平日對皇上也缺乏尊敬，孝武帝心中更加不平，於是開始重用王恭、殷仲堪，以此來制約司馬道子。

孝武帝的寵妃張貴人，刁蠻狠毒，整個後宮裡的人都非常怕她。太元二十一年（西元三九六年）的一天，孝武帝在後宮大擺宴席，叫張貴人侍宴。當時她已年近三十歲。趁著酒酣耳熱，孝武帝和她開玩笑說：「你年紀大了，應該廢掉，我更喜歡年輕漂亮的。」張貴人聽罷心中暗怒，但表面上不露聲色。晚上，孝武帝大醉，在清暑殿休息。張貴人指使婢女用棉被蒙著孝武帝的頭，殺了他。然後重賄左右的人不要對外聲張。當時太子懦弱無權，司馬道子成天飲酒作樂，朝中竟然沒有人追查這件事。孝武帝就這樣白白送了命，時年三十五歲。他死後，皇太子司馬德宗即位，是為安帝。

安帝是恭帝司馬德文的哥哥，他從小癡呆，不會說話，不能分辨冷暖饑飽，主要由司馬德文來照顧他。這樣一個癡呆的皇帝，連自己都管不好，更不要說治理國家了。因此，他只不過是一個木偶而已，許多人都想爭當這個木偶皇帝的幕後操縱者。於是朝廷政局動盪，戰亂也因之而起。引起戰爭的是王國寶。王國寶沒有什麼大的本事，卻擅長溜鬚拍馬，投機鑽營，陷害別人。孝武帝在位時，他起初是司馬道子的心腹，驕縱不法，朝中許多大臣都看不慣他。當有大臣向孝武帝進諫，勸皇上罷黜王國寶時，他馬上讓他的親信袁悅之托尼姑妙音給太子母親陳淑媛寫了一封信，說：「王國寶忠誠謙謹，可以作為親信。」孝武帝知道後，很是生氣，找了一個理由把袁悅之殺了。王國寶聞訊非常害怕，於是開始疏遠司馬道子，巴結獻媚於孝武帝。司馬道子見王國寶叛己，自然生氣，常常當面斥責他。孝武帝駕崩後，司馬道子馬上進位為太傅、揚州牧。這當然不是出於安帝的意願。王國寶見風使舵，投其所好，和他的弟弟王緒又贏得司馬道子的信任，且參管朝政，權傾內外。即使如此，還是為世人所罵。

起初，孝武帝準備重用王恭、殷仲堪時，曾問太子左衛率王雅對他們的看法。王雅說：「王恭氣度不凡，殷仲堪謹慎細心；但兩人都剛愎自用，自以為是，韜略不足。若讓其為藩鎮，天下無事時，兩人都會盡職盡責；若天下有事，兩人必起兵，擾亂朝綱。」孝武帝不聽，仍對他們委以重任。到孝武帝駕崩，王恭已勢霸一方。他對司馬道子在朝中胡作非為很是不滿，司馬道子對他也是又忌憚又忿恨。兩人都視對方為心腹大患。但司馬道子貴為皇族，樹大根深，一時難以除去，而王國寶為虎作倀，臭名遠揚。於是王恭打著「清君側」的旗號討伐王國寶，藉以反對司馬道子。隆安元年（西元三九七年），王恭、殷仲堪起兵討伐王國寶。王國寶聞訊惶惶不安，不知該怎麼辦才好。他問計於王珣。王珣說：「王恭、殷仲堪與你素無深怨，這只不過是權勢的爭奪。」於是，王國寶採用王珣的計策，上書請求解職。司馬道子無力抵抗王恭和殷仲堪的軍隊，便把罪狀加到王國寶頭上，殺了王國寶及王緒，請求王恭退兵。第二年，王恭又起兵，殷仲堪、楊佺期、桓玄起兵回應。司馬道子的兒子司馬元顯對其父說：「從前不討伐王恭，因此有今天的災難。這次如果又滿足他的要求，那麼你的災禍就要到了。」司馬道子沒了主意，把所有的事都交給司馬元顯，自己整日飲酒作樂。隆安二年（西元三九八年），司馬元顯為征討都督，討伐王恭。

王恭一向自負，殺了王國寶更認為自己很了不起。他當時仰仗劉牢之，但又以部曲將待之。劉牢之因此懷恨在心。司馬元顯知道此事後，派人去說服劉牢之，並許諾事成之後將王恭的位子授給他。於是，劉牢之倒戈，王恭被殺。自此司馬元顯專權。司馬元顯無良師益友，所結交的人多為佞諛之人。他專權後驕侈荒淫，公卿以下見他都要下拜。當時，戰火四起，國庫空虛，而司馬元顯大肆搜刮民財，財富超過王室。這樣的奸臣當道，國家怎會不滅亡呢？

在王恭討伐王國寶的過程中，桓玄嶄露頭角，並逐步發展了自己的勢力。桓玄，字敬道，大司馬桓溫的兒子，襲父爵為南郡公。桓玄一向以自己的門第、才能為榮，並以豪傑自居。當他出任義興太守時，鬱鬱不得志，於是辭官回到了他的領地。戰火燃起，他乘機發展自己的勢力，樹立親信，招兵買馬。王恭死後，他等待時機準備奪取大權。恰逢孫恩領導農民起義，將要逼進京師，桓玄上書要求討伐孫恩。司馬元顯知其用意，不許他入京，而且孫恩很快敗退，桓玄只好作罷。但當時晉國三分之二已在他的手中，司馬元顯知道不除掉他終為禍患。於是，元興二年（西元四〇二年）他派兵征討桓玄。桓玄的實力遠遠超出司馬元顯，一經交鋒，司馬元顯敗北。

桓玄率軍進入京師後，採取了一系列措施鞏固自己的地位。他假傳詔書，給自己進位丞相、揚州牧，領徐、荊、江三州刺史，整個晉國都在他的掌握之中。然後殺掉司馬元顯及其黨羽，把司馬道子遷往成郡，對北府舊將或殺或收降，又網羅親信，使軍政大權都掌握在他的手中。桓玄執政後，頒佈了一系列政令，但朝令夕改，使百姓無所適從。因此，他也沒有改變東晉王朝政紀不明、朝綱混亂的局面。桓玄生性貪婪，別人若有好書畫以及美麗的宅院，他一定巧取豪奪歸為己有。他尤其喜歡珠寶玉石，這些東西從未離過他的手。他雖位極人臣，但仍不滿足，準備篡位。元興二年（西元四〇三年）冬天，桓玄上表請求回到自己的藩國，讓皇上下詔書挽留他，以示其重要。他又謊稱錢塘臨平湖開了（即天下太平之兆），江州普降大雨，讓百官向他祝賀，作為自己將要稱帝的徵兆。然後，他又讓皇上下詔書對他實行天子禮遇，封他的妃子為王后，世子為太子。當這些準備工作都做好以後，桓玄認為時機已成熟。是年，他逼迫安帝退位。安帝別無選擇，只好禪位於他。桓玄並不就此放心，又把晉室太廟遷到琅玡國，將穆章何皇后及司馬德文遷到司徒府，降安帝為平固王，司馬德文為石陽縣公。以後，又把安帝遷往壽陽，司馬德文隨往。桓玄改年號為永始。他遷入建康宮登御座時，座位忽然坍陷，眾臣失色，殷仲文馬上奉承道：「這是因為聖上功德深厚，連土地也承受不住。」桓玄臉上才由陰轉晴。

桓玄篡位後，驕奢荒淫，遊獵無度。他的兄弟桓偉死了，他就白天裝作悲傷的樣子，晚上遊樂。他生性苛刻，又自以為是。有大臣奏事，如果出一點兒小錯誤，他一定加以糾正，以顯示他的聰明。尚書回答詔書時，誤將「春蒐」寫為「春菟」，凡是經手過這件事的人都被降級。而國家政事他不管，奏章堆積他也不批閱。長此下去，民心騷動，百姓怨聲載道。「得道者多助，失道者寡助」。劉裕、劉毅、何無忌等密謀起兵，推劉裕為盟主。

劉裕，字德輿，彭城縣人，出身於寒門，以賣鞋為生。生他的時候，母親死了，由劉懷敬的母親撫養他。以後他對繼母非常孝敬，被大家所稱讚。劉裕雖然家貧，但很有大志。孫恩起義時，他是劉牢之的部下，作戰勇敢，身先士卒，很快得到提拔。桓玄打敗司馬元顯後，劉裕已有除掉桓玄的念頭。他對何無忌說：「桓玄若守臣節，你我當好好輔佐他；否則，我們就把他殺掉。」桓玄被立為楚王後，有心篡位，派人去問劉裕，說：「大家都認為應該讓桓玄為帝，你有什麼看法？」劉裕很機智地答道：「桓玄，是桓溫的兒子，功德蓋世，晉室微弱，乘機禪代，有何不可？」桓玄知道後，很高興，對劉裕的戒心也有所放鬆。桓玄篡位後，劉裕入朝覲見。桓玄見後很喜歡他，對人說：「劉裕風骨不凡，是人傑啊！」桓玄的王后劉氏是個機敏有智慧的人，她對桓玄說：「我看劉裕龍行虎步，眼界膽識不凡，恐怕不會久居人下，不如早點除掉他。」桓玄說：「我剛剛平定中原，還要仰仗劉裕，等關中、黃河一帶平定以後再說吧。」於是，照樣重用劉裕。

桓玄聽說劉裕等起兵，惶恐不安。有人對他說：「劉裕等兵力很弱，怎麼會成功呢？陛下何必這麼憂慮。」桓玄說：「劉裕稱得上一世英雄，與何無忌、劉毅共舉大事，怎麼說成功不了。」果然不出桓玄所料，劉裕在戰鬥中身先士卒，將士們紛紛效仿，以一當百，桓玄軍隊節節敗退。桓玄放棄京師，挾天子敗走江陵，劉毅、何無忌等率軍追討，桓玄被殺。

桓玄死後，劉裕功高聲顯，權力逐漸集中於他一人手中。安帝雖被迎回京師，但實際上只是傀儡而已。不過，劉裕確實是一個比較有才幹的人。桓玄出身於士族大家，豪強聯手，取得大權相對來說要容易些。劉裕出身寒門，毫無根底，特別在東晉士族地主占統治地位的時代，寒族想要有所成就，要付出多於常人幾倍的努力。劉裕執政後，以已做典範，威禁內外。他下令禁止豪強地主隱匿戶口，會稽虞亮隱匿千餘人，被處死，豪強肅然，沒有人敢違抗禁令。他還東征西討，伐桓玄，恢復晉室，鎮壓孫恩、盧循起義，後又滅南燕、後秦，在地主階級中樹立起較高的威望，取代東晉的條件日趨成熟。

安帝義熙十四年（西元四一八年），天上出現了異常現象。皇帝召見他的群臣，問：「現今四海分裂，天象異常是災難的反映，不知應在哪個國家？」崔浩對答：「過去王莽篡漢，彗星出入，正好與現在相同。晉室危亡，彗星異常，是劉裕將要篡位的表現。」

起初，簡文帝曾聞讖語說：「晉國在昌明之後完結。」那時簡文帝的皇后正有身孕。李太后夢見一個神仙對她說：「你生男孩，取昌明為字。」到生產時，東方剛亮，因此用「昌明」作為孝武帝的字。簡文帝後來與讖語聯想在一起，非常後悔，痛哭流涕。劉裕被封為宋王後，想廢安帝而後取而代之。因為聽說讖語說「昌明之後還有兩個皇帝」，非常相信，因此並未馬上登基，而是讓中書侍郎王韶之與安帝左右的人密謀，害死安帝，立其弟司馬德文為帝，然後再取而代之。由於安帝癡呆，由司馬德文照顧他，片刻不離，王韶之總也找不到機會下手。直到司馬德文出宮治病，才找到機會。他們用衣服勒死了安帝。然後，劉裕假稱遺詔，宣佈由司馬德文即位，即恭帝。於是，司馬德文在別無選擇的情況下，走上了一條充滿殺機的道路。

禍起蕭牆身不由己

司馬德文雖生長在帝王之家，但少有皇族的驕縱、暴躁、傲慢，反而十分善良忍讓，恭敬謙虛，從小就頗得父母的喜歡。他也因為恭謙被世人所稱讚。他的哥哥安帝是個白癡，口不能言，也分辨不出天氣的寒暑變化和饑飽。他並沒有嫌棄安帝，而是細心照顧，無微不至，並且一直追隨左右，直到安帝駕崩前，他還親自為安帝嘗食物的冷熱；天氣變化，又為他試穿衣服體會暖涼；安帝生病，他又侍奉於床前，使安帝能夠過得比較舒適。可以說，安帝有生之年，全仗其照顧，如果沒有他的照顧，恐怕安帝也活不了那麼久。桓玄篡位，安帝被遷往壽陽，他隨同前往。劉裕起兵討伐桓玄，桓玄挾天子敗走江陵，司馬德文並未因保全性命而棄安帝而去，仍然追隨左右。桓玄被殺，劉毅等認為大勢已定，沒有乘勝追擊桓玄餘黨。桓振乘機起兵，攻陷江陵，兵至安帝行宮。桓振騎馬持戈，在階前準備殺安帝，並瞪著眼睛質問安帝：「我們家族有什麼負於國家的，你要把我們斬盡殺絕？」安帝不會說話，司馬德文代答道：「這難道是我們兄弟的意思嗎？」桓振聽後，認為確實有道理，於是下馬拜見安帝然後離開了行宮，使安帝又躲過了一次災難，得以保全性命。劉裕掌權後，有取代安帝之意，恭帝生長於帝王之家，對劉裕之心自然有所體察，因此更是片刻不離安帝，使劉裕派去謀害安帝的人總沒有機會，直到司馬德文有病出宮，才得以下手。晉室失權已久，以司馬德文之力保護安帝免遭毒手，確實不是他力所能及的事，但其忠心可見一斑。安帝從小癡呆，司馬德文若有野心想取而代之，也是比較容易的。而他卻照顧了安帝一生，可見其善良、敦厚。在整個中國封建社會皇室中，像他這樣不爭權奪利，照顧一個癡呆的人一輩子的人，還是不多見的。

司馬德文在其藩國時，曾讓射術很好的人射馬作為遊戲。有人對他說：「司馬是國姓，而自己射殺牠，實在不祥。」他聽後馬上醒悟，非常後悔，從那以後，他就虔誠地信仰佛教。曾經籌集資金，塑一丈來高的佛像，他親自到瓦宮寺迎接，步行十里路，以示誠心。恭帝本來就善良，信了佛教以後，更懷仁慈之心，常被大家所稱道。

孝武帝在位時，司馬德文被封為琅琊王。以後歷任中軍將軍、散騎常侍、衛將軍、司徒等職。元興初年（西元四〇二年），被升為車騎大將軍。桓玄執政時，進為太宰。桓玄篡位後，被降為石陽縣公，與安帝一起居住在壽陽。桓玄被殺，又恢復為琅琊王，後領徐州刺史，被拜為大司馬。

司馬德文做大司馬時，義熙十二年（西元四一六年），安帝下詔書，讚揚他以國家為重，忠心耿耿，鼎力輔佐，德高望重。許多賢士都慕名而來，聚集在他的門下，一時他的手下人才鼎盛。當時，太尉劉裕都督中外諸軍，也讚揚他為人謙虛恭敬，禮賢下士。關於司馬德文在世時的政績，史書上記載並不是很多，但從這裡可以看出，他勤於政務，聲望很高。只是大權在劉裕手中，他無法有所作為。

同年秋，劉裕北上討伐姚泓。司馬德文上書要求率兵與劉裕一同出征，並修繕拜祭祖先陵廟，皇上同意了。但管理司儀的官員提出異議，因為按規定身著戎裝不能拜祭陵廟。司馬德文又上書說：「我將蹬外作戰，拜祭陵廟確實是我的私心，不過希望陛下能體會到我的誠意，特別准許我，那麼我上路就沒有什麼遺憾的了。」皇上見他言辭懇切，便准許了他。於是，他與劉裕一同率軍出發，直到姚泓被滅，才回到京都。

義熙十四年（西元四一八年）冬，劉裕害死安帝，假傳遺詔，讓司馬德文即位。皇帝，貴為天子，萬人敬仰，但他登基後，卻絲毫沒有喜悅之情，整日悶悶不樂。因為他在安帝身邊多年，早已看出大權旁落，自己只不過是個傀儡而已。當初桓玄敗死，桓振在馬上質問安帝，司馬德文代答道：「這怎麼是我們兄弟的意思呢？」言中透出幾多無奈。現在他身為皇帝，卻無法掌握朝政，還是任別人擺佈，每想到此，他心中不勝悲哀。

其時，劉裕窺視帝位已久，只因相信讖語「昌明之後有二帝」，才讓司馬德文即位。恭帝即位後，劉裕加快了篡位的步伐。元熙元年（西元四一九年）十二月，他讓恭帝下詔，宣佈對他實行特殊禮遇，進王太妃為太后，世子為太子，這其實就是天子禮遇。劉裕想讓恭帝禪位，但又不便直說。他召集群臣聚宴，對大家說：「桓玄篡位，我首先宣導舉義兵反對桓玄，興復了晉室，南征北戰，平定四海，功成名就。現在我的年紀大了，受到的尊敬和待遇都非常高，物極必反，勢必不能得到長久的安寧。我現在想奉還爵位，告老還鄉。」群臣對他歌功頌德，極盡奉承，沒有明白其真正用意。到了晚上，宴席散了，中書令傅亮回家後，猛然醒悟，知道了劉裕的意思，馬上連夜覲見他。見到劉裕後，傅亮沒有多說什麼，只是說：「我想暫時回到京都。」劉裕理解他的意思，問：「需要幾個人護送？」傅亮說：「數十人就可以。」然後即刻出宮。當時已是深夜，長尾的彗星照耀天空，傅亮拍拍大腿感嘆道：「我常常不相信天象，但今天卻應驗了。」

傅亮到了建康後，逼迫恭帝禪位。恭帝生長於權力鬥爭的中心，對政治變幻非常熟悉。早已洞察劉裕篡位之心。他冷靜地分析了局勢，擺在自己面前的道路只有一條——禪位，與其作無效的反抗，必然丟掉性命。他想，有一個緩衝的時間，也許會有東山再起的機會。因此，他欣然同意禪位。恭帝對他身邊的人說：「桓玄篡位時，晉室已失去了天下，後來又被劉裕重新延續了將近二十年，今天的事情是我所心甘情願的。」元熙二年（西元四二〇年）夏天，恭帝退位。劉裕並沒有馬上登基，而是欲擒故縱，假惺惺地謙讓。他的親信讓群臣聯名上書要求他即位，以示眾望所歸，劉裕才答應，改國號為宋。

恭帝退位，百官拜辭，秘書監徐廣尤其悲痛，淚流滿面。徐廣，字野民，東莞姑幕人，侍中徐邈的弟弟。徐廣出身於書香門第，很喜歡讀書，對百家數術相當精通。孝武帝時，尚書令王珣非常器重他，舉薦他為祠部郎。徐廣為人正直，司馬元顯想讓他為自己歌功頌德，徐廣認為司馬元顯專權，飛揚跋扈，執意不從。他曾用十二年時間編成《晉紀》四十六卷，為後人瞭解晉史留下了寶貴資料。徐廣對晉室忠心耿耿，桓玄篡位時，安帝出宮，他很是悲傷，感動了左右的人，無不低聲抽泣。恭帝出宮，他也是悲痛流涕。侍中謝晦對他說：「徐公這樣做太過分了吧。」徐廣收淚說：「你是宋朝功臣，我是晉朝遺老，悲歡的感受當然不同。」於是更為欷歔不已。

劉裕即位後，把恭帝降為零陵王，皇后褚氏降為零陵王妃，讓他們居住在秣陵縣，由將軍劉遵考帶兵防衛。儘管如此，劉裕仍視恭帝為眼中釘，想害死他。因為劉裕出身於寒門，東晉政權是由士族地主階級把持，恭帝雖然無權，但朝中還是有人擁護他，留下恭帝終為禍患。張偉是恭帝的親信，深得恭帝信任。於是，劉裕給他一瓶毒酒，讓他毒死恭帝。張偉是個忠君正直的人，拿到毒酒後嘆息道：「毒死君王以求生，還不如死去。」於是在路上自己喝下了毒酒。太常褚秀之、侍中褚淡之都是褚后的兄弟，劉裕指使他們，但凡恭帝的后妃生了男孩，就祕密地殺掉。恭帝退位後，深知宮廷險惡，常擔心禍及自身，因此凡事小心謹慎。他與褚后生活在一間屋子裡，自己煮飯，一切飲食都出自褚后之手。劉裕的人一時找不到機會加害恭帝。永初二年（西元四二一年）的一天，劉裕讓褚淡之兄弟去探望褚后。他們把褚后叫到另一間房子裡說話，這時候，一些士兵破牆而入，讓恭帝喝下毒藥。恭帝不肯，說：「佛說，自殺的人轉世不能投胎做人。」士兵於是用棉被捂住恭帝悶死了他。時年恭帝僅三十六歲。恭帝死後，劉裕還故作姿態，率領百官在朝堂上致哀。自此以後，中國歷史上禪位的皇帝很少有能夠保全性命的。劉裕開了殺禪位皇帝的先河。

孝武帝在位時，沉溺酒色，不理政事，司馬道子、司馬元顯乘機專權。安帝癡呆，口不能言。像這樣主昏臣亂，國家怎會不滅亡呢？因此，桓玄篡位，劉裕掌權是很自然的。恭帝在位不到兩年，純粹傀儡而已，雖然也有忠臣良將，怎奈權臣當道，大勢已去，無力回天。可嘆恭帝雖為帝王，卻虛尊假號，身不由己，最終被人所害，實在是悲劇人生。

第十章

隋煬帝　楊廣

治史者常把秦、隋兩朝聯繫在一起進行考察。究其因，蓋源於二者有諸多相似之處，相同點之一便是兩朝均由施暴而亡國。施暴者前有二世胡亥，後有煬帝楊廣。以史為鏡，可以知興替。然而，秦二世的覆亡沒有給後來的隋煬帝提供多少借鑒，相反，煬帝的所作所為，與秦二世如出一轍，終至落了個身首異處、喪社失稷的可悲下場！

軍旅中出類拔萃的皇子

隋煬帝名叫楊廣，一名楊英，乳名阿麼，煬帝是他死後的諡號。楊廣生於北周武帝天和四年（西元五六九年），其父楊堅是隋王朝的開國帝王。楊廣在楊氏兄弟中排行第二，其哥名勇，另外的三個弟弟分別是秦王俊、蜀王秀、漢王諒。楊廣自幼眉清目秀，很得其父楊堅和母親獨孤氏的喜愛，再加上他乖巧伶俐，會看父母的臉色行事，楊堅夫婦對其更加喜愛，簡直把他視為掌中至寶。顯赫的家世，使楊廣接受到了良好的教育。早年的楊廣在兄弟幾人中便脫穎而出，成為一個文武皆備的全才。

對於楊廣的成長，楊堅喜不自禁。因此，許多讓他展示才華的機遇便接二連三地降臨到楊廣的身上。當隋文帝楊堅還是輔弼北周的大臣時，楊廣就因父功而被封為雁門郡公。隋初建時，十三、四歲的楊廣又被封晉王，擔任並州總管。當時，因其年齡尚小，只掛空銜，不理政事。過了幾年，他就走馬上任了。因官衙在晉陽（今太原市），所以，當時人們又稱他為「晉王」。西元五八二年，隋在並州設河北道行台尚書省，楊廣又身兼武衛大將軍上柱國河北道行台尚書令。

晉陽是北部的軍事要鎮。到任後的楊廣一方面追求淫佚享樂，另一方面又時時沽名釣譽，揚其名聲。

東魏曾在其都晉陽修築過許多豪華的宮闕，但楊廣來後對此極不滿意，便命工匠把晉陽殿宇全部整修一番，使其變得富麗堂皇。楊廣整天吃喝玩樂，花天酒地，揮霍無度。正因為這樣，隋文帝楊堅對楊廣在並州的行為和成長放心不下，便精選朝中正直有威望的大臣來輔佐他，如剛正不屈的王韶、文武兼備的李雄及練達武事的李徹等。他們對楊廣的行為也確實發揮了制止的作用。如王韶一次出巡長城歸來，適逢楊廣在並州鑿湖造山，王韶旋即「自鎖而諫」，迫使楊廣停止這項巨大的工程。

小小年紀的楊廣，有較為聰明、刁鑽的秉性。在諸臣的監護下，他的諸如專擅福威、縱恣聲色的欲望及低級無聊的趣味等追求，只好自我抑制。在許多場合，他十分注意拉攏部下和討好父皇。一次，隋文帝前往楊廣居所，楊廣故意弄斷日夜玩弄的樂器琴弦，並在上面撒上灰塵，以示其遠離聲色，自然討得了父皇的歡喜。另一次出獵遇雨，侍從送上雨衣，獵興正酣的楊廣不願就此結束，就大聲斥叱左右道：「將士都淋雨濕透了，我怎能一人穿上雨衣呢？」聽到此話的士卒們自然會感動一番。

正因為如此，隋文帝常委任他以軍事要職，而外出征伐，使楊廣獲得了一個又一個嶄露頭角的機會。

隋開皇八年（西元五八八年），為大舉攻陳，隋在壽春（今安徽壽縣）設淮南行省。隋文帝認為楊廣德才俱佳，堪當重任，就讓他出任尚書令，以秦王俊、清河公楊素為行軍元帥，統領三軍，專務進攻江南陳國事宜。

楊廣接受平陳總指揮職銜之後，全力以赴，日夜與將士們在一起，反覆研究各種作戰方案，以求戰必勝、攻必克。

兩軍陣前，楊廣並沒有倚仗隋軍的強盛而貿然進攻，而是兵分各路反復操練，頻繁演習。有時，故意弄得人馬喧囂，嘈嘈雜雜，刺激戍守邊防的陳朝軍隊，以為隋軍即將攻戰。可是，久等不到，長此以往，就逐漸放鬆了警惕。到開皇九年（西元五八九年）正月初一的早上，正值傳統新春佳節之際，守邊的陳軍認為此時不會有戰事，就完全鬆懈下來而放鬆了防禦。波濤滾滾的長江被一片騰騰的濃霧所籠罩，對面見不到人。楊廣命令賀若弼和韓擒虎在東起滄海、西到巴蜀兩側以五十一萬八千的軍隊同時出擊，強渡長江天塹，鋒鏑直指建康（今南京市）。陳朝皇帝陳後主是個昏庸無道之君，整日醉生夢死，朝政荒怠。圍攻都城的告急文書到了，他卻不信，斥之為謊言。於是，在楊廣軍隊的急攻之下，陳後主只能束手就擒，陳朝宣告滅亡。

在這次戰爭中，楊廣有一件值得人盛讚的事，就是他率領軍隊進駐建康後，沒有讓其部下肆意燒殺劫掠、實行屠城政策，而是有秩序地推進；把陳後主身邊的佞臣施文慶、沈客卿、陽慧郎、徐析等貪官污吏全部殺戮，向三吳人民謝罪；又命人收圖籍，妥善保存各種物資，禁止任何人隨意佔有和竊取等等。這種戰後措施，深受百姓的好評，對穩定局勢、安撫人心，達到了一定的作用，充分地表現了楊廣在政治上已趨成熟。因此，當他班師回京時，隋文帝親率文臣武將到驪山迎接，予以慰問。自此，楊廣進一步得到楊堅的賞識。

滅陳後，楊廣晉升為太尉，二度任並州總管。

開皇十年（西元五九〇年），江南士族高智慧等人興兵作亂，文帝命楊廣為揚州總管以鎮江都（今江蘇揚州），每年回長安朝拜父皇一次。

開皇二十年（西元六〇〇年），突厥達頭可汗侵犯北方邊疆，文帝讓楊廣與楊素、漢王諒等領軍分向狙擊。楊廣部將、秦州總管長孫晟熟悉突厥的山川形勢及風土人情，建議楊廣在泉水上游投毒。結果，西突厥人畜飲水者俱亡，於是回撤。長孫晟領軍追殺，西突厥慘敗而回。

青年時的楊廣，既任過滅陳的最高軍事首領，又曾據守並州，北擊突厥，在隋王朝諸皇子中成為佼佼者。他青年時期取得出類拔萃的軍事業績，為他後來政治上的得勢撈取了足夠的資本。

相煎何太急

楊廣雖有才智，但他在五兄弟中排行第二，按中國傳統的「立嫡以長不以貴」，他不可能被立為太子，成為皇帝的繼承人。被冊立為太子的理應是其兄楊勇。楊勇自幼好學，擅於詞賦，生性坦率，仁厚寬和，不善掩飾自己的缺點，更不會陽奉陰違地玩弄心機和詭計。楊堅稱帝立楊勇為太子後，常要他參與軍國要事的決策，他也提出了一些意見，有些會被文帝採納。

然而，楊廣豈是甘居他人之下的等閒之輩。他一向自視甚高，不循規蹈矩，也不願安分守己。更何況他有馳騁南北的戰績及文武兼備的威望，又有矯揉造作、沽名釣譽的心計，更有為達到個人目的而不擇手段的險惡用心。所以，他要憑這些優勢和條件，去與其兄進行一番魚死網破的權利之爭。為此，他一直處心積慮地去排擠、詆毀楊勇，企圖奪取太子之位。楊廣清楚，要想謀得皇儲的位子，首先要詆毀楊勇，加之以「莫須有」的罪名，使其在父皇面前失去寵信；其次是自己要想方設法討父皇的歡心，進一步博得父皇的青睞；三是要拉攏自己的親信黨羽，包括父皇及皇后的侍從，形成一個有力的集團。幾經謀劃，於是，楊廣與楊勇之間終於演出了一幕幕驚險殘酷、手足相搏的太子之爭的歷史鬧劇。這齣歷史鬧劇，都是按楊廣事前導演的計畫緊鑼密鼓、有條不紊地進行的。

楊勇被立為皇儲時，年齡尚輕，缺少心計，我行我素，自以為被立為太子後皇帝的桂冠非己莫屬。因而，在他當上太子後的較長一段時期言行上沒有約束，較為放縱，引起了父皇楊堅和母后的反感。

隋文帝是個力倡儉約的人。他不僅自己生活簡樸，對太子的要求也十分嚴格。楊勇有一套花紋錦飾的蜀鎧，經常穿在身上進出東宮。一次，文帝實在看不慣，就訓責他說：「自古帝王，不曾有好奢華而持久的。汝為儲君，若不知節儉，怎能承社稷宗廟之重，居兆民之上？我平日衣服，各留一件，汝經常看看，會提醒你不求奢侈。今賜你刀子一把，殖醬一盒，可以服食，慢慢去體會我的用心吧！」楊勇當時雖唯唯諾諾，點頭稱是，可時間一長，他便把父皇的訓導置於腦後，拋到九霄雲外，又恢復了往日的常態。

一年的冬至，楊勇所在的東宮熱鬧異常，文武百官騎馬乘車，頂朔風，踏瑞雪，聚集於此，向太子朝賀。楊勇絲毫不推卻，令人高奏鼓樂，宛如天子般地接受諸臣的朝賀。他哪裡知道，此舉觸犯了父皇的忌諱，因為太子與百官的關係過密，勢必影響父皇的權力。因此，當楊堅聞訊後，第二天臨朝便對大臣們嚴厲訓斥，說：「時令更替，前往東宮稱賀，幾個或幾十個陸續去就行了，為何有司將臣僚們邀集共同去呢？為何太子身著華麗服飾大張鼓樂呢？東宮的所為，是不合禮制的！」並告誡群臣，以後誰也不得擅自到東宮朝賀。於是，父子間漸生猜忌，文帝對太子再也不如以往那樣信任了。

在個人情愛方面，楊勇所為又引起其母后獨孤氏的忌恨。楊勇的原配妻子（即嫡妻）元氏，得不到他的寵愛，且沒有生下一男半女，因而，他撇下父母為自己所聘的女子而整日與其他妾姬吃喝廝混。尤其是寵倖生得身姿嬌豔、容秀貌麗的昭訓（東宮女職）雲氏，並生下三個兒子。而獨孤氏平生最忌恨的就是男人寵妾遺妻，楊勇的舉動，令她大為憤慨。

事也湊巧，被楊勇冷落的元氏禍不單行，紅顏命薄，不久突染心疾，三天兩夜間便一命歸西。元氏的暴卒，引起皇后的懷疑，她認為是太子投毒所致，非常氣憤，因而從那以後對楊勇時常面露怒容，動輒訓斥，咬牙切齒。而性情溫和寬厚、缺乏政治敏感的楊勇竟低估這些，身居險境而不自知。他豈料到，日後動搖自己太子地位、想把他廢為庶人的正是自己的生身母親和情同手足的弟弟！

與其相反的是，鎮守揚州的楊廣，利用每年回京朝拜一次的機會，在都城大肆活動，對父皇和母后謙遜有禮，對王公臣僚也是恭維有加。因此，楊廣雖每次回朝時間不長，卻在贏得父皇母后的信任和拉攏大臣方面收穫頗豐。

一次，當他即將離京赴任時，趁入宮向母后辭行之機，再次表現出孝敬和殷勤，但臉上露出一絲難言的悲哀和憂戚。看見他欲行又止和難言的憂鬱表情，獨孤氏極為心疼，她摒開侍從，問他有什麼委屈？聞此，楊廣撲通一聲跪在母后的膝下，一言未發卻淚如泉湧，斷斷續續地抽泣說：

「兒臣愚蠢，可終究難忘兄弟手足之情，然不知何故得罪太子，怒及兒臣，欲加戮戕。今兒遠離父母，東宮侍奉父皇母后左右，如若讒言加身，天高地遠，兒有言難辯。或賜三尺書帛或鴆酒一壺，兒必死無疑，再也不能侍候父皇母后了！」

說完，涰泣不止。一聽愛子將被讒害，憐憫之心油然而生，再加平時對楊勇的成見，獨孤氏不禁大動肝火，憤然說道：

「地伐（楊勇乳名）真是讓人難忍！我為他娶的元氏妻，竟敢不以夫婦之禮相待，反被毒死，卻與賤女阿雲整日淫佚，我還沒治他的罪，今天又想加害你！我活著他就敢如此，在我百年之後，你們只有做其俎上魚肉！如今東宮並無嫡子，皇上萬歲千秋後，你們兄弟要在阿雲所生的兒子面前稱臣，是何等痛苦的事啊！」

說著，獨孤氏也不禁潸然淚下，老淚橫流。臨別前，她好言安慰楊廣，讓他放心地離去。自此以後，皇后獨孤氏決計廢掉太子楊勇立次子晉王楊廣為太子。

楊廣見一計得逞，便又走出了下一步棋——對其父楊堅展開攻心戰。

楊堅喜歡節儉，楊廣心裡十分清楚。因此他隨時在父親面前裝出簡樸的樣子。文帝每次去其住處，所見到的都是既老且醜的侍婢，他的妻子蕭氏和他本人的衣著也十分樸素。房間裡，屏風陳舊簡陋，樂器斷弦壞軸，灰塵滿布，雜亂相陳，似曾數載不用。為迎合母后忌恨納妾遺妻的心理，縱有幾姬幾妾，他也終日與正妻蕭氏相守，即使姬妾生子，他也不許撫養，對外聲稱不曾納養妾姬。對皇宮派來的使者，無論貴賤，總是一視同仁，殷勤熱忱，來時迎接，走時遠送，並饋贈厚禮。受禮遇的宮中侍從們一致盛讚晉王楊廣仁慈、孝順，各個在皇帝夫婦耳邊替他說好話。久而久之，在文帝夫婦眼裡，楊廣一直是個聽話、懂事、知禮的孩子，因而他們愈來愈喜愛次子楊廣。其中，獨孤氏尤為偏愛楊廣，決心廢太子楊勇。決心既定，她就常向文帝吹枕邊風，搬弄是非，有意誇大太子楊勇的過失，極口稱讚次子楊廣的才智和品行。文帝開始動搖，選擇更換太子的意圖逐漸加深。

經過一段時間的窺測，楊廣對這一切瞭若指掌，便肆無忌憚地開始了與楊勇爭奪太子之位的較量。但如何去謀取這一桂冠呢？為此，楊廣朝思暮想，殫竭腦汁，仍百思不得要領。一天，他突然想到：自己的密友、安州總管宇文述不是足智多謀嗎？他若在自己的身旁，不愁策劃不出決勝的良謀。因此，他急向朝廷上奏調宇文述來揚州供職，立即得到恩准。當宇文述到揚州拜訪楊廣，知曉楊廣的一片心機後，他當即獻計道：「長期以來，太子失心於父母，天下人也不知他有何好的品行。大王以仁孝著稱，才能顯世，又建功立業，深受父皇母后的寵愛，登履天下的非你莫屬。但是，廢立太子乃國家大事，父子骨肉之間，他人不好參與。能改變皇上主意的人，只有楊素一個，他若能幫忙，大事就可圖了。」

楊廣聽罷點頭稱是，但對此仍沒有把握。宇文述答應替楊廣進京拜見楊素之弟楊約，讓他去說服楊素。聽罷，楊廣喜不自禁，當即賜宇文述諸多金銀珠寶以進京拉攏黨羽，力挫楊勇。

楊素，原北周大將，隋文帝奪北周政權建隋時，他鼎力相助，也曾與楊廣領兵滅陳，蕩滌陳朝殘餘勢力。突厥南侵時，他又率軍北征，平定了邊疆。他功勳顯赫，深受文帝的依重，成為隋廷舉足輕重的人物。楊素平時深信其弟楊約，對他言聽計從。宇文述找到楊約後，成天和他玩耍賭博，把所帶財物輸得一無所餘，楊約對此心存疑慮。於是，宇文述趁機轉達了楊廣的意圖，說：

「這些珍玩，不足稀罕。你們兄弟，功名蓋世，身居要職，已歷數載，不僅積怨於朝臣，且得罪了皇儲。他一旦面南，試問你們兄弟還能永享富貴嗎？如今儲君失愛於皇后，皇上也存廢黜之心。擁立晉王為太子，全仰你們兄弟在皇上面前說一句話。倘能建此功業，晉王對你們必銘心刻骨地感激，一則可解你們當前的累卵之危，二則你們可安如泰山地永保富貴！」

宇文述所語，似脣槍舌劍，字字句句，擊中了楊約兄弟的隱私之心，更何況有財祿和權力為誘餌。這樣，經宇文述的點撥，楊素、楊約二人很快悟出了其中的利弊得失，立即答應了宇文述要求。

一次，文帝在宮中設宴，召楊素陪侍。席間，狡獪的楊素察言觀色，卑躬屈膝地道：「晉王孝悌恭簡，無論是容貌還是做事，都酷似陛下。」不料此話觸及到獨孤氏的隱痛處，她把晉王的優點和楊勇的不是一一道出，惹得文帝十分懊惱，嘆息不斷。事後，皇后送給楊素一筆財物，給他作廢立太子的活動費用。

缺乏政治敏感的太子楊勇，對正在緊鑼密鼓進行的驅逐自己出東宮的陰謀竟一無所知。他不知檢點，任用唐令等獻媚取寵的小人，而對直臣諫士裴政和李綱等人的逆耳忠言置若罔聞，依然整日尋歡作樂。

文帝心存廢太子之意，可礙於朝廷諸大臣，難於啟齒。一日，他暗示尚書僕射齊國公高熲說：「有神托告晉王妃，言晉王必統天下，如何是好？」話一出口，就遭到這位佐朝元老以「長幼有序」為藉口的強烈反對，文帝只好暫時將廢太子一事擱置。但事隔不久，楊堅以高熲納妾生子為理由，將高熲削職為草民。這樣，楊勇就失去了朝中的有力支持者，他因此成為一隻勢單力薄的孤雁。

終於，廢立之事傳到東宮。毫無準備的楊勇驚慌失措，整日惴惴不安，既想不出保住自己性命的辦法，更策劃不出穩住自己東宮之位的萬全之計。走投無路的他萬念俱灰，寄希望於「厭勝」，即透過祈禱來消除災厄。這一舉動，徒勞無益，只能是自欺而已。

此時，心狠歹毒的楊素又添油加醋，向文帝進讒說：「太子怨望，恐有他變，宜嚴加防察！」於是，文帝派人自玄武門到至德門分別刺探東宮的動靜，隨時上稟；減裁東宮宿衛，除精壯留羸弱，屬官有才能者也全部調開，並將東宮各類侍官全部移交諸衛府。一時，山雨欲來風滿樓！

幾經醞釀折騰，廢楊勇太子之位的時機漸趨成熟。楊廣趁火打鐵，花重金買通了東宮官員姬威，指使他上書密告楊勇不軌：畜養馬匹，私藏武器，欲戮朝中大臣，求神問卜盼文帝早死。文帝對此深信不疑，長籲短嘆一陣之後，神情嚴肅地命令把太子楊勇及其諸子拘禁起來，東宮的黨羽，也被逮捕殆盡，嚴加審訊。

開皇二十年（西元六〇〇年）冬十月，文帝楊堅下詔，廢太子為庶人。十一月，冊立楊廣為太子，將囚禁在東宮的楊勇交付楊廣管束。後來，不論楊勇怎樣努力試圖面見父皇以陳己冤，但終因楊廣的阻撓而屢遭失敗。爾後傳到文帝耳邊的消息是，楊勇精神錯亂、鬼怪纏身。因此，直到文帝死時，父子也未能見上一面。

楊廣雖如願以償，當上了太子，距御座只有一步之遙，但紙總是包不住火的。他的陰謀詭計很難遮人眼目，尤其是諸皇子對其內幕瞭若指掌，心存不平。文帝四子蜀王秀，容貌偉壯，頗具膽識，對楊廣被立為太子極為不滿。對於這個通往皇帝之路的絆腳石，楊廣豈能容忍，他通過誣陷等手段，將楊秀廢為庶人。

先前，文帝曾十分得意地對臣僚們說：「前世天子，寵愛妃妾，皇子同父異母，爭權奪利，以致亡國。吾五子同母，算是真兄弟，從此可高枕無憂了。」可是，在他閉目走向天堂前，殘酷的權利之爭就與他開了一個不大不小的玩笑。在他百年之後，已登金鑾殿的楊廣便對自己的親兄弟們伸出了殺人的魔掌。五兄弟中除秦王俊早亡外，太子勇、蜀王秀、漢王諒全死在楊廣的手下，就連楊堅自己也未逃出他所溺愛的兒子的手心，這是他始料不及的。可見，封建統治者在爭權奪利的鬥爭中，束縛人們的父慈子孝、君臣大義等封建倫理綱常對他們而言是作用不大的。這一齣骨肉相殘的奪權劇是曹植七步詩「煮豆燃豆萁，豆在釜中泣，本是同根生，相煎何太急」的最完整的體現和注腳。

烝淫父妃

楊廣取代楊勇奪得太子桂冠後，一方面進一步加緊同大臣楊素勾結，培植私黨，力排異己，牢牢控制朝中軍政大權；另一方面開始釋放以往內心被壓抑的情感，追求腐化和享樂，終日淫亂後宮，拈花惹草。

仁壽四年（西元六〇四年），文帝染病臥息仁壽宮，四肢乏力，倦怠不堪，飲食不沾，隨著時間的推移，病情日趨沉重。一日，楊廣、楊素、柳述、元巖等入宮侍疾，與文帝一番交談之後，諸人陸續離去。此次探視，楊廣見父皇病危，斷定他不久於人世，回府後便急不可耐地給楊素寫信，商討如何處理後事。不料，楊素的回信被宮人誤送到文帝的病榻前，文帝不看便罷，看後不禁怒火中燒，氣喘不已，經侍從和妃子一番調理才漸漸平息，在朦朧中入睡。

天色破曉時，侍疾一宿的文帝之妃宣華夫人帶著一臉倦意回房更衣休息，不料早已被她姿色所吸引的楊廣突然闖進宮中，企圖逼奸。對於楊廣這一行為，宣華夫人陳氏感到猝然，驚慌失措，執意不從，經過掙扎，神色慌張地跑到文帝所在的仁壽宮。文帝見她衣冠不整，飾物錯落，就問她緣何這般模樣。宣華夫人只是一臉愁容，搖頭不語。在文帝再三追問下，她才勉強吐出「太子無理」幾字。文帝聞言，再度勃然大怒，疾聲痛罵說：「畜生何足付大事！」於是派人急詔楊勇前來密商大事。

風雲突變，形勢直轉而下。在這生死關頭，楊廣畢竟不是等閒之輩，他派心腹率兵包圍皇宮，不許任何人隨便出入；脅迫侍奉文帝的姬妾離開仁壽宮，任其受病魔折磨；令人入宮拉殺文帝，矯詔囚殺楊勇，斬楊勇一家大小幾十口。七月，楊廣正式登基，成為隋朝第二代皇帝，史稱隋煬帝，時年三十六歲。

楊廣當上皇帝後，宣華夫人以為自己難免一死，憂心忡忡，惶惶不可終日。令她意想不到的是，一天下午，夕陽西沉，隋煬帝突然派人送來了一個精緻的小金盒。宣華夫人雙手捧著這個四面玉璽緊封、盒口處留有御筆簽押的玲瓏金盒，猶如捧著一顆炸彈，纖細如蔥的玉指冰涼而顫抖。宣華夫人在想盒子裡究竟是什麼呢？想到昔日煬帝意圖姦淫自己而遭到拒絕之事，不禁意識到自己的末日來臨：煬帝用鴆酒來逼殺自己，以示對以往的懲罰。想到此，她不禁淚眼漣漣，自嘆紅顏多薄命。

正在她為自己的命運而悲傷、猶豫不定時，使者催促她趕快打開金盒，自己好回去交差。萬般無奈的她只好忐忑不安地打開盒子。豈料，裡面哪是什麼毒藥，而是一枚用五彩絲線製成的、玲瓏剔透的同心結！煬帝的意圖很明確，他想納這位大美人、昔日的庶母為后妃！

目睹此物，宣華夫人的心態漸趨平靜，憂喜參半：喜的是自己不用再為生死而擔憂；憂的是身為文帝妃子，怎能做其子的妃子！楊廣心狠手辣，如何才能應付他呢？此時，手捧同心結的宣華夫人方寸已亂，不知如何是好。她在沉思中既不謝恩，也不說話，只是怔怔地俯首坐在床上，呆呆地望著同心結出神。經內使的勸導和催逼，宣華夫人才強打精神起來取出同心結，並對金盒拜了兩拜，算作謝恩。待使者走後，她不禁長籲短嘆，只覺滿腹委屈，在百無聊賴中和衣上床，胡思亂想地昏昏入睡。

這是一個清爽而寧靜的秋夜，月光似水，景色迷人。但煬帝無心欣賞這一切，他有比這更令他傾慕的景色。當煬帝獲悉宣華夫人收下同心結後，欣喜若狂，恨不得早點去獵取他垂涎的獵物。天色一晚，他就踏著皎潔的月光，迫不及待地去與宣華夫人幽會。

滿面春風的楊廣一到宣華夫人寢宮，不顧一切地把半惱半羞的宣華夫人攬入懷中。在淡淡的月光中，在搖曳的銀燈下，煬帝對宣華夫人左觀右看，只見她：半鎖眉宇，似嗔似怨，翠絲略松，烏雲歪斜，不妝不粉，身著縞衣素裳，袒露出豐腴的身子，真是風韻誘人！楊廣貪婪的神情、直勾勾地目光，只把宣華夫人看得面部發燒，一朵紅雲浮現在她那端莊秀麗的臉蛋上，更令楊廣覺得她嬌媚無比、嫵柔多情、楚楚可愛。於是，楊廣對宣華夫人溫存地勸說道：「青春易逝，時光難再。今宵月色如此美麗，千萬不可有負良宵美景啊！」

見宣華夫人仍低頭不語，他轉而近乎乞求地傾訴說：「為了夫人，我傾慕已久，寸心早亂，險些闖下彌天大禍，幾乎丟掉江山社稷。承蒙夫人收了同心結，回轉心意。縱使鐵心鋼腸，也該可憐我一次！」

對宣華夫人，他早就想把她變成自己的囊中之物。誰料宣華夫人不卑不亢地推辭說：「承蒙陛下厚愛，今生實乃感激！怎奈我已身屬先皇，義難再侍。殿下身為君主，後宮寵愛，何止三千！何愁無傾心女子？賤妾是殘花敗絮，不足憐愛，請殿下自己保重，以免貽笑千載！」

可無賴的楊廣聽不進這些話，陳氏還想開導、推辭，都被楊廣頂了回去，他最後向宣華夫人表白心意道：「千錯萬錯，夫人不該長得如此美豔風流，使我徹夜難眠。我寧願捨棄富貴，也不肯錯失今宵佳人佳期！」

說罷，不由宣華夫人分說，楊廣便把她緊緊地摟住，擁入床幃，卸衣解帶，強行淫媾。

次日，宣華夫人起床。尋思昨晚之事，頓覺羞愧。轉而一想，木已成舟，何不順水推舟，博得新主一歡，穩定自己在宮中的地位！於是，她就洗梳一番，輕描淡眉，略施粉脂，如出水芙蓉，嬌豔欲滴，只等聖上駕到。

自此以後，煬帝與宣華夫人日夜淫樂不止，誰知不到一年的功夫，宣華夫人就命歸九泉了。

煬帝在與宣華夫人淫亂的同時，得隴望蜀，沒有放過文帝的另一個姬妃容華夫人，又幹下了一樁傷天害理的事。

隋煬帝是個好色之徒。早在開皇八年（西元五八八年）平陳後，他聽說陳後主有個寵妃張麗華是天姿國色，名冠大江南北。他自然垂涎三尺，派人將其帶入自己的軍帳。誰料元帥長史高熲認為張麗華是亡國之色，已將她戮殺，楊廣因此而忌恨高熲。

在煬帝的生活中，他時刻離不開女人。其後宮除蕭皇后及眾多貴姬、美女外，僅西苑十六院夫人和宮女就有數千人。後來，每年又從江南選拔姿色端麗的女子充入宮中。無論何時何地，煬帝總是不忘和她們尋歡取樂，常常是酒酣酩醉時淫亂不息，一片瘴氣升天。這種荒淫的生活是導致他以後悲慘結局的一個重要因素。

好戲不連台

隋煬帝的上臺是很不光彩的。或許正因為如此，在他登基之初，為了爭取輿論，籠絡人心，穩定其統治秩序，他也實施了一些改革措施。

首先，依以往新皇帝即位大赦天下的習慣，他大赦了一大批犯人，其中多數是無辜的黎民百姓。同時，還下詔免除了婦人、奴婢、部曲的租稅，縮短成年男子的服役時間，減輕了天下百姓的苦楚。

其次，實施科舉取士制度，特設「文才秀美」一科，專考詩賦文章，優異者入朝做官。實行科舉制度，不重個人出身，使大批中下層知識份子可憑自己的才學參與政治。這一制度，被以後歷朝繼承和完善，成為封建政府選拔官員的主要途徑，對中國封建社會產生了深遠的影響。

第三，興建學校，搜集遺書，整理古籍。隋文帝治理天下，雖有才華，但他有一個不喜歡詩書文章的缺點。他認為教育的職能僅在於「使人識父子君臣之禮」，至於詩書文章不必太多、太精。因此，他廢除各州郡學校，只保留國子監幾十名學生看管圖書文籍。煬帝登位後，立即恢復了被廢除的各級學校。

煬帝是個風流多才的天子，嗜好讀書著作。即位之初，就令人撰成《長洲玉鏡》和《區宇圖志》

共一千六百卷。並命秘書監柳顧言整理長安嘉則殿所藏的三十七萬卷圖書，成書後分正副二千多冊，分存兩京宮省官府；在洛陽觀文殿修建書庫，藏書以甲、乙、丙、丁為目，分統經、史、子、集四部，這就是後來沿襲的圖書四部分類法。

另外，煬帝還多次下令求賢，凡有一藝可取者，即予錄用。

諸如此類的措施，煬帝還採取了一些。單從上述舉措而論，他也算個有膽識、有魄力的帝王。但他這些值得肯定的措施沒有很好地堅持下去，不久就中途易轍了。一系列利令智昏的淫暴行為，很快就把自己最初的一點政績抵消了，最後落得個人死國亡的可悲下場。

為滿足自己窮奢極欲的享樂生活，隋煬帝興建了一系列浩繁的工程。

大業元年（西元六〇五年），煬帝令尚書令等每月役使二百萬民工大規模地營建東都洛陽，時間長達一年之久。新修洛陽城的城牆高數十丈，長數十里，城內再設皇城，皇城之內，宮殿林立，紅磚碧瓦，輝映天日，極為華麗壯觀。為顯示洛陽的繁華，把全國數萬家富商大賈遷徙到洛陽居住。

此外，煬帝又令在洛陽郊外大造顯仁宮和西苑。其中西苑是專替煬帝修造的大花園，周長二百里。苑內開鑿人工湖，周長十餘里。湖上建蓬萊、方丈、瀛洲三座仙山，離水面百餘尺，台觀殿閣，上下佈置各具特色，宏偉壯觀、精緻無比。又從全國各地徵發奇石異材，嘉木芳草，怪獸珍禽，充入園苑，專供皇帝和后妃欣賞。為保持湖水的清潔，於湖北開一條數十里長的龍鱗渠，蜿蜒曲折，清水涓涓。沿渠兩側築棲鸞院、儀鳳院等十六個各具風格的院落，每院置一位四品官銜的美女主持事務，負責接待煬帝的遊幸。

西苑落成後，各院主人競相逗引煬帝的臨幸，煬帝的大部分時間就是在這裡消磨的。春天，煬帝在數千宮女的陪同下來這裡踏青，一路歌舞和嬉笑，深更半夜還是歌聲嫋嫋；冬季百花凋零時，煬帝令用彩綾代花葉，綴蕊枝梢，豔澤非常，整個西苑春意融融，煬帝樂而忘歸，荒怠朝政。

煬帝喜獵，為覓尋雄鷹，詔令舉國鷹師來京比鷹，奪魁者重賞，甚至升官，結果全國鷹師「至者萬餘人」，賽鷹於京師。

為裝點西苑，煬帝常令人捕捉螢火蟲，徵得數斗，夜間放出以便遊幸，滿山遍野星星點點，輝煌無比。

除夕之夜，煬帝在宮內堆積上十座奇花異草，點燃之後，火焰高達百丈，香飄野外。

在宮中待膩了的煬帝為到江南遊玩，大造龍舟，並於大業元年（西元六〇五年）開鑿貫穿中國南北的大運河。這條以洛陽為中心、北起涿郡（今北京市）、南到余杭（今杭州市）、長達五千多里的運河歷時六年修成後，他率領文臣武將、寵妃愛妾，多次南下江都，沿途戒備森嚴，地方官為求得升遷，不顧百姓死活，敲詐勒索，供奉美味佳餚。靡費資財無計，人民怨聲載道。

為顯示淫威，煬帝還多次發動對高麗的戰爭，最後雖迫使高麗求和，但大量的民力、國力因此而消耗殆盡。國庫空虛，人民疲敝乃至流離死亡，煽起了鋪天蓋地的農民起義的熊熊烈火，最終使隋王朝這座腐朽的大廈在焚燒中坍塌。

隋煬帝為填塞他一己之欲壑而肆意妄為的行徑，早就引起了朝野上下的不安。一些有識之士懷著對隋王朝一片忠心曾向他苦苦勸諫，希望他改弦更張、懸崖勒馬，沒想到一觸及煬帝那根怙惡不悛、剛愎自用、嫉妒賢能的脆弱神經，他就大為光火，必欲除之而後快。

煬帝曾對名士、秘書郎虞世南露骨地表白說：「我生性不喜人諫，如是達官，還想進諫以沽名，我決不輕饒，定殺無疑；至於卑賤之士，我雖暫時容忍，但終不讓他活在世上。」他是這樣說的，也是這麼做的。

大臣高熲、賀若弼，都是輔佐他即位立過大功的人，曾對煬帝縱恣聲色淫樂、濫用民力提過委婉的意見，煬帝認為這是誹謗朝政，終於引來殺身之禍。其他臣僚如薛道衡、張衡、庚質等一大批朝臣都因進諫而被殺。

忠臣被殺，奸臣受寵。像楊素、楊約、宇文述等或兇殘歹毒或貪得無厭、阿諛奉承之類的小人，均是煬帝堅信不疑的近臣，紛紛被委以重任。真可謂昏主於上，諛臣於下。在上者拒諫飾過，是非不分，生殺肆情；在下者欺上罔君，黑白顛倒，陷害異己。昏君、奸臣當朝，智者緘口，明哲保身。有這樣的君主和臣僚，又處在庶民困頓、宇內騷動的形勢下，煬帝和隋王朝的命運便可想而知了。

「好頭頸，誰當斫之」

隋煬帝恃才自傲，剛愎自用，一意孤行，再加上佞臣小人的奉諛和欺罔，使他在濫用民力、竭天下之公物以縱己欲的路上越走越遠，在獨夫民賊的泥潭裡越陷越深。最終導致民怨沸騰，眾叛親離，成為一個名副其實的孤家寡人。

大業七年（西元六一一年），山東人王薄在長白山（今山東章丘）振舉義旗，他的一首〈無向遼東浪死歌〉反映了人民的心聲，也喚起了百姓的覺醒，紛紛加入起義軍，隊伍迅速擴大。

王薄起義的星火，很快引起燎原之勢。當時，全國起義此起彼伏，其中戰鬥力較強、影響較大的有河北的竇建德與高士達、江淮的杜伏威、中原瓦崗寨的李密和翟讓等領導的幾支起義軍。

在農民起義軍強烈的衝擊波面前，統治階級的堡壘內部也出現了裂痕。大業九年（西元六一三年），曾助楊廣奪嫡的臣僚楊素之子楊玄感發動叛亂，他號召說：「我身為上柱國，家資累積萬金，富貴已不希求。今不顧滅族之禍，為求解天下於倒懸也。」加入楊玄感隊伍的百姓，也是絡繹不絕。

楊玄感的叛亂，猶如在平靜的湖面上投下了一塊巨石，引起軒然大波。許多貴族子弟或加入叛變的行列，或與楊玄感通謀，裡應外合。後來，楊玄感之變雖被鎮壓下去，但這時的隋王朝已力疲財竭，想要中興已無回天之力了。

楊玄感之變，對隋煬帝震動極大。他開始認識到了形勢的嚴峻，為自己的命運擔憂。有時他甚至像是驚弓之鳥，一個人不敢在宮裡待著，睡覺也睡不著，非得睡到吊籃裡，要宮女像搖嬰兒一樣搖著他，哼著小曲才能睡得著，但時常又被噩夢驚醒。於是，他想遠避農民起義的鋒鏑和江北這塊是非之地，遷都江南。在來不及遷都前，他先帶一幫人逃往江都。

在江都的一年多時間裡，煬帝又煥發了青春的光彩，他不思改弦更轍，依舊終日沉湎於聲色犬馬和瓊漿玉液中，亂中求樂。

在江北，起義軍迅猛壯大，隊伍多達四十餘支。討伐煬帝的檄文不斷地越過天塹而傳到江南，揭露他的罪狀，對他仇之入骨，恨不得食其肉寢其皮，人們把煬帝一生的罪惡概括為：「罄南山之竹，書罪無窮；決東海之波，流惡難盡」。而作惡多端的煬帝還蒙在鼓裡，沉湎於溫柔之鄉。他所聽到的只是「一些狗竊鼠盜之徒，很快就會剿滅，陛下不必擔心」的佞奸小人的安慰之語。

儘管如此，隋煬帝似乎頓悟，已感到自己的末日即將來臨。一天，淫樂之後的煬帝放下手中的酒杯，順手拿起鏡子照了照，對眾人突發哀嘆：「好頭頸，誰當斫之！」度日如年的一代暴君終於等來了自己的歸期。

隨同煬帝一起來的衛士宇文化及、司馬德戡等人見煬帝已落到四面楚歌的境地，大勢已去，便發動了一場驚天動地的兵變。他們率兵到西閣生擒煬帝。面如土灰的煬帝對此感到莫名其妙，顫抖地詢問：「朕有何罪？」聞此，叛兵頭目之一的馬文舉厲聲斥責道：

「死到臨頭，尚不知罪？你巡遊不息，輕動干戈，窮奢極侈，荒淫無度，專任奸邪，拒聽忠諫，丁壯死於鋒鏑，老弱亡於溝壑，萬民失業，變亂四起，你還問你有何罪？」

隋煬理屈詞窮，但仍強辯：「朕負百姓，不負汝等。汝等享盡榮華，奈何負朕？今日為首者是誰？」

司馬德戡答道：「普天同怨，何止一人！」

煬帝無言以對，早已被一擁而上的殺氣凜凜的武士們嚇得魂飛膽破，在要求飲鴆自盡遭到拒絕後，他解下巾帶，交給令狐行達。令狐行達只輕輕一勒，這個殘暴一世的昏主就氣斷身亡了，時年五十歲。

關於隋煬帝，人們對他持否定的居多。但公允地說，他在一定的程度上，也是一個有所作為的人。即位前，他好學善著，朝野對其口碑較好；他率軍平陳，為統一中國、結束分裂，建立了卓越的功勳；

滅陳後的措施，也深受人們讚揚。稱帝後，他仍想很好地經營天下，他的許多措施具有積極的意義，如創科舉制度，建三省六部制，實行賦稅改革和加強文化教育等，對當時乃至以後的中國封建社會的政治、經濟、文化諸多方面都有深遠的影響。

但當上皇帝的他與以前相比判若兩人：耽溺聲色、奢靡侈度、暴虐無常、濫用民力、淫威於外、天下怨毒，成為一個十惡不赦的獨夫，最終落了個死無葬身之地的下場。

唐朝李商隱在《隋宮》一詩裡說隋煬帝的亡敗是他拒聽諫言、窮奢極欲所致：

乘輿南遊不戒嚴，九重誰省諫書函。
春風舉國裁宮錦，半作泥障半作帆。

羅隱則在其《煬帝陵》一詩中諷刺道：

入郭登橋出郭船，紅樓日日柳年年。
君王忍把平陳業，只博雷塘數畝田。

以上詩句，明確地道出了煬帝奢侈糜爛的生活與其覆亡的關係。隋煬帝的暴虐行為，一直告誡著人們，必須時刻吸取歷史留下的慘痛教訓。

第十一章

唐哀帝　李柷

唐哀帝李柷（西元八九二——西元九〇八年）是唐王朝的第二十一代皇帝。他在位三年，禪位於朱全忠後，被封為濟陰王，死時年僅十七歲，諡號哀帝，葬於溫陵。後唐明宗時，追諡為昭宣光烈孝皇帝。

臨難登基

黃巢起義後，經過互相攻戰和吞併，最後剩下十幾個藩鎮。其中勢力最強的是宣武節度使朱全忠（在河南）、河東節度使李克用（在山西）和風翔節度使李茂貞（在陝西）等。「王室日卑，號令不出國門」，唐王朝已名存實亡，完全成了一個空殼。

文德元年（西元八八八年），唐僖宗死後，宦官楊複恭立僖宗之弟李曄為帝，是為昭宗。當時，宦官與朝臣之間的鬥爭，愈演愈烈，他們各自拉攏藩鎮為後援。朱全忠帶領七萬人馬入關，在鳳翔得到了被藩鎮李茂貞劫持的昭宗，如獲至寶，將他護送回長安。

唐昭宗景福元年（西元八九二年）九月三日，何淑妃生下李柷後，不久被立為皇后。乾寧四年（西元八九七年）二月，未滿五歲的李柷，受封為輝王，並改名為李祚。

天復三年（西元九〇三年）二月，唐昭宗宣敕，命輝王李祝為諸道兵馬元帥；以梁王、檢校太師、中書令朱全忠為副元帥，統領全國的軍隊。

天祐元年（西元九〇四年）二月，朱全忠派人殺死宰相崔胤等人，逼迫唐昭宗遷往洛陽。八月間的一天，朱全忠密遣親信蔣玄暉、朱友恭、氏叔琮，趕赴洛陽，殺死昭宗及昭儀李漸榮、河東夫人裴貞一等。當時，何皇后嚇得跪地求饒，請蔣玄暉手下留情，自己情願委身侍奉。蔣玄暉正垂涎這位豔麗的美人，也就饒她不死（以後，何皇后為報答蔣玄暉，便經常與之幽會，還替他出謀劃策）。

第二天早朝時，蔣玄暉秉承朱全忠的意志，假傳聖旨，立昭宗第九子、年僅十三歲的輝王李祚為皇太子，並恢復李柷的原名。當天中午，蔣玄暉又矯宣皇太后懿旨，宣佈昭宗已駕崩，皇太子可在大行皇帝靈柩前即帝位。接著，命太子家令李能前往諸王府及宗室報喪。

待諸王、宗室及百官來到朝堂後，皇太后即差遣太常卿王溥為禮儀使，主持簡單的新帝即位儀式。皇太子李柷即皇帝位，是為唐哀帝。這時，蔣玄暉又宣佈：昭宗是被昭儀李漸榮和河東夫人裴貞一合謀殺害的。她們懼罪已投井自斃，應將二人追削為庶人。這樣，就輕而易舉地把弒君的罪名轉嫁到了死人身上，從而掩飾了朱全忠、蔣玄暉的罪行。在場的人，雖然明白昭宗是誰殺害的。但是，他們懼怕朱全忠加害於己，竟不敢哭出聲來，更不用說去徹底追查弒君的元兇了。

朱全忠在汴州（今河南開封）聽到昭宗遇害的消息時，裝作大吃一驚，伏地痛哭不止。十月三日，他趕到洛陽觀察動靜，又伏在昭宗靈柩前痛哭，還一本正經地朝見新帝。第二天，朱全忠藉口朱友恭、氏叔琮治軍不嚴，致使部下擾亂市肆，將他們貶為崔州司戶和白州司戶，接著又令其自盡。朱友恭臨死前大罵朱全忠「賣我以塞天下之謗」。

一心禪讓

新帝年少，不懂政事，朱全忠這才放心地返回汴州去了。從此，洛陽小朝廷的一切權力完全由朱全忠操縱。朱全忠為加速實現篡權的願望，早日登上帝位，隨即制定了大肆殺戮唐宗室和朝中大臣的計畫。

哀帝天祐二年（西元九〇五年）二月，朱全忠指使蔣玄暉將昭宗諸子德王李裕等九個親王召至九曲池飲宴。等他們一個個喝得酩酊大醉時，蔣玄暉即命事先埋伏下的刀斧手將他們絞死。

對於朝中大臣，朱全忠進行了一番甄別。凡是願意投靠他的，便予以拉攏、重用。柳璨因為竭力討好朱全忠、蔣玄暉等人，又與朝中大臣不和，朱全忠就讓他當上宰相。柳璨又詆毀宰相裴樞等人，要朱全忠將他們逐出長安，遠貶他郡。他對朱全忠說，朝臣中有許多人自負資望高，喜結朋黨，製造事端，留之無益，應儘快剷除掉。朱全忠的重要謀士李振也趁機建議：唐朝之所以破敗，都是由於那些進士出身的浮薄士人，紊亂綱紀的緣故。大王您要成就大事，這些人是很大的障礙，不如全都殺掉，以免後患。朱全忠一聽，認為言之有理，就讓哀帝頒發詔令，將裴樞等舊時宰相以及出身高門、科舉出身的朝官共計三十多人，押至白馬驛（今河南滑縣境內），各賜自盡。朱全忠還下令把他們的屍體投入黃河，並恨恨地說：「此輩常自稱清流，宜投之黃河，使為濁流。」

宗室已除，忠於唐朝的大臣也基本被清除乾淨，朱全忠完全控制了洛陽李氏小朝廷。剩下的事情，就是如何儘快將哀帝的名位，合乎情理地轉移到朱全忠的手裡。

禪讓，當然是最好的方式。自古以來，歷史上就上演過不少「禪讓」的鬧劇。上古有過被人們傳為美談的堯、舜的禪讓先例；前朝也有隋恭帝將隋朝帝位禪讓給唐高祖李淵的故事。朱全忠為了掩人耳目，決定引用前例，逼唐哀帝將帝位「禪讓」與他。

於是，朱全忠命他的心腹，樞密使蔣玄暉、宰相柳璨和張廷範安排此事。他本以為只要蔣、柳二人到洛陽去傳達他的意圖，登基稱帝是朝夕間就能實現的事情。但是，出乎朱全忠的意料，「禪讓」之事竟一拖再拖，並不是朱全忠想像的那麼簡單。

實際上，要拖延「禪讓」的人，並不是唐哀帝。他還是個不通政事的少年，本不願意當這個提心吊膽的傀儡皇帝。奉朱全忠之命到洛陽來催辦「禪讓」事宜的蔣玄暉、柳璨二人，倒是各有各的想法。蔣玄暉雖是朱全忠的親信，但他自從刀下留情，放過何皇后之後，便頻繁地在後宮的積善宮與何皇后私下幽會。哀帝即位，何氏成了皇太后。當她得知蔣玄暉這次的使命是要逼迫哀帝禪位於朱全忠，便激勵蔣玄暉說，皇上的位子是無法保住的，遲早要被朱全忠所取代。既然要換作朱氏王朝，為什麼就不能變為蔣氏天下呢？蔣玄暉一聽，很受啟發。於是，在與哀帝及諸大臣的議論中，提出禪位之前，皇上應先封功臣為王，加九錫以及祭祀南郊等。他的目的自然是拖延禪讓時間，等待時機。

柳璨是死心塌地投靠朱全忠的，他是進士出身，在禪讓這個問題上，他認為必須做到合乎禮法，應該按照魏晉以來受禪的禮儀逐步進行。因此，他極力支持蔣玄暉提出的種種建議。

於是，天祐二年（西元九〇五年）十月，哀帝授朱全忠為天下兵馬元帥，並計畫不久再封他為魏王，加九錫。所謂「九錫」，是古代皇帝為表示對某些大臣的尊崇，特別贈給的九種物品。其中主要有車馬、衣服、樂器、朱戶、弓矢、斧鉞、納陛、虎賁、櫃鬯等物。以後，皇帝還要祭祀南郊等等。同年十一月，當朝廷派去汴州充當送官告使的刑部尚書裴迪向朱全忠送去授天下兵馬元帥的官告文書時，朱全忠卻不理會這一套，怒氣沖沖地將裴迪趕回洛陽。原因是蔣玄暉與何太后商議的拖延禪讓的計畫，被朱全忠派到洛陽，負責監視蔣玄暉行動的宣徽副使王殷探聽到了。而王殷早就想取代蔣玄暉，於是立即向朱全忠密報說：何太后派宮女阿虔、阿秋與蔣玄暉聯絡，蔣玄暉與柳璨曾向何太后焚香立誓，要保住唐朝的社稷，禪讓之事因而遲遲沒有安排。朱全忠聞報，勃然大怒，在趕走裴迪後，又命蔣、柳二人加緊辦理禪讓之事，隨即又把蔣玄暉叫到汴州當面責問道：「你莫巧借閒事耽誤我登基，即使我不受九錫，難道不能做天子嗎！」蔣玄暉解釋說：「外敵尚強，虎視眈眈，王匆匆受禪，恐彼不服，不可不遵循禮規，逐次取之。」朱全忠呵斥道：「奴果反矣！」蔣玄暉受中斥後，匆匆回到洛陽與柳璨商議對策。

當月二十四日，洛陽小朝廷宣佈以朱全忠為相國。第二天，又封朱全忠為魏王，加九錫。可是，朱全忠仍嫌太慢，拒不受封，並辭退所加九錫。

十二月初，禪讓的步伐，明顯加快了。哀帝派柳璨趕到汴州，向朱全忠轉達禪讓的旨意。不料，這時黃河北岸的魏博發生了兵變，幽州的盧龍節度使劉恭也乘機南下。朱全忠決定出兵平定兵變，暫停受禪。但他在北上以前，命人收捕了蔣玄暉，押到汴州杖擊而死，還當眾將其屍體焚燒。又密令王殷殺掉何太后和宮女阿虔、阿秋。接著，貶柳璨為登州刺史。實際上不等柳璨赴任，就把他斬殺於洛陽東門外。而且，蔣、柳兩家及其親信都遭屠戮。柳璨臨刑前後悔不及，曾經大聲喊道：

「負國（唐朝）賊柳璨，該殺！該殺！」柳璨發揮朋黨惡習，借朱全忠的威勢，除掉許多不合己意的大朝官。如今死到臨頭，才明白自己喪盡天良，該殺！

天祐三年（西元九〇六年）正月，朱全忠率軍北上，經過半年多的征戰，將魏博平定後，於次年正月回到汴州。洛陽小朝廷又急急忙忙作禪讓的準備。唐哀帝派遣御史大夫薛貽矩赴汴州慰問朱全忠，返回洛陽後，立即上奏哀帝：元帥（朱全忠）同意受禪。二月，唐大臣一面請哀帝退位；一面向朱全忠「勸進」。朱全忠也裝模作樣推辭一番，經過幾次往復，才同意。

三月二十七日，哀帝詔告群臣，正式退位。由宰相張文蔚率領文武百官，攜帶玉璽、備好儀仗，浩浩蕩蕩來到汴州。

四月五日，朱全忠改名朱晃。七日，張文蔚等人乘輅車帶玉璽，諸司、諸部門都備起儀仗來到金祥殿前，獻上玉璽，為朱全忠加冕。然後宣讀唐哀帝的讓位文書，百官在殿前舞蹈慶賀，大呼萬歲。朱全忠正式即帝位，建立梁朝（史稱後樑），是為梁太祖，定年號為開平。持續了二百九十年的唐王朝至此宣告滅亡。

朱全忠即位後，封哀帝為濟陰王，安置曹州（今山東曹縣），居室周圍遍佈荊棘，並派兵把守，不許外出。後樑開平二年（西元九〇八年）二月二十一日，李柷被朱全忠的親信毒死，死時僅十七歲。

李柷臨難登基，在位三年，無所作為，只想禪位於朱全忠。後被人毒死，是必然的結果。篡唐自立的朱溫，早年參加黃巢起義，後變節投盾，轉而鎮壓農民起義。又獨據中原與諸藩鎮混戰，屠城毀鎮，劫掠人口，無惡不作。但建立梁朝後，他能革除唐朝積弊，在一定程度上減輕了人民的負擔，社會經濟有所恢復，較之昏庸的唐昭宗、恭帝統治時期強多了。自古以來，歷史就是這樣不斷演進。站在歷史的高度看，朱溫篡唐具有一定程度的積極意義。

第十二章

南唐後主　李煜

「春花秋月何時了，往事知多少？小樓昨夜又東風，故國不堪回首月明中。
雕欄玉砌應猶在，只是朱顏改。問君能有幾多愁？恰似一江春水向東流。」

一曲《虞美人》，哀婉悱惻，如泣如訴，道不盡對往事的回首、故國的懷念。西元九七七年，李煜寫下了這首千古絕唱，此時他已被大宋王朝俘虜，在遠離故土的汴京（今開封市）度過了兩年的囚徒生活。此時此刻，物是人非，往事不堪回首，卻又令人不能不回首……。

誰料心願與身違

李煜，字重光，原名從嘉，生於升元元年（西元九三七年），南唐帝王之家。其父李璟初登基時曾有所作為，但他很快為自己所謂的文治武功所陶醉，終日與一些文人儒士一起吟詩作賦，附庸風雅，在一片歌舞昇平中怡然逍遙，而國力也因不治日益削弱，到後來李煜登基時，國家一片滄桑，面臨崩潰。

李煜在李氏兄弟中排行第六。大哥名為弘冀，早年立為太子；其他四位兄長從善、從益、從謙、從信都早夭。弘冀頗有才武，精明幹練，常帶兵征戰，功勳卓著。他對父親李璟整日不思進取、無所事事的做法十分不滿，多次勸諫，毫無效果，遂而漸生怨恨之心。對此，李璟也非常反感，揚言要廢黜太子，另立自己的弟弟景遂為帝。弘冀聞言，便差人投毒害死了自己的叔父。屍骨未寒，竟遍體糜爛，無一完好，其狀之慘，令人不堪入目。

李煜生有奇表，廣額豐頰，駢齒，一目重瞳子，據說這種相貌是大富大貴的福相。因此，生怕別人覬覦自己太子地位的弘冀對李煜也心存猜忌。李煜為避免引火上身，故意不問政治，專注於文學，思經史圖籍，作詞賦詩，酷愛丹青，練習書法，樂此不疲。躲在藝術象牙塔的他自號鐘隱，又別稱鐘山隱士、鐘峰隱者、蓮峰居士，明確表示自己無意朝政，什麼「齊家治國平天下」，什麼運籌帷幄、征戰沙場，什麼稼穡漁鹽之事，他完全置於腦後。在他心目中，藝術壓倒政治，他一心只要做個文士才子，他的最大希求只在於成就自己的文學才幹，僅此而已！

歷史對人生開了一個玩笑：想當皇帝的人當不了皇帝，不想當皇帝的人偏偏要他去當皇帝。太子弘冀在毒死叔父後不久，自己也不明不白地死了。李煜其他幾位哥哥都早卒，皇太子的位置就自然輪到了他。他先被改封為吳王，並且以尚書令知政事居東宮，不久就被立為太子，成為皇位的合法繼承人。

宋太祖建隆二年（西元九六一年），即李煜被立為太子的當年，李璟病亡，年僅二十五歲的李煜硬是被推上政治舞臺，登上皇帝的寶座。此時的南唐政權已經是日薄西山。早在周世宗顯德五年（西元九五八年），李璟就去帝號，改稱江南國主，尊周正朔，盡獻江北郡縣。李璟還上表周世宗，卑稱與周「外雖君臣，內若父子」，隨貢金銀布帛若干。宋代周後，懾於宋的強大，李璟繼續進貢，歲計達數萬。據《通鑑》所載：「南唐自淮上用兵，及割江北，臣事於周，歲時貢獻，府藏空竭，錢益少，物價騰貴。去年鑄當十大錢及當二錢文。」在這樣內憂外患、風雨飄搖形勢下即位的李煜，自然對外強欺侮的滋味體會頗深。因此，他在做皇帝的十五年中所奉行的「外示恭儉，內懷觀望」的基本國策是順理成章的。

即位當年，他在國內封尊號、任官吏的同時，不曾忘記對其北方的強國宋表示自己一片忠誠之心：貢宋金器兩千兩，銀器兩萬兩，沙羅繒彩三萬匹，並上表向宋太祖告白襲位之事，奉朔稱號等悉依後周舊制。

對此，宋太祖賜詔答禮。隨後，宋太祖遣使來唐，李煜衣紫袍，對使者畢恭畢敬，低三下四，奴顏媚骨之至。宋使離開後，李煜才敢著黃袍。李煜這些煞費苦心的做法，是想換得岌岌可危的南唐小朝廷的苟延殘喘，偏安於江南半隅。

縱然李煜對北宋是唯唯諾諾，尊奉備至，但北宋干涉南唐內政之類的尷尬事件仍不時發生。一歲之末，李煜打算頒佈一套新的曆法，讓百姓知道新一年的節令，以便適時耕耘和收穫，並選擇佳日良辰探親訪友或婚嫁喜慶。誰料，宋太祖趙匡胤對此進行無理的干預，其理由是南唐既已上表歸順，理所當然地用北宋曆法，而不能另外擅自頒佈新曆法，否則就是僭越。李煜面對這種情形，又能說什麼呢？他只能忍氣吞聲，含辱屈從。

如果是一個微具雄才抱負的君主，在這外侮頻仍的情況下，無論如何也會奮發圖強、興國洗恥的。然而，對國家大事不感興趣的李煜，既少為君之德，更缺乏治國之能，他所感興趣的更多的是文人唱和之辭賦。

佳人舞點金釵溜

晚妝初過，沉檀輕注些兒個。向人微露丁香顆；一曲清歌，暫引櫻桃破。
羅袖裛殘殷色可，杯深旋被香醪涴。繡床斜憑嬌無那，爛嚼紅茸，笑向檀郎唾。

這是李煜所寫的〈一斛珠〉詞，活靈活現地描繪了一位女子的美貌和撒嬌的神態。這是對李煜與皇后周娥皇生活的具體而真實的描繪。

周娥皇，史稱大周后，是南唐開國元老、大司徒周宗的女兒，比李煜長一歲，在李煜尚未被立為太子時，與李煜成婚，時年十九歲。周娥皇不僅有天姿國色的相貌，而且精音律、善歌舞、通書史，至於其他如弈棋等，也無不擅長，堪稱得上是五代十國時期的一位才女。和那些只有一副漂亮臉龐的嬪妃們相比，由於她有高人一籌的技能，她在宮中的地位自然要高人一等。她年少時，就得到李璟的寵愛，李璟把自己最為珍惜的一把燒槽琵琶賞賜給她。李煜與周娥皇結婚後，兩人恩愛無比，如膠似漆。李煜即位後，她被冊封為皇后。

為了保持風情萬種的年輕帝王對自己的永久寵愛，周娥皇每天在梳妝打扮上下了很大的功夫，使李後主天天對她都有新鮮感。她的衣著、首飾以至髮型，每天都要翻新花樣。在衣飾方面，風流的周后著實有較大的天賦和才氣，她獨創的一種高髻纖裳以及首翹鬢朵之妝，當時婦女爭相仿效，成為流行妝飾。

周娥皇對於詞曲則更為內行，擅長隨詞譜曲，隨後演唱，楚楚動聽。據說，唐代《霓裳羽衣曲》在天寶動亂後便不再傳世，至五代時已成絕響。周后得殘譜幾頁，遂潛心鑽研、領悟，變易訛謬，去繁定缺，再用琵琶彈奏，乃清越動聽，使唐之遺音複出於世。李煜因此經常與周后在宮苑演唱詞曲，夫君作詞，嬌妻譜曲，夫妻如魚水之歡，似蜜似漿。有時周后邊歌邊舞，李煜興致更高，整日輕歌曼舞，流連忘返，沉迷於淫樂，以至怠忽了政事。

即位前後的李煜，完全陶醉於嬌妻的高唐雲夢之中。但好景不長，李煜寵倖的周后竟染疾一病不起。周后療疾期間，李後主朝夕探問，煮湯送藥，並親口嘗試，甚至衣不解帶。可是，禍不單行，周后養病之際，周后最寵愛的次子又驚厥身亡。一聽愛子早殤，本已垂危的周后怎堪忍受這個致命的打擊，她的病情旋即惡化。三天後，年僅二十九歲的周后，香消玉殞，一縷芳魂，隨著愛子仲宣而去了。

恩愛十載的周后病逝後，李煜萬分悲哀，如喪考妣。每當他扶杖而立，周后閉月羞花的容貌、冰肌玉骨、婉轉的歌喉、輕盈的舞姿及在自己懷裡撒嬌的情態、他倆雪夜春晨的宴飲場景，不時出現在他眼前，浮現在他的腦中，這一切又怎麼能忘懷，不使人心碎呢？為表達自己對周后的追悼和懷念，他寫了一篇情真意切的誄文：「昔我新婚，燕爾情好。媒無勞辭，筮無違報。歸妹邀終，咸爻協兆。俯仰同心，綢繆是道。執子之手，與子偕老。今也如何，不終往告。嗚呼哀哉！」李煜把周娥皇葬在懿陵，周后平素酷愛的琵琶也隨葬入土。謚周皇后為昭惠后，李煜悲痛地自稱為「鰥夫煜」。即使在周后亡故多年以後，李煜仍然睹物傷懷，極為悲傷，不能自持。

周娥皇病逝後，在李煜的生活中又出現了一位猶如周后一樣漂亮、溫柔多情的女子，她就是周娥皇的妹妹，史稱小周后。在周后生病期間，小周后經常來宮裡探望姐姐。她生得風姿綽約，玉骨姍姍，口賽櫻桃，牙如石榴子，再加上她身著殷紅的薄羅衣，灑上沁人心脾的特製淡雅香水，更是讓人愛不釋懷。二人一見鍾情，互不離捨，常相約在花前月下散步，宮廷裡夜宴歌舞。

小周后雖入宮數載，但一直沒有名號。因為大周后死時，李煜悲哀過甚，無心於此；次年李後主母親鍾氏去世，李煜應為她守孝三年，所以未及備禮。開寶元年（西元九六八年），居喪剛過的李煜就迫不及待地把這位佳人麗妃明媒正娶地接進了皇宮，議立小周后為繼室，稱繼國后。

婚後的李煜對小周后寵愛倍加。他在廷苑內造華麗的亭榭，以鮮花簇擁，罩以紅羅，押以玳牙，雕飾娟秀，以供二人酣飲、遊樂。又在小周后起居處置太古容華鼎，金風口罌金質香器，璀璨無比。焚香繚繞時，小周后歌舞其中，縱情於樂。這樣，形影不離的李周二人，或是酣飲歡歌，或是焚香祈佛，不求今生，只求來世。

李煜對小周后的寵愛，激起宮廷中許多嬪妃的注意。為得到李後主的臨幸，她們或以香豔，或以技藝來吸引李後主。有個叫窅娘的女子歌舞全才、色顏俏麗，為接近李後主進而得到他的寵倖，竟採用了摧殘肉體的辦法──用布帛把雙腳緊緊纏裹起來，時日已長，一雙腳就變成了站立難穩的三寸金蓮。輕盈的體態，再配上這雙小腳，跳起舞來自然與別人不同。這一招果然顯靈，引起了李後主的高度重視。他令人特製了一個六尺高的蓮花台，飾以珠寶，讓窅娘在蓮花臺上翩翩起舞，仿佛淩波仙子。

虔誠信佛

李煜即位時，南唐國勢日蹙，只能偏安一隅，苟延殘喘。對於當時存在的諸多社會矛盾，他充耳不聞，視而不見，一心皈依佛門，把希望寄託在佛主的保佑上。

李煜在登基後不久，就命人在國內廣築寺廟，甚至在自己的宮中也建起了專供念經用的「淨居室」，成天攜帶嬪妃們來這裡聆聽誦經。一些經書，如《楞嚴圓覺經》、《華嚴經》等，他都認真地聽過，並一部部潛心地悟過，把本該用於考慮國家大事的心思全部傾注在信佛上。

更為離譜的是，他竟把佛法用於治理朝政。當時，南唐處理罪案時所用的「命燈」量刑法，就是他的一大創造發明：在佛像前放一盞油燈，入夜點燃，若油燈不到天亮而熄，表明佛主顯靈，要求對罪大惡極的罪犯予以重懲，罪犯旋即被殺；相反，則受到佛主的寬宥，可免除一死。其實，油燈熄滅與否，與佛主無絲毫關係。恰恰相反，則完全由掌管油燈的獄吏所決定，因為他們是給油燈加油的人。於是，當時許多人犯罪之後不惜以重金賄賂那些掌管油燈的人，致使不少因無錢行賄的人蒙受冤屈而無辜地被殺，而真正罪大惡極的罪犯卻逍遙法外。這樣做的結果是，公理、正義、國法、綱紀蕩然無存，國家失去威嚴，百姓沒有了向心力。

篤信佛主聖靈的李煜，視專事誦經念佛的僧人為國家的特殊公民。京城寺院裡有個和尚，酷愛填詞賦詩，中秋之夜賞月，忽然詩興大發，隨口吟出：「徐徐東海出，漸漸入天衢，此夜一輪滿」，可最後一句無論他怎麼絞盡腦汁、冥思苦想也寫不出來。第二年中秋之夜賞月時，他靈感大發，「清光無處無」順口而出，把去年所留下的遺憾補上。他欣喜若狂，一邊反覆大聲朗誦詩句，一邊奔向鐘樓，把寺鐘敲得響徹京城。傾城百姓以為大亂降臨，爭相逃竄、躲藏，互相推撞相踐，死傷無數。負責執法的大理寺官員認為，和尚的癲狂舉動嚴重地擾亂了社會治安，應從重治罪。可李煜聞言後認為這樣不妥，他令人降旨大理寺，說和尚的行為是因為他做了一首好詩高興時所為，不該判罪，理應赦免。官員們對此各個目瞪口呆，大惑不解。綱紀鬆弛，有法不依，長此以往，又如何能維護國家的安定呢？

三十年來夢一場

紅日已高三丈透，金爐次第添香獸，紅錦地衣隨步皺。
佳人舞點金釵溜，酒惡時拈花蕊嗅，別殿遙聞簫鼓奏。

這首〈浣溪沙〉詞寫的是：夜幕已退，紅日高掛，金質的香爐燃燒著香料與木炭混製的香獸，雜亂的舞步弄皺了殷紅的地毯。美人的首飾滑落了，有人飲酒過度，噁心時拈一朵鮮花嗅聞。從夜幕初降一直狂歡到次日上午，吹奏的簫鼓聲，直飄到別的宮殿。多麼縱情逸樂的宮廷生活。然而，這種生活不會有多久了，北邊虎視眈眈的宋太祖趙匡胤在消滅了別的弱小國家之後，揮師南下，要向南唐開刀了。李煜再想苟且偷生，也不是那麼容易了。

開寶七年（西元九七四年），趙匡胤派使者梁迥來到南唐，高傲並居高臨下地對李煜說：「大宋天子今冬舉行柴燎祭天之禮，國主應前往助祭。」聞罷，李煜面如死灰，心裡十分明白這是萬萬去不得的。前些年李煜弟弟韓王李從善奉命出使汴京至今未歸，李煜多次向宋太祖求情放人，始終未准，這次自己親去，豈不等於自投羅網嗎？但又不可當面拒絕。面對宋使的一再催逼，李煜只好顧左右而言他。然而，趙匡胤豈是善罷甘休之輩！九月，宋太祖又遣信使李穆來南唐，以盛氣淩人的姿態向李煜傳達了宋太祖「朕將以仲冬有事圜邱，思與卿同閱犧牲祀禮」的詔書。李穆在傳告這道催命符的同時，又以咄咄逼人的神情威脅李煜，說北宋勁師已經進入南唐地界，要求他立即入朝。對宋使一次次的催逼，百無一計的李煜只好推託有病，搖尾乞憐地對李穆說：「臣事大宋恭恭敬敬，只是希望保住宗廟社稷，想不到會逼迫到這樣地步，今天我只有一死了之了。」

李煜拒絕入朝，為趙匡胤找到了一個出兵藉口。李穆一回國，宋太祖便斷然下令大舉進攻南唐。大將曹彬率水師順江而下，拔池州（今安徽貴池）、佔蕪湖，集師於採石磯，用大量戰船作浮橋，讓潘美領步兵由此渡江登岸，水陸兩師合兵一處，以摧枯拉朽之勢擊敗南唐守軍，直逼南唐京師。

面對如水似潮、來勢洶湧的宋軍，李煜手忙腳亂，急得像熱鍋裡的螞蟻，百思而無良策。他還想用卑恭的辦法向北宋求和，以求苟延殘喘。於是，他遣使帶貢帛二十萬匹、白金二十萬斤等奉呈北宋。與此同時，暗地下令築城集糧，實施威嚴，加強守備，抵禦宋軍，準備同宋軍作生死搏鬥，並接受大臣們的建議，去北宋開寶年號，設立自己年號，暫時稱作甲戌歲。看來，李煜這次要多方努力，爭取嘗一嘗真皇帝的滋味。

一切準備妥當之後，鑒於南唐國小兵弱這一事實，李煜企圖聯合契丹、吳越共同對宋開戰。然而，送給契丹的信半路被宋軍截獲，目的沒有達到。李煜在給吳越王錢俶的書信中說：「今日無我，明日豈有君？一旦宋天子易地賞功，你也不過是大宋一布衣而已，別想當真皇帝。」令李煜感到意外的是，錢俶收信後，立即把信轉給了宋太祖趙匡胤。趙匡胤看罷後，攻南唐的決心更加迫切了。

宋軍疾風驟雨般的進攻，拔下了南唐除京師金陵外所有的城池，而金陵雖未被攻佔，也只是危城一座。但李煜不願當囚徒，仍不肯投降。因此，宋軍對金陵的圍困歷時一年之久，以致城中斗米萬錢，病死者相枕藉。無奈之際，李煜派遣國內辯士、大學者徐鉉出使北宋，求情退兵，徐鉉說：「李煜以小事大，如子事父，未有過失，陛下為何以兵戎相加呢？」他得出結論：「李煜無罪，陛下師出無名。」聽完徐鉉連篇累牘之說，趙匡胤慢吞吞地反問說：「既為父子，何必分為兩家？」徐鉉無言以對，只好悻悻而返。不久，徐鉉再度使宋遊說。這次，趙匡胤直言相告攻佔南唐的既定方針：「宋伐南唐，非關南唐是非，如今當是天下一家，國無二主，臥榻之側，豈容他人鼾睡！」徐鉉惶恐而歸，帶回了令李煜失望和不安的消息。

開寶八年（西元九七五年）冬十一月，金陵城被宋軍攻破，朝中許多官員自殺身亡，將帥多力戰而死。李煜也在宮殿積薪數堆，準備在城破社稷覆亡時攜親眷赴火自焚，但他沒有這樣的骨氣。當宋將曹彬領兵衝進宮中時，李煜急命人去把司空知左右內史事殷崇義等四十五名官員叫來，一同排列宮前，肉袒跪拜投降。

接受李煜投降的曹彬，內心十分高興，答應李煜的一些請求，給他一天時間整頓行裝，拜別祖廟，並以好言勸慰李煜一番：「歸朝俸祿有限，而陛下費用日廣，國家無力承擔，應當自己多裝些財物，帶到汴京後留用。一旦宋軍收繳，登記入冊，那就再也拿不到了。」對此，李煜心存慰藉。

次日，亡國之君李煜心懷淒慘地和大臣、家眷三百多人，隨宋軍北上。後宮中的美女，淚流滿面地為李煜演奏了一曲悲楚、令人心酸的別離曲。從此，李煜告別了居住三十多年的皇宮，那裡他熟悉的一草一葩、一亭一閣，將再也見不到了，昨日的歡笑和淫樂，仿佛是一場夢，雖歷歷在目，卻煙消雲散了。

誰能料想，一夜的功夫，好似天翻地覆，他由一個高居黎元之上的一國之君一變成為異國的俘虜、失去自由的囚徒。在被押送至宋京的路上，一路的愁思和奔波，深深地折磨著李煜的肉體和靈魂。到達汴京後的李煜，仿佛變成了另外一個人：消瘦、疲憊、蒼老、憔悴，雖只有三十九歲，卻像一個歷盡滄桑的老翁。

宋太祖趙匡胤在汴京明德樓舉行了受降儀式。李煜身著白紗衣，頭冠白紗帽，匍匐在太祖殿前請罪。這就是史載的「獻俘闕下」儀式。趙匡胤在殿上斥責了李煜的荒淫無道，歷數了他的許多罪孽，聲色俱厲，咄咄嚇人。面色如土的李煜戰戰兢兢，屏氣斂聲，無言以對。趙匡胤看李煜膽小怕事，便免其一死，還封他個光祿大夫、檢校太傅、右千牛衛上將軍等官職，又因他不肯主動降宋，他又被封了一個「違命侯」的爵名，雖有侮辱性質，一想到「好死不如賴活著」，李煜趕緊伏首叩謝宋太祖的「龍恩浩蕩」。至此，南唐政權便在歷史上畫上了一個令人遺憾的句號。

其實，李煜即位之初，其形勢並非註定非敗亡不可。兵無常勢、水無常形，圖強中興的機會也不是一點也沒有。只因李煜的才、德不備，一再坐失良機，才最終走向窮途末路。

一開始，在權力未穩、外侮頻仍形勢下，李煜似曾想有所作為，一度還能聽得進忠臣的直諫。一天，諫官張憲力見李煜整日沉湎於女色，就以直言相勸。李煜不僅沒發火，還當眾表揚了他，並賜送布帛三十匹以資獎勵。

有一叫王煥的小官見李煜篤誠於佛，極諫李煜不該妄信佛學而失去本真，李煜對此也予以表彰，還提拔了王煥。

李煜在吟詩作畫之餘，還愛好下棋對弈，經常延誤朝廷商議軍機國策的時間。李煜這種荒廢政務、耽誤國事的做法，引起了直言極諫的三朝元老、大理卿蕭儼的不滿。一天，李煜同皇后在宮中對弈，蕭儼立即趕去，當場把棋盤掀翻，棋子撒滿地。毫無準備的李煜大吃一驚，皇后也尖叫著跑回宮中。不僅如此，蕭儼以尖刻而又激烈的言辭批評了李煜迷戀藝技、玩物喪志、荒怠朝政的做法。李煜聽後雖不舒服，但也能容忍，而且還表揚了蕭儼那種敢於直言諍諫的勇氣和精神，承認自己的過失。

令人遺憾的是，李煜並沒有把這種坦誠納諫的作風堅持下來。時間不長，他又故態復萌，在誤國殃民的道路上越走越遠。

開寶元年（西元九六七年），南都留守林仁肇上書李後主，說北宋正全力攻打蜀國和南楚，淮南一帶防守空虛，可乘機出兵淮南，收復失地，擴大疆土，增強實力，與宋軍抗衡。見李煜面露狐疑之色，林仁肇為堅定後主的奮發之心，又接著獻計說：

「臣已想好了辦法，等臣起兵之日，陛下可遣人報告趙匡胤，說臣帶兵在外叛變。事成，則有利於社稷；若敗，臣則以全家人生命做抵償，以保國家的安全，也表明臣對陛下無存二心！」

如此忠心耿耿的將領，如此睿智聰慧的卓見，膽小怕事的李煜竟全然信不過、聽不進。最後，政治幼稚、鬥爭經驗不足和缺乏是非判斷與理智分析的李後主居然中了宋人的反間計，竟派人毒死了林仁肇！

沿江巡檢使盧絳也曾上書李煜，說宜乘北宋與南方諸國交戰正酣之機，出兵吳越。李煜聽不進去，還降了盧絳的職，最後也中了宋人反間計，殺死了盧絳。

李煜的無膽、無才、無識、無能，使良機在他面前一次又一次地喪失了，失而不可復得。等待李煜的，只有束手待擒的結局。

屈辱的囚徒生活

來到汴京後的李煜，開始了他兩年多的囚徒生涯。作為一位多愁善感的藝術家，這兩年的俘虜生活對他來說當然是十分抑鬱和痛苦的，對於降王李煜，宋帝在生活上並沒有為難他，太祖和太宗都先後賜其器幣和財物，每日供酒三石，供他長夜飲用。但在政治上，他們剝奪了他的人身自由，並且百般淩辱他的人格和尊嚴。南唐後主李煜的生活如他在信中所言的那樣淒戚：「此中旦夕只以眼淚洗面」。高傲的宋太祖時常用冷言熱語來譏諷他，令他在宴上作詩賦詞，並稱他為翰林學士，取笑他只會舞筆弄墨，而沒有政治才能，不配當君主，這種侮辱和蔑視的態度，讓李煜簡直無地自容。

這時的李煜，回憶以往的所作所為，他是那樣的追悔莫及，他把亡國之恨，對故國的思念，全都傾訴在他那一首首詩詞中。

在經歷了天上人間的巨變之後，他懷著對父祖開創的美麗多姿山河的熱愛，認真地對自己幼稚的人生、軟弱的性格及荒淫的生活進行了懺悔。他的〈破陣子〉就屬此類：

四十年來家國，三千里地山河。鳳閣龍樓連霄漢，玉樹瓊枝作煙蘿。幾曾識干戈！

一旦歸為臣虜，沈腰潘鬢消磨。最是倉皇辭廟日，教坊猶奏別離歌，垂淚對宮娥。

對小周后的被辱，他也蒙受了心靈的創傷。然而，他又能怎樣？他只能以顫抖的心音，長歌當哭來填寫一首又一首的詞以表淒慘：

雲鬢亂，晚妝殘，帶恨眉兒遠岫攢。斜托香腮春筍嫩，為誰淚倚闌干？

這首〈搗練子令〉詞當是小周后侍宋帝後回到李煜身邊情況的最好描述。羞愧、惱怒、痛恨、後悔，種種情感深深地折磨著他。他無法擺脫剪不斷，理還亂的情境。他時而酗酒，以麻醉自己的痛苦神經，但酒力一過，哀愁憂苦又一湧而來；他時而寄情夢幻，一晌貪歡，而夢醒時分，仍是幽淒寂寞。於是，他拿起筆來表達那深長而又強烈的恨：

獨自莫憑欄，無限江山。別時容易見時難。流水落花春去也，天上人間！（〈浪淘沙〉）

林花謝了春紅，太匆匆。無奈朝來寒雨晚來風。
胭脂淚，留人醉，幾時重。自是人生長恨水長東。（〈烏夜啼〉）

多少恨，昨夜夢魂中，還似舊時游上苑，車如流馬如龍，花月正春風。

閒夢遠，南國正清秋，千里江山寒色遠，蘆花深泊孤舟，笛在月明樓。（〈憶江南〉）

只有淪為階下囚，並深受淩辱、欺侮後，李煜才知道故里的可愛。其〈子夜歌〉一詞，就是他懷念故國時所作：

人生愁恨何能免？銷魂獨我情何限！故國夢重歸，覺來雙淚垂！

高樓誰與上？長記秋晴望。往事已成空，還如一夢中。

宋太祖趙匡胤在搖曳的燭光斧影中死去後，即位的太宗對李後主更加尖酸和刻薄。據《宋史・世家一》載：「太宗嘗幸崇文院觀書，召煜及劉鋹縱觀。謂煜曰：『聞卿在江南好讀書，此簡冊多卿之舊物，歸朝來頗讀書否？』煜頓首謝。」掠奪了人家的藏書，還問人家讀書與否，這是侮辱，是對人的自尊心的故意傷害。

宋太宗不僅尖刻、寡恩，而且頗多猜忌。儘管李煜曾上表述及自己沒有什麼不安分的想法，但太宗對他仍不放心。為了證實李煜的想法到底如何，趙光義派已歸宋的南唐舊臣徐鉉前去摸底。君臣相見，相視而哭，然後是促膝交談，李煜把自己的心情一股腦兒向徐鉉傾吐，並反省自己過去為政的荒唐，痛悔誤殺了忠臣潘佑等欠台害朝政，如今自食其果。對於李煜所言，奉命而來的徐鉉自然不敢隱瞞，將其直告太宗。於是，宋太宗趙光義對李煜的猜忌得到了證實，他決定要除掉這個並不危險的危險人物。

太平興國三年（西元九七八年）七夕這天，是李後主的四十二歲生日。他施故技在小樓作樂慶賀，聲播於外，太宗發怒，令人代表自己送酒祝壽。李煜明知此事不妙，但又不能不喝。這種酒叫「牽機藥酒」，含有劇毒，李煜喝下後肝腸寸斷，痛得滿地翻滾，最後才慢慢咽氣，臨死前，他的眼眸裡還流露出一絲祈求的目光，希望有人減輕他的痛楚。然而，這種祈求是徒勞的，他終於在無法挽救的極端痛苦中死亡。一個風華正茂的生命，就這樣結束了！

順帶提及的是，南唐亡後，連同小周后在內的宮中嬪妃隨李煜北遷。貌美體豐的小周后被趙匡胤看中，她被封為鄭國夫人，常召幸她入宮伴寢。小周后過去相伴的是情意纏綿的如意郎君，體驗的是風流倜儻、溫情脈脈和關懷體貼。對趙匡胤連夜的摧殘，小周后哪能忍受，每次召幸完畢總要大哭一場。見到李煜，無顏傾訴自己不幸的遭遇和心中的委屈，眼中流露出無限的屈辱和哀怨。對此，宋王銍《默記》引龍袞《江南野史》予以記載：「李國主小周后隨後主歸朝，封鄭國夫人，例隨命婦入宮。每一入輒數日而出，必大泣罵後主，聲聞於外，多宛轉避之。」李煜對此也無可奈何，唯有無限的哀怨和憤怒在胸中翻滾。即位的宋太宗趙光義同樣也不會放過小周后，明人沈德符《萬曆野獲編》曰：「宋人畫《熙陵幸小周后圖》，太宗戴樸頭，面黔色而體肥，周后肢體纖弱，數宮人抱持之，周后作蹙額不勝之狀。」有元人馮海粟學士題曰：「江南剩有李花開，也被君王強折來。」其事雖為傳聞，但也未必全無根據。不論怎樣，李煜所受的奇恥大辱和心靈所受的創傷是相當嚴重的。

李煜被趙光義鴆殺後，正值花季的小周后被遺落在人間，孤苦難捱，哀毀不能自勝，在悽楚、悲憤中懸樑自盡。

李煜饒有文才，卻不是當皇帝的料。他本不想當皇帝，命運卻偏讓他做了皇帝。在他即位之時，國勢日衰，帝號早被去掉，只能偏安一隅，苟延殘喘。在這種嚴峻的形勢下，他並沒有臥薪嚐膽，力求中興南唐，而採取卑躬屈膝的辦法，試圖用低三下四的態度打動北宋太祖的心，以保全社稷。這並不是明智的有效策略。當然，這一策略具有無可奈何的性質，李後主也有他自己的苦衷。作為最高統治者，他沉溺聲色，崇信佛教，荒蕪政事，在他即位之初，對臣下的勸諫，尚且能聽得進去，但聽是聽，做是做，沒過多久，就又故態復萌，而且在關鍵的時候，偏聽偏信，中了北宋的反間之計，誤殺名將林仁肇，給北宋以可乘之機。最後又誤用皇甫繼勳，導致軍事上的失利。總之，南唐滅亡的教訓頗多，它昭示後人：對外消極的妥協並不一定能換來同情，荒怠內政只能加速國家的滅亡。

南唐後主　李煜

第十三章

北宋徽宗　趙佶

詞曰：

「玉京曾憶昔繁華，萬里帝王家。瓊林玉殿，朝喧弦管，暮列笙琶。
花城人去今蕭索，春夢繞胡沙。家山何處，忍聽羌笛，吹徹梅花。」

這一首〈眼兒媚〉，追憶昔日雍容華貴的帝王生活，痛惜今日淒風苦雨，道不盡孤寂和淒涼。八百多年前，一位年過半百的老人在塞外北國的羈旅中，遙望故國，不禁熱淚漣漣，吟出這無盡的哀怨。他，就是因國破而被金人擄至金國韓州五國城的北宋王朝第八任皇帝——宋徽宗趙佶。

弟承兄統登大寶

北宋元符三年（西元一一〇〇年）正月，二十四歲的哲宗一病不起，撒手塵寰。皇后孟氏與哲宗琴瑟不調，後來又被廢黜，只有女兒，沒有子嗣。繼立的劉皇后雖生有二女一子，但兒子出生三個月便夭亡。天子無後，偌大一個宋室江山，交付何人之手，成了朝野矚目的重大問題。並由此引發了皇帝繼任人選的一場廷爭。

元符三年正月初八，天子驟然崩逝，就在北宋王朝一時不知擇誰而立之時，名義上的最高統治者向太后召集群臣商議此事。只見她哭著對大家說：「家國不幸，大行皇帝無子，天下事須早定。」話音剛落，宰相章惇答道：「簡王趙似與大行皇帝一母同胞，揆諸情理，應立他為帝。」向太后聽了此話，搖搖頭道：「老身無子，其他諸王均是庶出，不必如此分別。」章惇奏道：「按照歷代慣例，有嫡立嫡，無嫡立長，神宗皇帝十四子中已喪其八，依照長幼順序，應立第九子申王佖為帝。」向太后駁斥說：「申王雖然居長，但患有目疾，世上豈有堂堂天子眇目之理！萬萬不可。依次則端王佶當立。」章惇大聲反駁說：「端王輕佻，不可以君臨天下。」需說明的是，這端王便是趙佶。端王是不是輕佻呢？當時有許多人持否定態度。知樞密院事曾布素與章惇不和，便首先斥責章惇說：「章惇從未與臣等議論過立天子之事，今日突然發此議論，實在令人惶駭。皇太后言應立端王，聖諭極當，臣無異議。」接著，尚書左丞蔡卞、中書門下侍郎許將等人，也都附和說：「應當遵循太后聖旨。」見有這麼多人同意自己，向太后十分滿意。為使自己的意見更為有理，她進一步解釋說：

「先帝（指哲宗）生前曾說過，端王有福壽，而且仁孝，不同於其他諸王。」章惇這才無話可說。

其實，說趙佶輕佻的章惇是當時朝中的一名大奸臣，對這種人的話，本應反其意而用之。但是，十分不幸，章惇這一次並沒有說謊，更沒有看錯。

正月十二日，向太后命人傳召端王趙佶進宮，在大行皇帝靈柩前即位。這年，他剛十九歲。

此時登上皇位的趙佶，既非只知鬥雞玩狗的紈絝子弟，也不同於那種好事不做、壞事做絕的昏君，胸中頗有些「真才實學」，想有一番作為，他「自藩王入繼大統，虛心納諫，弊政大革，海內顒想，庶幾慶曆、元祐之治」。一句話，即位之初，趙佶確實有過幹一番事業、把滿目瘡痍的宋室江山恢復為太平盛世的念頭。於是，他開始著手一系列改革。

首先去奸任賢。在封建皇權專制主義統治下，朝廷是否昏庸，政治是否清明，關鍵在於是否能驅逐佞臣，任用賢人。章惇曾經反對徽宗即位，趙佶早已懷恨在心，此時借眾口要求懲治章惇之機，將其一貶再貶，雖有泄私憤之嫌，但總算為趙氏王朝除去一大患。接著，蔡卞、邢恕、蔡京、林希、呂嘉問、吳居厚、徐鐸、葉祖洽等人也相繼被黜。至此，那些氣焰熏天、撥弄是非的奸佞，基本上被逐出了朝廷。

逐去奸佞，只是革新政治的第一步，昭雪冤獄、任用賢良才能使政治清明。趙佶繼位不久，果斷地任命大名府知府韓忠彥為吏部尚書，真定府知府李清臣為禮部尚書，右正言黃履為資政殿大學士兼侍讀。這三人均是被破格提拔的。正直之士龔決被任命為殿中侍部御史；陳瓘、鄒浩為左、右正言；江公望、常安民、任伯雨、陳次升、陳君錫、張舜民等皆居台諫。忠彥提出廣仁恩、開言路、去疑似、戒用兵的治國方略被採納，三個月後，忠彥便被任命為右僕射（宰相）了。

對前朝一些遭迫害者，徽宗為其平反昭雪，恢復名譽，如哲宗朝宰相范純仁以及蘇軾、文彥博、王珪、司馬光、呂公著、呂大防、劉摯等人，或恢復名譽，頤養天年，或赦免其罪，官復原職。這些舉措受到朝野的一致稱讚。

其次是察納忠言。在這方面，徽宗趙佶顯得躲躲閃閃、不太自然，但畢竟有幾件值得稱道的事例。一次，徽宗在宮禁中放紙鳶（即風箏），落入附近百姓家中，百姓因此驚恐不已。曾布奏明此事，徽宗推辭說，不會有這等事，或許是民間妄傳，容朕查明再說。曾布從容奏道：「陛下即位之初，春秋方壯。罷朝餘暇，偶以為戲，未為深失。然恐一從詰問，有司觀望，使臣下誣服，則恐天下向風而靡寔，將有損於聖德。」徽宗自知理屈，立刻作罷。又有一次，趙佶決意修葺升平樓，宰相張商英力勸徽宗「節華侈，息土木，抑僥倖」。趙佶雖不肯讓工程下馬，卻不得不在張商英經過此處時，把工匠藏匿起來，等其過後再接著做。一個堂堂帝王，為修繕一座宮樓，竟然與臣屬玩起了「捉迷藏」，雖不免有些滑稽，但也說明，此時的趙佶對臣下的意見還是有所顧忌的。

其三，為政持平，禁止黨同伐異。徽宗即位之時，朝內對神宗以來的若干歷史事件觀點相左，攻訐甚烈。一種觀點認為，神宗任用王安石變法圖強，但元祐年間司馬光欺騙哲宗，盡廢新法，使國家陷於積貧積弱的境地。陛下欲大有作為，須盡除元祐黨人；另一種觀點認為，祖宗法度本已盡善盡美，王安石實行變法，使原來法規蕩然無存，正是司馬光等人撥亂反正，正本清源，才使宋室江山轉危為安，不幸又有紹聖之變，才導致今日國貧民匱，政令不舉，當務之急是起用元祐舊臣，貶逐主張紹述的紹聖黨人；第三種觀點認為，無論是元豐黨人或元祐黨人，均應以才擢用，不可持黨派、門戶之見。顯然，第三種觀點最有利於團結大多數。其他兩種觀點，都不免有偏激之處。徽宗經過一番思慮，於元符三年十月頒詔全國，表明自己對元豐、元祐兩派的態度：「以元祐、紹聖均有所失，欲以大公至正消釋朋黨……。」這種不偏不倚，唯才是用的表態，是得體的。

從徽宗即位之初的上述舉措看，儼然一個中興天子。他如能堅持不懈，持之以恆，或許積貧積弱已久的北宋王朝還真能走上振興之路。可惜，徽宗為政清明的局面沒有維持多久。

逐忠良，寵六賊，不勤政事；崇道教，興土木，實為苛政

為什麼徽宗很快由一個明君變成一個昏君？為什麼中興之治只是曇花一現？對這些問題，各時代的史家們的看法不盡相同。有人認為因徽宗年紀太輕，沒有從政經驗，易受權臣左右；也有人認為是徽宗倚為左膀右臂的韓忠彥、曾布等人政見不合，自亂陣腳，結果讓奸佞鑽了漏洞，捲土重來。但不管怎樣，在考察、任用官吏問題上，徽宗趙佶都難辭其咎。

韓忠彥、曾布等人被貶斥，趙佶又重新起用蔡京。蔡京是一個無恥的奸詐小人，在宦海中幾次大起大落，但都能化險為夷。究其原因，其人政治手腕確有過人之處。據說，徽宗在即位之前，就著意於書畫藝術，而蔡京的書法名噪一時，為得此人墨蹟，他不惜花二萬錢購之，於是愛屋及烏，對蔡京也產生了好感。即位後，因蔡京劣跡斑斑，口碑太壞，他無法庇護，只能將其貶謫杭州。建中靖國元年（西元一一〇一年），供奉官童貫奉詔赴杭州搜集書畫，趁此機會與蔡京盤桓甚久。蔡京

精心畫了不少屏風扇面，托童貫帶回，趙佶看後讚嘆不已。童貫乘機為蔡京說項，繼而大臣范致虛、左街道錄徐知常，以及得了蔡京好處的宮妾、宦官等，交口稱讚蔡京，終於把徽宗說動了心。於是，一道詔書，把蔡京調為龍圖閣直學士、知定州府。後又一升再升，僅半年多時間，蔡京官至右僕射兼中書侍郎，成為權勢煊赫的宰相了。又過了半年，升至左僕射兼門下侍郎。其升遷速度之快，令人瞠目！

接著，趙佶又重用王黼、童貫、梁師成、李彥、朱勔，並任這幾名奸賊胡作非為。老百姓恨之入骨，私下裡稱蔡京等六人為「六賊」。而趙佶自認為找到了治國安邦的「能人」，將朝政託付給他們處理，除非特別重大的事務須自己首肯。

一旦從繁忙的政務中解脫出來，趙佶便移情道教，並重新拾起對草木花石的嗜好。

徽宗崇奉道教，始於崇寧年間，起初還只是一般地推崇，舉措上尚無十分出格之處。但到了政和、宣和年間，他崇奉道教簡直到了近乎瘋狂的程度。

為繁榮道教，徽宗頒佈了一系列的詔令。如政和二年（西元一一一二年）規定：今後凡佛教徒舉行修懺、水陸道場、祈禳活動等，如將道教神位作為佛教神位對待者，僧尼以違制論處，主首知而不舉者同罪。還令天下官吏士庶、俗道人等呈獻道教仙經，不論多寡均應呈報，各地監司、郡守應多方搜求。政和四年正月，他又「置道階，凡二十六等」，品級與朝廷命官中大夫至將仕郎相當。政和六年，下詔將道教撥歸秘書省掌管。政和七年，下令天下道士可免除階墀迎接地方長官之禮。徽宗甚至還將顯示皇家雍容華貴、從不輕易授人的玉方符、金方符等授予道士。總之，「一道為官，恩數遂與士大夫無異」。

皇帝如此崇道，必然給社會帶來重大影響：一是地方官員為討好徽宗，大事征斂，以興道教。因有官府支持，道觀愈建愈奢靡崇侈。二是造成了方士干政的惡果。

此外，趙佶對草木花石有一種特殊的「愛好」，早在即位之前即對此有濃厚興趣。史載：「上在潛藩時，獨喜讀書、學畫，工筆劄，所好者古器山石，異於諸王」。一個人有某種愛好本不是壞事，如果趙佶不是帝王，憑他的才智與刻意追求，很可能成為一名「藝術家」，可惜他是個帝王，「楚王好細腰，宮中多餓死」，皇帝的任何嗜好如不加以節制，都可能給國家及老百姓帶來災難。

深諳做官之道的蔡京，知道要承歡固寵，必須千方百計討得天子的歡心，對徽宗喜愛草木花石的嗜好，看在眼裡，喜在心上。他暗中囑咐朱沖父子取浙中珍異以進。朱沖、朱勔是蔡京貶謫杭州時結識的同黨，及蔡京奉召進京，便把這父子倆也一併帶回。安置在童貫軍中。隨著蔡京權勢的增長，朱沖父子二人均當了官。起初，這些人不摸徽宗底細，進奉花石只是小打小鬧，然而徽宗卻樂此不疲，他的胃口被蔡京、朱勔等人越吊越大。蔡京在摸清了徽宗並非儉約之君的底後，趁機推波助瀾。崇寧四年（西元一一〇五年），經趙佶點頭同意，成立了專門搜集貢品的機構，由朱勔領蘇杭應奉局，負責搜刮江南民間的花草山石，稱之為「花石綱」。

這「花石綱」既害國家，又害百姓。

朱勔為運送花石綱，手段之惡劣，對百姓迫害之殘酷，實在令人髮指。據史書記載，「凡士庶之家，一石一木稍堪玩者，即領健卒直入其家，用黃表封識，指為御前之物，使護視之，微不謹，即被以大不恭罪。及發行，必撤屋抉牆以出。人不幸有一物小異，共指為不祥，惟恐芟夷之不速」。老百姓凡是被捲入此事役的，即使是中產之家，也要傾家蕩產，或鬻子女，以供差役們的花費。奇石珍木即使在深山幽谷，或在江湖不測之淵，也要千方百計弄到為止。

運送這些花石也給東南百姓帶來沉重的負擔。據說，宣和年間，朱勔的爪牙找到一塊太湖石，那石長四丈有餘，寬二丈，陸路無法運輸，只好走水路。為此服勞役的有好幾千人。所經之處，不惜拆除水閘、橋樑（因石太高）。運到京城後，趙佶將這塊石頭命名為「神運昭功石」，一笑了之。石頭如此，花木更難運輸。奇花異草雖能賞心悅目，但要從東南一帶運抵開封，決非易事。朱勔不管這些，照樣搬運。蘇州一帶，「下至墟墓間，珍木亦遭發鑿，山林所餘，惟合抱成圍，或臃腫槎散者，乃保天年」。由於路途遙遠，花木「為風日所殘，植之未久，即槁瘁，時時欲一易之，故花綱旁午於道」。

有了這些從江南各地搜刮來的花草山石，趙佶便在皇宮內苑大搞「基礎建設」來。先後建成的有九成宮、延福宮、艮岳、華陽宮等。單說這艮岳，從政和七年（西元一一一七年）正式開工修築，到宣和六年（一一二二年）全部竣工，歷時六年之久。據載，這座人造景觀可謂富麗堂皇，氣象萬千：「山林岩壑，日益高深，亭台樓觀，不可勝紀。四方花竹奇石，悉萃於斯，珍禽異獸，無不畢有。」有了艮岳，趙佶還不滿足，繼而又修造了華陽宮。這華陽宮之景色也是美不勝收，令人流連忘返。徽宗趙佶的享受雖然上了最高檔次，但北宋政府歷年積蓄的財富也因此揮霍一空。

內政外政多有誤，從此天下不太平

趙佶本不是安邦治國之才，又不勤政事，加之所重用的多是些奸佞，盡給他出餿主意，朝政頻頻失誤，也就不足為奇了。

先說內政。徽宗當政時，曾先後搞過幣制改革，實行過方田法、免役法、增價折納和糴與鹽、茶法等經濟政策，然而，制定這些政策的出發點並不對：由於徽宗及寵信的蔡京等人揮霍無度，導致費用匱乏，便想方設法掠奪百姓，上述這些政策，說穿了就是他們巧取豪奪的手段。以免役法為例：徽宗時實行的免役法本是繼承王安石的免役法，但執行的結果卻截然不同。王安石免役法是把按戶等輪流充當州縣差役的舊制，改為由州縣府出錢募人充役，其費用按戶等徵收。原先充差役的農村上三等戶出免役錢，不服差役的城市上五等戶和農村的未成丁戶、單丁戶、女戶、官戶等減半出錢，稱助役錢，另加十分之二的免役寬剩錢，以防災荒，出發點是阻抑兼併，去民疾苦。而徽宗時的免役法則以盤剝為宗旨，流弊也就層出不窮。百姓的負擔比以前更重。如甘肅隴西的鞏州，元豐年間服役錢只有四百緡，負擔還算輕微，到政和元年猛增至近三萬緡，竟翻了七十多倍。不言而喻，這些錢的絕大部分都流到包括蔡京在內的貪官污吏腰包中去了。如果這些錢出自富人，蚩蚩小民也可稍稍蘇息，偏偏這些負擔又都轉嫁到了貧困戶頭上。官戶原定減半出錢，由於官戶比比皆是，都要減半，所減之數便全都推給了下戶。宣和元年（西元一一一九年），「下戶於常賦之外，又代官戶減半之輸」。那麼州縣府又募了些什麼人充役呢？多是些紈綺無賴子弟，他們枉法擾民，無所顧忌，盜竊公行，募這些人維持治安，百姓真是苦不堪言。

又如和糴法。所謂和糴，指市糴糧草。宋初均是現錢收糴，以備邊疆之用。後來名目越來越多，其實都是苛政。崇寧初年，蔡京在陝西實行結糴法，即一次糴清某路軍儲，然後找人運往指定地點，於是官吏盡括民財以充數。後來又實行俵糴法，即事先計算好莊稼收成好壞，預先付錢，到收成後按時價交付糧食，因有攤派之意，故稱俵糴。蔡京「令坊郭、鄉村以上等第給錢，俟收，以時價入粟」，並根據攤派多少，以定官吏賞罰。官吏為夤緣上爬，自然是極力依糴。還有均糴法，不管百姓家裡有糧還是缺糧，都要攤官糴糧，害得那些無糧的人高價糴糧，而後平價賣給官府，百姓因此受害是不言而喻的。

總之，上述這些經濟政策不僅沒有緩和社會各種矛盾，而且加劇了社會的動盪與經濟的崩潰。擾民的花石綱與搜刮民脂民膏的經濟政策，使老百姓傾家蕩產，十室九空，輾轉溝壑，啼饑號寒。為了生存，只能鋌而走險，揭竿起義。徽宗統治時期，各地農民起義已成燎原之勢。其中規模較大，波及範圍較廣的就有方臘起義和宋江起義。儘管這些起義都被統治者勉強平息下去，可是社會矛盾依然十分尖銳。徽宗趙佶仍執迷不悟，就在東南剛剛平定不久，又恢復了應奉局，繼續運花石綱。這種做法，連童貫都看不下去，對徽宗趙佶嘆息說：「東南人民飯鍋子未穩在，復作此邪？」而趙佶卻不考慮這些，依然我行我素。

內政如此，外政更糟。北宋時期，正是我國邊疆一些少數民族崛起、強盛的時期。在中原地區北部及西北部，就有金人政權、遼人政權、吐蕃人政權、西夏人政權等。處理與這些毗鄰之國的關係問題，北宋歷來都極為重視。從總的方面講，北宋對這些少數民族政權時而懷柔羈縻，時而出兵征討，這種恩威並用、戰和交替的策略，使得這種多邊關係有時月朗風霽，有時又烏雲密佈。到徽宗時期，由於宋國力日衰，已無力在多個戰場同時用兵。趙佶即位初，多取懷柔政策，與周邊民族關係的處理基本還算得體，因而邊疆顯得比較平靜。

然而，這種局面沒有維持多久，趙佶頭腦開始發熱，致使戰端重開。自崇寧二年（西元一一〇三年）至政和五年（西元一一一五年）這十二年間，就先後爆發與河湟吐蕃、西夏、卜滆的戰爭。從這些戰爭的結局來看，宋軍勝多敗少，邊地也有所擴大，表面上是取得了勝利，而實際上，這種窮兵黷武的行動，除了開支大批軍費，加重百姓負擔外，並未給宋朝帶來多少好處。待與更為強大的遼、金政權對峙時，北宋無論在軍力、還是財政上，都已力不從心。對此，《宋史》認為：「徽之耗內貪外，馴召禍敗，跡所從來，此其本也。嗚呼，可不戒哉。」這一批評是符合實際的。

欲借金亡遼自釀苦酒，待國破家亡悔之晚矣

趙佶當政時期的最大失誤發生在處理與遼、金政權關係的問題上。這一失誤，導致了北宋王朝的最終覆滅。

遼國與金國是與北宋毗鄰的兩個強大的少數民族政權，徽宗時期，遼國已開始走下坡路，而金國則迅速崛起和強盛，並且發動了滅亡遼國的戰爭。北宋對遼、金兩國各取何政策，事關自己的安危。對此，趙佶制定的政策是：借金亡遼。

歷史不乏這樣的事例：相對較弱的政權總是聯合最弱的政權，共同抵禦最強大的政權，以達到一種平衡，使自己免受強國的威脅。從北宋末期的態勢看，金國無疑最強盛，宋朝次之，遼國相對較弱。趙佶的這種作法顯然違反常規。

自從石敬瑭將燕、雲十六州割讓與遼以來，中原王朝一直力圖恢復這塊失地。後周顯德六年（西元九五九年），世宗柴榮傾力北伐，僅能收回瀛（河北河間）、莫（河北任丘）、易（河北易縣）三州。北宋初年也曾下收復之決心，但太宗太平興國四年（西元九七九年）北伐，敗於高粱河（在今北京外城一帶），雍熙三年（西元九八六年）又覆敗於岐溝（河北涿縣西南），從此以後，便深溝高壘，不再作進攻之舉。而遼國牧馬南寇，時時犯邊。景德元年（西元一〇〇四年）澶淵（河南濮陽西南）之役，宋軍雖勝遼軍，反輸銀十萬兩、絹二十萬匹作為歲幣。嗣後遼方屢興事端，要脅宋方。慶曆二年（西元一〇四二年），北宋增銀絹各十萬兩、匹與遼。熙寧八年（西元一〇七五年）又有河東割地之舉。終北宋之世，對遼朝的戒備與日俱增。燕雲十六州自歸遼後，中原王朝不僅喪失了抵禦遊牧民族南下的屏障——長城，而燕、雲反成了遼人牧馬南下的根據地。更何況自燕京至黃河之間平坦如砥，極利騎兵馳騁，使宋人無險可守。因此，燕、雲十六州未復，始終是北宋王朝的一塊心病。

徽宗時期，局勢有了新的變化。一方面，遼朝的國力由興轉衰；另一方面，女真人所建立的金朝日漸強盛。政和三年（西元一一一三年），阿骨打繼位，不復聽命於遼，自稱「都勃極烈」（意為漢人之塚宰），並出兵攻遼，政和五年（西元一一一五年）稱帝，國號為金。這年十一月，遼天祚帝親征，為阿骨打所敗，翌年金軍佔領遼之遼陽。政和七年（西元一一一七年），又敗遼軍於蒺藜山（遼寧北鎮縣境），佔領顯州（遼寧北鎮縣東南）及附近州縣，遼河以東及西南一帶盡入金國版圖。遼國在金國的不斷打擊下走向衰弱，為徽宗收復燕、雲十六州提供了契機。

在蔡京、童貫的建議下，徽宗決定採取聯金攻遼之策，數次派遣使臣渡海赴金國。但此舉也遭到朝中部分大臣的激烈反對，甚至高麗國王也托人捎來口信：「遼兄弟之國，存之足為邊捍，女真虎狼耳，不可交也」。但徽宗不為所動，堅持既定之策。

宣和二年（西元一一二〇年），北宋使臣與金國的談判終於達成協議，雙方締結了夾攻遼朝之約。與此同時，金國答應將燕、雲予北宋，北宋則答應每年給金人金帛五十萬。雙方約定，金兵自平地松林（內蒙古克什克騰旗一帶，南至河北圍場縣以北，東至內蒙古翁魯特旗界）趨古北口（北京市密雲縣東北），宋兵自雄州（河北雄縣）趨白溝（河北新城縣東北白溝河，連著宋遼界河）。

表面上看，宋徽宗借聯金抗遼之策收復燕、雲取得了成功，實際上，這是北宋外交上的一大失敗。北宋談判使臣臨行前，徽宗曾親下御筆：「據燕京並所管州城，元是漢地，若許復舊，將自來與契丹銀絹轉交，可往計議，雖無國信，諒不妄言。」這個指令中有兩個失策之處：其一，因不明地理，只提燕京二字，因此自縛手腳。原來，經過多年的變遷，此時屬燕京者只有檀、順、景、薊、涿、易六州，其他失地，如平州、營州、灤州並未包括在內。尤為嚴重的是，幾處隔絕漢族與東北少數民族界限的關隘，均未包括在燕京所轄之地。諸如紫金關、居庸關、古北口、松亭關、榆關等，是少數民族入關的必由之路，且一夫當關，萬夫莫開，北宋如能控制以上諸關，燕京自然可保。否則，將時刻處在人家的威脅之下。其二，欲要回所失之地不是憑藉自身的實力，而是採取收買政策，企圖將以前貢與遼國的銀絹轉而貢與金國，這種做法只會吊起金人的胃口，使其滋生覬覦之心，為日後埋下禍種。

宣和四年（西元一一二二年），宋、金兩國依約夾攻遼國。北宋方面，因國庫空虛，未作戰爭充分準備，故用兵十分勉強，加上將驕兵疲，統帥童貫無能，因而仗打得一塌糊塗，北伐最終以失敗告終。與此形成鮮明對照的是，金人以淩厲的攻勢，相繼奪取遼國之中京、西京。不到三個月，遼之大部分領土已入金國版圖。十二月，金兵至燕京，遼之絕大部分官員奉表投降。

在這種形勢下，金統治者對宋朝的態度便倨傲起來。原來答應的西京也不給了，而且分割燕京之條件也層層加碼，不但要歲幣，還兼要燕地稅賦。對金人的無端要求，徽宗趙佶的對策是，委曲求全，只要能收回燕京，其他條件一概應允。經過一番曲折，北宋以每年輸銀二十萬兩、絹三十萬匹、貨物一百萬貫、一次付清銀十萬兩、絹十萬匹的西京犒軍費、二十萬石米糧的巨大代價，僅換得燕京一座殘破的空城。由於上述幾處雄關不在宋朝手中，失去屏障的燕京城處於金人的威脅之下，為此，不得不派出重兵把守。為了供給燕京駐軍糧草，宋朝從河北、河東、山東等省調運糧秣，負擔極其沉重。徽宗本欲借收復燕京大申國威，誰知弄巧成拙，成了一項蠹國害民的弊政。

通過此番交涉，金人摸到了宋朝的底，知其軟弱可欺，決心大舉攻宋，只是由於遼朝之天祚帝未被擒獲，遼國尚未徹底被推翻，因而隱忍未發而已。

宣和七年（西元一一二五年）二月，天祚帝終被金人俘獲，遼國宣告覆滅，攻宋已無後顧之憂。於是，這年十月，金太宗正式下詔伐宋，金兵大舉南侵。

宋金之戰爆發之前，金人通過隱藏在宋朝的奸細和先降宋後復叛之遼將，將宋軍底細瞭解得十分詳細，故攻宋之勢十分淩厲，進展迅速。而此時的北宋朝廷內部正上演一場爭權奪利的鬧劇，待這場爭鬥有了眉目時，金兵已進至中山府以南，計算路程，十日可達京畿。

危難之中，徽宗趙佶似乎有所醒悟。為了表示悔過的誠意，他接連下詔將從前那些不得人心的弊政幾乎全部革除，但這臨時抱佛腳之舉為時已晚。危難之際，趙佶欲以禪位之策保住趙氏天下。宣和七年十二月二十三日，徽宗宣佈將皇位禪讓於太子趙桓。二十四日，趙桓正式即位，這便是宋欽宗。從此，趙佶交出了權柄，退出了政治舞臺，這年他才四十三歲。

一年以後，金兵再次南侵，靖康元年（西元一一二六年）閏十一月，京城終被攻破，趙佶與欽宗趙桓一起被俘，北宋滅亡。九年以後，即紹興五年（西元一一三五年）四月，趙佶不堪屈辱與饑寒等折磨，死於金國五國城。這一年，他五十四歲。

徽宗趙佶無疑是個昏君。在他統治時期，北宋政治黑暗，經濟凋敝，農民起義不絕如縷，金國鐵騎頻頻南寇。結果，終於導致社稷傾覆，江山易主。這些，趙佶負有不可推卸的責任。但與歷史上某些無道的昏君相比，趙佶既不像晉惠帝司馬衷那樣低能，也不像三國時吳末帝孫皓那樣殘暴，在中國為數眾多的封建帝王中，趙佶的多才多藝是十分突出的。他那瀟灑飄逸、剛柔相濟的瘦金書，栩栩如生，呼之欲出的花鳥畫，飽蘸淚水、哀怨低迴的詩詞，時隔八百餘年後，至今仍散發著璀璨奪目的光彩。

趙佶的書法藝術，在北宋末年可謂獨步一時，他受薛稷、黃庭堅的影響頗深，但師法薛、黃卻不拘泥，能自辟蹊徑，自創了一種瘦勁鋒利，似「屈鐵斷金」的「瘦金體」。南宋人樓鑰稱讚其：「筆力超邁，高掩前古，自出機杼」，稀世珍品《牡丹帖》是其代表作。趙佶繪畫方面的傳世之作亦不少，現今中國故宮博物院收藏的《芙蓉錦雞圖》、《祥龍石圖》、《枇杷山鳥圖》、《池塘秋晚圖卷》、《梅花繡眼圖》；上海博物館收藏的《柳鴉圖》；遼寧博物館收藏的《瑞鶴圖》；現存臺灣的《蠟梅山禽圖》、《杏花鸚鵡圖》、《鴝鵒圖》；流散在國外的《御鷹圖》、《金秋英禽圖》、《寫生珍禽圖卷》、《四禽圖》、《六鶴圖》、《梔雀圖》、《竹禽圖》及藏於日本的小品《小鳩桃花》、《水仙鶉鶉圖》等都是其御筆真品。這些畫用筆細膩，逼真傳神，風格獨特，享譽中外。

徽宗的詩詞為他的書法、繪畫所掩，在文學史上沒有什麼地位，但從他現存的詩詞來看，工於格律，意味雋永，尤其是被俘之後的作品，情真意切，悲愴欲絕，雖不及李煜、李清照，難與「名家」比肩，但其技巧也是應當肯定的。他的藝術才能，恐怕只有南唐李後主才可比肩。但李後主除了詩詞、書法外，對於治理國家一竅不通。而趙佶繼位之初，畢竟有過一段政治較為清明的時期。徽宗的昏庸主要體現為玩物喪志，用心一隅，疏斥正士，寵信奸諛，怠棄國政，結果把國家弄得滿目瘡痍，哀鴻遍野，十室九空，民怨沸騰。雖然北宋最後一任皇帝是宋欽宗，但實際上北宋王朝傾覆的禍根是趙佶在位時埋下的。從某種意義上講，由趙匡胤一手創立起來的北宋王朝實質上就亡在他手裡，他的兒子宋欽宗趙桓不過是一個可憐的替罪羊而已。

但是，如果把罪過全部算在他一人身上，那也有失公允。眾所周知，北宋自真宗以降，階級矛盾、民族矛盾遽增，財政危機加重，其統治已經處在風雨飄搖之中，岌岌可危。徽宗政治的昏聵，生活的荒淫以及與遼、金關係處理上的失誤，只是加速了北宋的覆亡，這也是明白無誤的事實。至於北宋亡於金人之手、趙佶落得個被俘被囚的悲慘結局，那只好怨他自己生不逢時了。

第十四章

北宋欽宗　趙桓

古往今來，在皇權之前上演過多少骨肉相殘的悲劇，北宋欽宗年僅十五歲，在面對國事蜩螗、江山社稷危在旦夕之時，受父親徽宗禪讓即位，趙恒洞若觀火，自知登上皇位那一刻，自己就成了亡國之君，但他別無選擇。

受命於危難之時

宋欽宗趙桓，生於元符三年（西元一一〇〇年），是徽宗的長子，母為恭皇后王氏，政和五年（西元一一一五年），被徽宗立為皇太子，這年趙桓年滿十五歲。

儘管皇太子的名分已落在自己頭上，但據史書記載，趙桓並未參與多少政事，每天除了向父皇、母后問安寢食之外，不拘早晚，只要稍有閒暇，就請來學官講讀，一頭紮進學問裡，倒也清閒自在。

但是，此時的北宋王朝，已是一隻驚濤駭浪中漂泊的破舟。內政方面，積貧積弱已久。宋徽宗即位之後，為一己之私欲而大肆折騰，弄得宋王朝滿目瘡痍，哀鴻遍野，民怨沸騰。這預示著北宋氣數將盡。屋漏偏逢連陰雨，此時的宋國面臨著日益嚴重的外襲，先是遼、夏，後是金國，對北宋的威逼日盛，威脅越來越大。皇太子趙桓，雖未親政，對此卻洞若觀火。

宣和七年（西元一一二五年），金兵大舉南侵。腐朽的宋軍在強敵面前，顯得毫無戰鬥力，兵士無鬥志，將帥率先逃跑，致使金兵進展極為迅速，年底已攻至離京畿只有十日路程的中山府南了。此時的京師，已是風聲鶴唳，人心大亂。在危急之中，徽宗趙佶一方面下詔罪己，以挽回人心；另一方面接受一些大臣們的建議，仿效唐玄宗天寶年間傳位於肅宗的故事，決定傳位給太子，以使宋王朝轉危為安。於是，一場禪位的鬧劇上演了。

十二月二十三日晚，徽宗召集文武大臣至玉華閣，當眾宣佈：「皇太子某其可即皇帝位，予以教主道君退處龍德宮。」接著，他命人起草退位詔書，並詔皇太子進宮。待把這一切忙完之後，忽然一陣昏厥，跌倒在地，被人扶起。太子趙桓聞訊趕至榻前痛哭。這時，太師童貫和少宰李邦彥抖開一件御袍披在趙桓身上，這一舉動非同小可，只見趙桓渾身一顫，臉唰地一下白了，跪在地上，堅辭不受。見到這番情景，徽宗在紙上寫道：「汝不受則不孝矣。」趙桓接過來看後，垂淚答曰：「臣若受之，則不孝矣。」徽宗見太子不肯受命，派人把皇后叫來，皇后曉諭太子說：「官家老矣，吾夫婦欲以身托汝也。」太子依然推辭不就。徽宗命內侍簇擁他至福寧殿即位，太子不肯行，內侍強擁而去，太子竭力掙扎，跌倒在地，昏了過去。等甦醒之後，又被內侍擁至福寧殿西廡門，宰執大臣已迎候在那裡了。到了福寧殿，太子仍不肯即位，而文武百官已齊集在垂拱殿等候，大家原想就勢扶趙桓升座即位，不料見他身軟體酥，又昏厥過去，只好七手八腳地將他抬到臥榻之上。這時，太陽已漸漸落了下來，大內殿宇籠罩在一片暮靄之中。太宰白時中鵠立垂拱殿上，正心急火燎，適逢大宦官梁師成自宮禁中來，悄悄對白時中說：「皇帝自擁至福寧殿，至今不省人事，恐怕醒後仍不應命，該如何定奪？」此話一傳開，宰執大臣們面面相覷，沒了主張。還在趙桓於保和殿前不肯受命時，李邦彥曾建議急召與趙桓素來親密的耿南仲進宮。這時，耿南仲已經來到，侍郎吳敏急忙拉他進福寧殿見太子，經過反復勸說，太子趙桓才答應即位。按照常理，天子乃至高無上的權威，古往今來，宮禁裡出演過多少場為爭奪天子之位而骨肉相殘、父子成仇的悲劇，而這個趙桓卻一再推辭不就，豈非悖於情理？其實，並不是趙桓不貪戀此位，只是由於國事蜩螗，社稷危殆，身為皇太子的趙桓，雖未親政，對此卻也洞若觀火，他受任於危難之際，奉命於呼吸之間，明知自己沒有力量扶大廈之將傾，與其作亡國之君，倒不如乾脆就不登大位。正是出於這種考慮，他才一再拒絕登位的。但是，他扛不住父皇的壓力，除了登基，沒有別的選擇。

十二月二十四日，趙桓正式即位，於垂拱殿召見群臣，大赦天下，他便是宋欽宗。

勤政和從諫雖好，膽識與才智平庸

與徽宗荒廢朝政形成鮮明對比的是，欽宗即位之後，每天都臨御便殿，延見群臣，批閱四方奏報和士民所上章疏，常常忙到半夜方上床休息，其個人生活上也如即位前一樣儉樸，無所嗜好。

在此期間，欽宗著手做了下面幾件事：

首先是罷免了徽宗寵信的「六賊」。宣和七年十二月二十七日，即徽宗退位後第四天，太學生陳東即上疏，請求誅殺蔡京、王黼、童貫、梁師成、李彥、朱勔等六賊。欽宗對此六人本無好印象，尤其是王黼曾陰謀幫助鄆王趙楷爭奪帝位，欽宗對他更是深惡痛絕，加上新登帝位，頗想給人以「明君」的好印象。經過與李綱等大臣們密商，於靖康元年正月將朱勔放歸田裡，王黼貶謫，李彥賜死。王黼行至雍丘（河南杞縣）南二十里的輔固村，被開封府尹聶昌派人殺死，托言為盜所殺。梁師成被貶為彰化節度副使，他在赴貶所的路上，行至八角鎮（河南開封市西），有詔賜死。這樣，「六賊」已去其三。嫉惡如仇的陳東對餘下三賊仍窮追不捨，他在正月間又連上二疏，大意是說，徽宗南幸（因金國攻宋日緊，徽宗此時已離京南下避敵），蔡京、朱勔、童貫等統兵隨行，萬一變生肘腋，後果將不堪設想。東南之地沃野千里，郡縣千百，地方官員多是奸黨門生，倘他們一夥乘勢竊發，振臂一呼，群惡回應，離間陛下父子，那麼東南之地恐怕就不是朝廷的了。欽宗閱後准奏，於二月間，將蔡京、童貫、蔡攸貶謫。後來蔡京死於潭州（湖南長沙），其子攸、絛及童貫、朱勔先後伏誅，這一夥惡貫滿盈的奸佞，終於受到了應得的懲罰。

其次是下詔鼓勵臣僚乃至庶民上書言政。欽宗即位六天，便下詔改宣和八年（西元一一二六年）為靖康元年，讓臣僚庶民上書言得失。其實，自與金人交戰以來，徽宗也曾多次下求言詔，但當時局稍為緩和，便又棄之不顧了。以致當時有這樣的諺語：「城門閉，言路開；城門開，言路閉。」因此，百姓對這位新天子的求言詔多持觀望態度。

那麼欽宗趙桓對提意見或建議者的實際態度如何呢？從史實上看，他還是聽進去了不少，並採納了一些。除了上述貶謫或誅殺「六賊」外，又如：靖康元年三月，大臣汪藻上書，請求迎接太上皇返闕。理由是，其一，花費太大，且擾民甚深；其二，大敵當前，有礙穩定軍心；其三，陛下因此不能對上皇盡孝。欽宗此時正愁號令不能行於江南，彷徨無計之時，見了汪藻的箚子，當即採納，派門下侍郎趙野為太上皇行宮迎奉使迎接徽宗回宮。徽宗回宮後，如何安置這位太上皇，欽宗猶豫不決。未幾，徽宗又在宮內待不住了，表示想赴西京洛陽募兵。對此，吳敏進言：上皇在南方截留過諸路勤王兵馬，今既歸京師，天子盡可問安視膳，但不可付以軍旅，免得政出多門，造成混亂。對此欽宗心領神會，對父皇的要求不予回答。

趙桓即位所面臨的最大難題，是如何抗禦金軍的進犯。恰恰是在這一重大問題上，他從諫的姿態遠不如前述諸事。靖康元年正月初四日，剛剛即位才十天的欽宗，聽說金兵已經逼近都城，嚇得慌作一團打算逃至襄（今湖北襄陽）鄧（今河南鄧州市）一帶，以避兵鋒，為兵部侍郎李綱諫止。在此以後，趙桓幾次在去留之間遊移。初七日，金兵團團包圍了京師，初八日開始攻城。此時金兵雖攻勢淩厲，卻並未盡佔優勢，以區區六萬餘人想拿下城池堅固、守城軍兵數倍於己的宋都，談何容易。而且，宋朝各地勤王之師又陸續來援，此時如能聽從良言，用人得當，就能擊退金軍，解京師之圍。欽宗卻拒絕李綱提出的由他統一指揮軍隊的請求，在李綱所統轄的親征行營司之外，另設宣撫司，以統轄各地援軍以及親征行營司的前、後兩軍。李綱所統率的只有親征行營司的左、右、中三軍。此舉的弊端很快就顯現出來。由於令出多門，事權不統一，各部隊的行止便不可能協調，更無法配合。結果，當勝之仗不能取勝，不該敗的卻大敗而歸。危急之中，欽宗趙桓不思己過，居然把戰事失利之責歸咎到行營使李綱與宣撫使種師道二人頭上，下詔罷去二人之職。並派出使臣帶著國書和割地詔書前往金營謝罪，企圖以卑辭厚禮換來金人對自己的寬容。

當李綱、種師道被罷官的消息傳出後，汴京的人民憤怒了。二月五日，太學生陳東率諸生數百人到宣德門下伏闕上書，指斥李邦彥等一幫奸臣的投降行徑，要求堅持抗戰，恢復李綱、種師道職務。此舉立刻為眾多軍民響應，不期而集者數萬餘人。適逢宰相李邦彥退朝出來，憤怒的群眾見到他便大聲斥罵，並向其扔瓦礫，嚇得他抱頭鼠竄。迫於群眾的壓力，欽宗趙桓只得宣佈恢復李綱、種師道的職務。李綱被重新起用後，馬上整軍經武，傾全力禦敵，終於次日打退了金軍的此番進攻。

以上可看出，欽宗趙桓登基之後，頗想有一番作為，但此人才智平庸，辨不清是非，甚至一些明擺在眼前的事他都不能看清，更談不上政治家的深謀遠慮，因此，北宋王朝在他的統治下仍是險象環生。

猶猶豫豫抗戰事，淒淒慘慘亡國君

靖康元年二月，靠著李綱指揮有方和汴京軍民的同仇敵愾，宋廷挫敗了金軍的圍攻。金軍雖退出了京師，但攻宋戰爭並未停止。宋金前線，金戈鐵馬，鼓鼙之聲，不絕於耳。

是年八月，金太宗再度舉兵伐宋，金軍分別從西京（為金之西京，即現在的山西大同）、保州（河北保定）南下，兵鋒直指開封。九月間，金左副元帥宗翰攻陷太原。十月，金右副元帥宗望攻陷真定（河北正定）。十一月，金軍已抵開封城下，汴京再度被包圍，京師又處於危急之中。

就金兵第二次圍城的局勢來看，比起第一次更為嚴峻。倒不是敵勢有多麼強大而不可戰勝，而是北宋朝廷內部對戰守防禦沒有一點準備。在此之前，主戰派已基本被排擠出朝廷，當政者皆為主和派。在這生死存亡關頭，北宋統治者仍幻想以忍辱負重換得自己的苟且偷生。正是在這種求和氛圍中，守禦天險黃河之宋軍，眼睜睜地望著金兵以筏渡河，如履平地，導致天險失守。可見，正是由於「請和諱戰坐受縛」，才導致金人兵臨城下的局面。

遲至靖康元年十一月二十三日，金兵已至城下之時，欽宗才如夢方醒，知道求和之路保不住社稷及身家性命，於是下令募兵守城，但招募的守城士兵大多是些市井無賴之徒和毫無作戰經驗的僧道。更糟糕的是，所點將帥也都不是久曆戎行、指揮若定的軍事家，這些人雖然主戰，但不懂武備，不諳韜略。如被欽宗任命為相的何栗，只是一介書生，在戎馬倥傯之中，仍然飲酒賦詩，以示閒暇。同知樞密院事孫傅聽信騙子郭京自吹能擲豆為兵的胡言，將其引薦給欽宗。欽宗任命他為武略大夫、兗州刺史，統率六甲兵。如此視軍國大事如同兒戲，有識之士對此憂慮不已，欽宗趙桓卻自以為得計。

金軍的這次攻勢非常淩厲，在其重點進攻的善利、通津、宣化三座城門上，每日都是矢石如雨，殺聲震天，城牆上箭如蝟集。金軍又以磨石為炮，所至之處，樓櫓為摧。宋軍也使出各種招數抵禦，雙方在汴京城下展開了激烈的廝殺，一時間難分勝負。

閏十一月二十五日，大雪紛飛，北風凜冽，金人乘寒急攻。欽宗下詔，士卒悉數登城防禦。宰相何栗、同知樞密院事孫傅忽然想起了郭京，數次催他出戰，期待他能化腐朽為神奇，使京城轉危為安。郭京不得已，領帶六甲兵七千餘人，大開宣化門出城迎敵，結果，剛過城壕，迎面碰上金軍的鐵蹄，可憐這些「神兵」，被金兵殺得猶如秋風掃落葉一般。郭京此時也不知去向，宋軍只得慌忙關閉了城門。金人又用雲梯、編橋並力攻城，城上宋兵雖眾，卻無人用命，皆棄城而去，守禦官吏，爭相遁逃。金兵乘機攻上城牆，插上金國旗幟，守禦了一個月的京城宣告陷落。

欽宗趙桓得知城破的消息，驚恐萬分，掩面痛哭。當聽說金人願意議和，馬上遣何栗與濟王趙栩出使金營。何栗帶回話，金人堅請太上皇出郊議和。趙桓與其父趙佶雖有矛盾，但讓父以偌大年紀身陷敵營，於心不忍，思來想去，決定還是自己親自去向金人懇求。閏十一月三十日，欽宗親率宰相何栗、中書侍郎陳過庭、同知樞密院事孫傅等至青城。金軍統師宗翰、宗望卻不與他相見，理由是不同意他帶來的降表，趙桓一連住了兩晚上，直到降表修改到令金人滿意之後，才簽了字。接著，趙桓又擺下香案，朝金國方向拜了幾拜，以示稱臣待罪，金人這才放他回城。

不久，金人傳下話來，索良馬一萬匹，趙桓極力搜得七千匹應命。金人又索取金一千萬錠、銀二千萬錠，帛一千萬匹，趙桓就要下面大力搜刮，但此數目太大，一時不易湊齊。後來，負責搜刮金銀的梅執禮等被殺，御史胡舜陟、胡唐老等四人各被杖數百，許多官員被禁系枷梏，荷枷者相望於道。至於城內百姓，被逼自盡者，更是不計其數。汴京城簡直成了虎狼橫行的世界。

儘管趙桓等極力討好金人，但金人卻並未放過他。靖康二年（西元一一二七年）正月初九日，宗翰、宗望再次要求欽宗至金營。十日，欽宗第二次至青城。結果這次與上次的境遇大不一樣，他被金人扣下，從此失去自由。與此同時，金軍在汴京城內大肆洗劫，凡宮中用物、圖籍典章、金銀玉器、教坊伶人、百工技藝人等，均捕捉至金營，弄得城內號哭之聲數日不絕於耳。

二月七日，太上皇趙佶也被押到了青城。金人憑藉宮廷內侍宦官鄧述開列的諸王諸子及后妃公主名號，命開封尹徐秉哲捉拿，徐秉哲喪心病狂地令坊巷五家為保，不得藏匿，共搜得三千餘人，可憐這些金枝玉葉也都成了金人刀俎上的魚肉。金統治者又宣佈廢黜欽宗。北宋自趙匡胤立國，傳了九代，延續近一百七十年，至此覆亡。

靖康二年三月底，金人在顛覆了北宋、擄掠了大批金銀財寶後開始撤軍。欽宗趙桓及其父徽宗趙佶，連同后妃、皇子、帝姬（即公主）、駙馬等四百七十多人，和教坊、宮女等三千多人，統統作為俘虜，被押解到異國他鄉，從此開始屈辱的囚禁生涯。

趙桓到金國後，被封為「重昏侯」。南宋紹興三十一年（西元一一六一年）五月，趙桓在金國鬱鬱而歿，享年六十二歲。

綜觀趙桓登位以後，其間並無大奸大惡，在勤政、從諫、翦除「六賊」等方面，還應稱許。即使在生活作風方面，也未見其「失德」之處。但論起政績來，卻沒有多少稱道之處。他性格上柔弱寡謀，多疑多變，對一些重大問題的處理猶猶豫豫，缺乏政治家應有的幹練、果敢，更談不上深謀遠慮了。由此可見，趙桓的政治才幹十分平庸。此類君主，在太平盛世，或許能夠守業，而在亂世，指望他能力挽狂瀾，是不現實的。至於欽宗趙桓個人悲劇性結局，《宋史》這樣認為：「惜其亂勢已成，不可救藥；君臣相見，又不能同力協謀，以濟斯難，惴惴然講和之不暇。卒致父子淪胥，社稷蕪弗。帝至於是，蓋亦巽懦而不知義者歟！享國日淺，而受禍至深……」這個看法還是比較中肯的。

245 第十四章

北宋欽宗　趙桓

第十五章

南宋恭宗　趙㬎

宋恭宗趙㬎（西元一二七一年——西元一三二三年），又稱少帝、幼帝，因年號德祐，故又稱德祐皇帝。他由幼童到皇帝，再到囚徒、和尚，一生充滿了傳奇色彩。

國難小皇帝

恭宗趙㬎為度宗次子，即位前為左衛上將軍，封嘉國公。咸淳十年（西元一二七四年），宋度宗病死，遺詔太子趙㬎嗣位，是為恭宗。由於他只有四歲，群臣奉請太皇太后謝氏垂簾聽政。當時，蒙古鐵騎繼續南進。這年的上半年，元軍攻下襄陽之後，在丞相伯顏率領下，水陸並進，要一舉消滅南宋。德祐元年（西元一二七五年）正月，伯顏所率元軍到達江州（今江西九江），不久，佔領安慶。自從元軍佔領鄂州（今湖北武漢）後，臨安太學生集體上書呼籲抗元。池州（今安徽貴池）失守後，南宋宰相賈似道迫不得已率七萬精銳宋軍和三千五百艘戰艦，聲言要與元軍決戰。他親率後軍駐於魯港指揮。結果，與元軍一經接觸，就全軍潰敗，致使南宋精銳部隊喪失殆盡。三月間，元軍進佔建康（今江蘇南京），又進攻兩浙的無錫、常州等州縣，逼進臨安（今浙江杭州）。南宋守將聞風而逃，臨安小朝廷已處於滅亡的前夕了。

當時，南宋朝廷以恭宗名義下詔勤王。賈似道被貶官後，宰相陳宜中對勤王將領不信任。這年十月，元軍自建康兵分三路向臨安挺進。十一月攻下常州後，又占獨松關，臨安已岌岌可危了。

十一月末，南宋左相留夢炎棄官出逃。謝太后命吳堅為左相，在朝堂宣佈時，上朝的官員只有六人。

德祐二年（西元一二七六年）三月，元軍逼近臨安，全城戒嚴，同知樞密院事曾淵子等數十名大臣竟乘夜逃走，朝中為之一空。謝太后無計可施，只得派柳嶽到元軍求見伯顏，請退兵講和。伯顏說：「汝國得天下於小兒，亦失於小兒，天道正是如此，還要再說什麼呢？」陳宜中又派陸秀夫、柳嶽等人，再赴元軍，表明情願稱侄納幣。若不從，再降稱侄孫。可是，伯顏斷然拒絕南宋的請求。謝太后和眾大臣求和無望，旦夕惶惶，一心只想向元稱臣，竟說出：「假如能保存社稷，稱臣也不足惜。」主意打定後，再派監察御史劉岊到元軍營中，奉表稱臣，上元尊號，願歲貢銀二十五萬兩，絹二十五萬匹。但是，元朝皇帝忽必烈一心想要消滅南宋。所以，伯顏堅持宋朝君臣必須出降，不允稱臣求和。

就在元軍前鋒抵達臨安城外的北新關時，文天祥、張世傑等大臣請求三宮（太皇太后、皇太后、少帝）迅速轉移到海上避難，他們願率軍背城一戰。可是，力主投降的陳宜中卻暗地安排投降事宜，所以，謝太后也不願走，認為戰、守、走均無指望，只有投降一條出路。正月十八日，謝太后派大臣楊應奎向元軍正式投降，獻上傳國玉璽，並遞上降表，上面寫道：

「臣趙㬎正值幼年，不幸國家多難，權奸賈似道背盟誤國，以致貴國興師問罪。我並非不打算趨吉避凶以求苟且，怎奈天命有歸，我又能逃往何處？現在謹奉太皇太后之命，削去帝號，以兩浙、福建、江東、江西、湖南、兩廣、四川、兩淮等地現存州郡，悉數送給聖朝，為宗社生靈哀乞請命。還望可憐宋朝三百年江山不致斷絕，使趙氏子孫世世有靠，一定不忘大德！」

伯顏看了這份奴顏婢膝的降表後，才表示滿意，通知陳宜中來元軍商談投降條件，並捎話說：「非宰相不能講和。」可是，陳宜中不敢前去，連夜逃往溫州。謝太后只得加封文天祥為右丞相兼樞密使，讓他出面議降。但是，文天祥到元營後，大義凜然，跟伯顏據理力爭，不談投降事。結果，被元軍扣留，後押往北方。

是年二月初五日，元軍開進臨安城。在受降儀式上，小皇帝趙㬎脫去黃袍，率領百官降元，宣佈退位。又遣使四出詔諭各州縣降元。伯顏於三月間入臨安，差人送來元世祖忽必烈的詔書，命趙㬎火速前往大都（今北京）朝見大元皇帝。年僅七歲的趙㬎只得跟母親全太后和少數侍從離臨安北上。謝太后因患病，暫緩啟程，不久，也被押到大都。

名僧瀛國公

德祐二年（西元一二七六年）三月，少帝趙㬎在押往大都的途中，經瓜洲（今江蘇揚州東南）、真州（今江蘇儀征）時，曾有宋軍營救，都未能成功。到大都後，忽必烈對趙㬎的處置費了一番苦心。他鑒於當時陸秀夫等人和端宗趙昰、衛王趙昺仍有一定勢力，一時難以消滅（即便新佔領的地區，抗元勢力也時起時伏），因此，表面上封趙㬎為瀛國公，開府儀同三司，檢校大司徒，藉以招攬南宋尚未歸附的反元武裝，實際上，給他們的卻是囚徒待遇——被關押在高牆深院之中，沒有行動自由。

至元十九年（西元一二八二年）末，忽必烈又命十三歲的趙㬎及翰林學士趙與遷往上都（今內蒙古正藍旗東閃電河北岸），並封謝太后為壽春郡夫人，將全太后送至大都正智寺為尼，以後，全太后便悄然死在那裡。被元朝監禁四年之久的文天祥也在這時被殺害。在與趙㬎同行的人中，有位琴師叫汪元量，早年以琴藝入宮供奉謝太后，既無功名，亦未參與過朝政。宋亡，他隨三宮沿運河北上，至大都，宿會同館，仍與太后、幼主、宮人常相見，且是趙㬎的老師。在上都期間，他曾往獄中探望文天祥，紀以詩，文天祥也為元量的詩作序。忽必烈命趙遷居上都，他亦隨同前往。後以道士之身南歸。汪元量的詩作飽含亡國之恨，《醉歌》中的一首：「亂點連聲殺六更，熒熒庭燎待天明。侍臣已寫歸降表，臣妾僉名謝道清。」此外，還有詩句：「昨日太皇請茶飯，滿朝朱紫盡降臣」、「太后宣傳許降國，伯顏丞相到簾前」。這些詩句，都是他噙著淚水寫成的。

至元二十一年（西元一二八四年），趙㬎又奉命從上都西行，過草地、履沙漠，經寧夏來到甘肅居住。至元二十五年（西元一二八八年）冬，趙㬎十八歲時，忽必烈又詔令趙㬎赴吐蕃學佛法。他來到吐蕃薩加大寺為僧，法號合尊。由於他智睿非凡，很快學會藏語，並任該寺住持。後來，他潛心譯著佛經，計譯有《因明入正理論》和《百法明門論》等多部，成了一位出色的翻譯大師。

英宗至治三年（西元一三二三年），瀛國公趙突然被元朝政府賜死於河西（今甘肅河西走廊）。據說是因為他寫了一首語涉譏諷的詩：

寄語林和靖，梅花幾度開？
黃金台下客，應是不歸來。

另據元末權衡所著《庚申外史》和明初袁忠徹《符台外集》的記載，瀛國公趙晚年來到河西，娶回回女子為妻，生有一子。元明宗未登基前曾至甘州山寺，見其妻、子，擄之而去，其真實情況，難以查考。

宋恭宗趙㬎，幼年即位，應不負亡國降元之責。他年長被迫為僧，跋涉萬里來到西藏，勤奮學習，終成佛學名家，被藏族史學家們尊稱為翻譯大師。他為漢藏文化交流，作出了可貴的貢獻。只是，他終不為蒙元所見容，橫屍河西，死於何時、何地，無人知曉，更不用說葬於何處，無怪後世人為之惋惜不已。

南宋恭宗　趙㬎

第十六章

元順帝　妥懽帖睦爾

元朝末代皇帝妥懽帖睦爾乃元明宗和世長子，延祐七年（西元一三二〇年）生於朔漠，至順四年（西元一三三三年）即位於上都（今屬內蒙古正藍旗），至正二十八年（西元一三六八年）被明軍趕出北京，志正三十年（西元一三七〇年）病死於應昌（今屬內蒙古克什克旗），廟號惠宗，明太祖為之加號順帝。

順帝雖為元末代君主，卻坐了三十八年龍椅（占元統治期的三分之一），鐘鳴鼎食，車行旗擁，福也享得，驚也擔過，笑也笑足，哭也哭夠，一生波折甚多，頗具戲劇性。

文宗悔過捨子立侄

天曆二年（西元一三二九年）八月，文宗圖帖睦爾於旺忽都察（今河北張北）之地毒死兄長和世㻋，復奪汗位。明宗和世長子妥懽帖睦爾先被遣往高麗，次年又改遷至廣西靜江（今桂林）。據說，妥懽帖睦爾在改遷途中，經過劉家山下時，有三隻猢猻從樹上跳下行拜禮，手中如持獻物。當時還是個小孩的妥懽帖睦爾便把這些猢猻全部遷到靜江大園寺山後的樹林中供養，大園寺長老十分驚奇，知此小孩非同尋常，因此盡心盡意地教他讀書作畫傳授天文知識。他悟性甚好，進步很快，當他不讀書時卻又十分調皮。奇怪的是，若有地方官來見，他立刻又裝得十分莊重，從不隨便說話。

再說文宗因害死兄嫂，心中總覺有愧，無以釋懷，臨終前（至順三年）為贖己罪，捨子不立而立妥懽帖睦爾為帝。為此事，皇后卜答失里心中無計，只是為兒子燕帖古思的前途擔憂，而權臣燕帖木兒因參與策劃毒死明宗之事，怕妥懽帖睦爾即位後治罪，故勸說文宗放棄立侄為帝的念頭，結果文宗不但不聽，反立了一道遺詔，指定妥懽帖睦爾即位，並將此遺詔交給了燕帖木兒。為防止燕帖木兒滯留遺詔，摒而不發，文宗又特召大臣伯顏至榻前交代，伯顏提出一變通方案：立明宗幼子鄜王懿璘質班為帝，文宗聽後雖沒表示同意，但也沒有怎麼反對。

不久，文宗駕崩，燕帖木兒意欲強改遺詔，立燕帖古思為帝，而文宗皇后卜答失里卻執意按遺詔行事。伯顏從中緩和，請皇后暫居御位，議立之事改日再作主張。

由於權臣把持，直到十月才定下由明宗幼子鄜王懿璘質班即位，但既不發詔，也不改元，元朝上層的糾紛實際上並未解決。新繼位的七歲小皇帝繼位後四十三天便命歸九泉，史稱「寧宗」。皇權傳承之事再次被提上議程。由於皇后卜答失里堅持文宗立妥懽帖睦爾的遺詔，燕帖木兒儘管十分不滿，亦無可奈何，被迫受命遣人往廣西迎立新君。

至順四年（西元一三三三年）春，妥懽帖睦爾至京，燕帖木兒代表文宗皇后迎駕。妥懽帖睦爾走過俯伏道旁的迎駕諸官，見一不肯俯伏者，知是燕帖木兒，卻裝作沒有看見，弄得燕帖木兒渾身不自在。後經旁人引見，燕帖木兒才借臺階而下，忙上前行禮，妥懽帖睦爾只在馬上還禮。爾後，兩人並騎徐徐前行，一路上，燕帖木兒極力陳述擁立之功，並為文宗皇后捨子立侄歌功頌德，意在要新君知恩圖報，然而妥懽帖睦爾聽後並不感動，一語不發，置若罔聞。

燕帖木兒事後給文宗皇后彙報時說，妥懽帖睦爾城府頗深，恐讓其專柄，於太后不利，建言朝廷大事仍由太后決斷。因此，妥懽帖睦爾起初一段時間，名義上是嗣皇，實際上國事皆由燕帖木兒主持，稟命太后施行。

對此，妥懽帖睦爾假裝糊塗，卻成竹在胸，一言不發，靜觀時變。不久，燕帖木兒病死，皇太后與伯顏等大臣相議，於至順四年六月奉妥懽帖睦爾即位，並將當年改為元統元年，頒發繼位詔書。至此，經過一段曲折後，妥懽帖睦爾終於登上了九五之尊之位。

委事重臣善加制衡

順帝少年即位，胸中亦有大志，想有一番作為。然而，由於聽信明宗親臣阿魯輝帖木兒所說「天下事重，宜委宰相決之，庶可責其成功；若躬自聽斷，則必負惡名」的話，所以他在處置政務上，便由「躬自聽斷」轉向了善選樞臣，嚴加制衡。

首先起用的輔弼大臣是伯顏。順帝以他為太師、右丞相、上柱國、監修國史，兼奎章閣大學士，領學士院、太史院、回回、漢人司天監事。不久，又進封他為秦王。為了表示度量寬宏，同時更為了制衡，順帝又命燕帖木兒之弟撒敦為太傅、左丞相，並命燕帖木兒之子唐其勢為御史大夫。他甚至為了籠絡燕帖木兒的在朝勢力，竟將燕帖木兒的女兒答納失里納入後宮，冊立為皇后。不久，又進封撒敦為榮王，食邑廬州，令唐其勢襲封太平王，進階金紫光祿大夫。為了表示他對重臣的器重，下詔令伯顏、撒敦專理國家大事，其餘官員則不得兼領三職。

當順帝將決策實施大權做此處理之後，從此便深居宮中不問朝政，且漸好酒色，開始滑向淫靡的泥潭。

妥懽帖睦爾雖不大過問朝政，但卻熟諳權術，他對伯顏和燕帖木兒兩派同時加以重用，實出於制衡之考慮。當左丞相撒敦病死後，伯顏獨秉朝政，唐其勢十分惱怒，聲言：「天下本我家天下，伯顏何人，位於我上。」此話傳到伯顏耳中，雙方關係十分緊張。唐其勢之弟答剌海曾被文宗視為義子，他得知伯顏專權，順帝無能，便欲清君側；同時燕帖木兒另一弟弟答里亦與好友晃火帖木兒密議起兵，約與唐其勢裡應外合。不料走漏機密，被郯王徹徹禿告密於順帝，順帝又轉告伯顏，令其早做預防。

是時，唐其勢按預先約定，伏兵東郊，親率勇士突入宮闕，很快便被守株待兔的伯顏等人俘獲，答剌海等人亦被俘。伯顏稟命順帝後便將此二人斬首，皇后答剌失里因欲藏匿弟弟答剌海，亦被伯顏奏准處死。至此，兩大派系之爭以伯顏取勝告終，燕帖木兒遭此牽連者皆被殺，凡經燕帖木兒薦用的官吏也一概黜罷。

因順帝、伯顏此舉，朝野傳出議論，說順帝並不昏愚，他要殺的人，往往外示優容之狀，內存欲殺之意，且殺人時又都假人之手，手段可謂高明。伯顏幫皇上鋤一勢家，自有不少封賞：依國初故事，賜其答剌罕之號，世世永襲。然由於伯顏過於得意，專橫跋扈，因此等待他的不是勝利的甜果，而是厄運。

伯顏獨掌國政後，一反「祖宗成憲」，廢除科舉制，進而以造反者多是張、王、劉、李、趙五姓漢人為藉口，請求皇帝盡殺之。順帝以此事關係重大，未准。從此，伯顏耽於酒色，荒淫享樂；聚斂財富不擇手段、巧立名目；排斥異己，結納黨羽；自領諸衛精兵，而帝側侍衛卻寥若星辰……，其種種行徑，不能不使順帝深感憂慮，便暗暗策劃清除值顏，恰逢伯顏侄脫脫亦看不慣其伯父的行為，順帝決定利用脫脫以鏟除伯顏。

脫脫乃伯顏弟馬箚兒台長子，十五歲入為泰定帝皇太子怯憐口怯薛官，至元四年（西元一三三八年）累官至御史大夫。脫脫出於對國家及自身的考慮，決定大義滅親，並主動向順帝表達此意。順帝則授意親信阿魯和世傑班與脫脫郊遊，進一步探明脫脫的心跡，並令他們一同合謀，尋求一個最佳處理方案。

脫脫最初擬定的方案是仿捉董卓之計，只待伯顏入宮。不料伯顏十分警覺，他見宮門出入加強了檢查，便召脫脫來問，脫脫鎮定對答，伯顏只好叱責脫脫不事先稟告於他。伯顏從此增兵自衛，不敢放鬆戒備。

時伯顏奏邀順帝出畋（即打獵）柳林，脫脫以順帝此行凶多吉少為辭，勸順帝勿從。誰知伯顏又請太子燕帖古思同往，順帝只好答應讓太子隨往。同時授意脫脫等人即刻策劃，及早行動。

至元六年（西元一三四〇年）二月十五日，當伯顏挾太子出發後，脫脫等人便開始謀議，定出行動方案：先由脫脫置酒張樂，請脫脫木兒等人至家中飲酒作樂，以免走漏消息；佈置所屬軍隊及衛士以拒伯顏；由阿魯派人收管京城所有城門的門鑰，改命親信把守；請順帝坐鎮玉德殿，召見省、院大臣以謀事為名，將其穩住；當夜二鼓時，由月可察兒親率鐵騎三千馳往柳林，迎太子回京；令楊瑀、範匯草詔，歷數伯顏罪狀，將其貶為河南行省左丞相，命中書平章政事只兒瓦歹持詔送往柳林。

伯顏接詔後知道不妙，便趕緊回京，至京都時天色已晚，叫門不開，抬頭只見脫脫神態從容地高踞城樓之上，並向伯顏等人宣讀聖旨：只黜丞相一人，諸從官衛士無罪自還。伯顏無奈只好孤獨南下，行至真定（今河北正定），有父老奉觴酒迎接，伯顏問他們是否聽說過逆子害父的故事，父老們答道：「不曾見子殺父，唯見臣殺君。」伯顏聽後甚覺慚愧，抱頭南行。三月，京城又傳來一道聖旨，說伯顏罪重罰輕，著改遷至南恩州陽春縣（今屬廣東）。伯顏一聽此嶺南瘴患之地，頓覺渾身發涼，至江西隆興驛（今南昌）時，已是臥床不起，不久便死於隆興驛客舍。

事定之後，順帝命脫脫之父馬劄兒台為中書右丞，脫脫任樞密院事，阿魯、世傑班等人也各有升遷封賞。次年（西元一三四一年），改元至正，以脫脫為右丞相、錄軍國重事，一批新的執政官員便產生了。脫脫上任伊始，即改伯顏舊政：重新開科取士；為郯王徹徹禿昭雪平反；仍召宣讓、威順二王回舊藩居住。他還開馬禁、減鹽額、蠲負逋、開經筵，並慎選儒臣以進講。中外皆稱之為賢相。

然而不久，脫脫即遭到朝中惡濁勢力的攻擊。時任左丞相別兒怯不花因妒恨脫脫，兩人積怨頗深，脫脫氣憤之餘，遂上表辭職，並推薦阿魯圖接任右丞相，順帝竟一一奏准。不久，阿魯圖亦負氣辭職。至正七年，別兒怯不花升任右丞相，並進一步構陷馬箚兒台、脫脫父子，昭遣往西寧州安置，旋又改遷至西域撒思加之地。

此時的別兒怯不花大權在握，然而，由於他的舉措屢遭朝中眾臣反對，上奏彈劾他的人與日俱增，別兒怯不花只好自行辭職。順帝於是以朵兒只為右丞相、太平為左丞相。至正九年（西元一三四九年）二人皆罷相，遂召脫脫復主樞機。

順帝重新起用脫脫，本想借他整飭朝綱，平定亂世，然另一勢臣哈麻卻趁機得利，並伺機置脫脫於死地而後快。哈麻乃康里人，因母曾為寧宗乳母而得入值宿衛，其深得順帝寵愛，屢屢升遷。當他得知脫脫將復出時，便極力在順帝前推薦脫脫，脫脫自是感激不已，認定他是好人。時太平與御史大夫韓納嘉等人盡列哈麻奸罪，上奏彈劾，哈麻與弟雪雪皆被免除官職，放居草地。脫脫因念哈麻薦舉之恩，遂構陷太平等人，並為哈麻求情，半年後，哈麻復被召用，至正十三年，擢中書右丞。後因他與脫脫腹心參議中書事汝中柏不和，汝中柏趁機止奏攻汗哈麻，哈麻出為宣政院使，且位居第三。從此，哈麻與脫脫結下了仇怨。

次年，脫脫率兵征高郵，哈麻趁機復入中書省為平章政事，他借助二皇后奇氏，決意剷除脫脫，因向順帝進讒，言脫脫費財卻無戰功，順帝令於軍前解除兵權並安置淮東。至正十五年三月，哈麻再次上奏，言脫脫罪重謫輕，請重新定罪，將脫脫流至雲南鎮西路，其弟及二子亦遭流放。但是，哈麻仍覺不解心頭之恨，一年底又矯詔遣使令脫脫飲毒自盡，脫脫一介忠臣，竟落得此等下場。順帝「制衡」之策的弊端已暴露無遺。

脫脫下臺後，順帝命御史大夫汪家奴升任右丞相，定住為左丞相。不久，又以定住為右丞相，哈麻為左丞相，雪雪為御史大夫。哈麻兄弟二人操縱朝政。由於哈麻名聲不好，為圖自保，兄弟二人決定串通奇氏、太子，陰謀擁立皇太子愛猷識理達臘為帝，迫順帝為太上皇，實行內禪。其妹夫禿魯帖木兒急忙密告順帝，於是順帝將其兄弟二人免職。十六年四月，順帝起用搠思監任左丞相，次年升右丞相，太平為左丞相。十八年，監察御史奏劾搠思監任用私人朵列，印造偽鈔，搠思監被順帝免職。

太平任左丞相後，處死太不花，一時權勢大盛。然太子因他在廢立一事上不曾表態支持，決意去其政柄，太平被迫於次年辭職。二十年，順帝重新起用搠思監為右丞相。二十三年，搠思監矯詔害死太平，次年被監察御史以害死太平等罪彈劾，被貶嶺北。繼任者孛羅帖木兒不久亦被誅殺。此後幾任樞臣已是朝不保夕，眼見元朝將亡，他們只不過臨危受命，替順帝賣命而已，已談不上有何建樹了。

義軍紛起大廈將傾

在政治日趨糜爛，剝削沉重，加上天災人禍紛至沓來的情況下，人民已無法忍受。內而京城畿甸，外而邊陲地區，人民反抗的火焰已開始四處燃燒。當時民間廣為流傳的「天高皇帝遠，民少相公多。一日三遍打，不反待如何」的民謠，正是官逼民反的真實寫照。從至正元年（西元一三四一年）到至正十年，全國各地有記載的反元起義已難以準確統計，這些起義雖規模較小且比較分散，但因其次數多、涉及面廣，大有「山雨欲來風滿樓」之兆。它預示了一場大規模的反元農民起義即將來到，而點燃這場大起義的導火線卻是黃河決堤事件。

至正四年（西元一三四四年）五月，黃河暴溢，北決白茅堤、金堤（在今河南蘭考東北）。沿河州郡人民深受水患之苦，次年接著大旱，赤地千里，顆粒無收。加之瘟疫流行，民之死者過半。黃河決堤後，沖壞山東鹽場，危及會通河航運，嚴重影響了元朝的經濟命脈。元廷遂令議決治河方略。工部尚書成遵經過實地勘察，並遍閱史籍，博采眾議，主張不可恢復故道，而賈魯則持反對意見。好大喜功的脫脫支持賈魯，遂決定恢復黃河故道。至正十一年四月，順帝命賈魯為工部尚書、總治河防使，進秩二品，授以銀印。發汴梁、大名十三路民夫十五萬，廬州等戍卒十八翼軍二萬供役。整個疏浚工程歷時半年，至十一月，河復故道，南匯於淮，東入於海。賈魯行事儘管幹練，然由於督責嚴苛，官吏肆行貪賂，民夫怨聲載道。白蓮教領袖韓山童等人決定抓住這一有利時機策劃反元大舉。他們利用河工的不滿情緒，編造了「莫道石人一隻眼，此物一出天下反」的讖語，廣泛傳佈；

同時在黃陵岡王地上預先埋下一座獨眼石人。當石人被挖出後，群情激奮，轟轟烈烈的元末農民大起義正式爆發。

至正十一年（西元一三五一年）五月，劉福通率領北方紅巾軍攻下潁州，勢力迅速擴大，並於至正十五年擁立韓山童之子韓林兒為帝，建國號「宋」，改元「龍鳳」，以杜遵道、盛文郁為左右丞相，劉福通、羅文素為平章、同知樞密院事。他們高舉「虎賁三千，直抵幽燕之地；龍飛九五，重開大宋之天」的戰旗，掀起了北上滅元的高潮。

此時的順帝感到大難臨頭，一時也無心酒色，他急忙調兵遣將前往各地鎮壓。然而官軍多不堪一擊，惟畏吾兒人察罕帖木兒、羅山人李思齊等所率的地方武裝成了義軍的主要威脅。

至正十七年（西元一三五七年），正當元廷因河南大捷彈冠相慶之時，劉福通義軍卻跳出外線，向山東、河北及關中地區發展。劉福通自率大軍進取汴梁；毛貴率東路軍等出山東，取大都，直指元朝心腹；關先生、破頭潘等率中路軍攻取山西、河北；李武、崔德、白不信等率西路軍進攻陝甘。次年五月，劉福通攻破汴梁，並迎韓林兒定都於此，聲勢極盛。東路軍曾攻至離京師僅一百多里的柳林，朝廷大為震驚，且有遷都之議。至正十九年，東路、中路、西路大軍相繼為元軍擊潰，劉福通軍成為元軍主要攻擊目標，旋亦遭重創。至正二十三年，劉福通戰死，韓林兒為朱元璋挾持，至此，龍鳳政權退出歷史舞臺。

南方紅巾軍在彭瑩玉、徐壽輝、鄒普勝等人的領導下，回應北方紅巾軍，於至正十一年在蘄水揭竿起義。他們一開始便創建天完政權，並四處活動。至正十五年，天完義軍攻克武昌、漢陽，次年遷都漢陽。此時，主將倪文俊居功自傲，欲取徐壽輝而代之，反被部將陳友諒所殺。至正十八年，陳友諒率軍攻安慶，從此開始直接與下游的朱元璋對抗。陳友諒胸懷野心，他挾徐壽輝以令眾，設計剪除驍將趙普勝。至正二十年，他陰謀殺害徐壽輝，改國號「漢」，建元「大義」。他的不義行為激怒了天完義軍舊部，導致部眾渙散，終為朱元璋所滅。

朱元璋初為濠州郭子興部將，屢立戰功，至正十六年任天完政權江南行省左丞相，至正二十三年，大敗陳友諒，次年稱吳王。至正二十六年，他任命徐達為大將軍，常遇春為副將軍，率軍二十萬攻破張士誠義軍，隨後又殲滅了方國珍、陳友定等幾支義軍。至正二十七年十月，朱元璋趁元朝北方諸軍閥混戰之機，部署北上滅元大計。他任命徐達為征虜大將軍，常遇春副之，率軍二十五萬北伐，並提出「驅逐胡虜，恢復中華，立綱陳紀，救濟斯民」的口號。次年正月，朱元璋即皇帝位，建國號為「明」，年號「洪武」。明軍平定了山東，四月攻取了河南，又派偏師攻克潼關，形成三面包圍大都的局面。五月，朱元璋親自到汴梁，部署攻取大都的方略。七月，徐達大軍分水陸兩路沿運河北上，直逼大都。

順帝聞訊大驚失色，為避免被俘，決定避兵北行。於是，他趕忙召集三宮后妃及皇太妃等，令她們速做收拾。這些金枝玉葉一聽說要出宮，頓覺大難臨頭，忍不住哭成一片。左丞相失烈門、知樞密院事黑廝、宦官趙伯顏不花等極力勸阻，順帝不聽，執意北逃。臨走時，詔命淮王帖木兒不花監國，以慶童為左丞相，同守京師。八月，朱元璋派兵攻打塞外上都元朝殘餘勢力，順帝又奔往應昌，終於西元一三七〇年病逝於應昌，享年五十一歲。

順帝自即位以來，正值多事之秋，歷來遺留的痼疾像惡魔似地在吞噬元朝的基業：朝廷內部勾心鬥角，內耗不已；各級官吏貪婪腐敗，不知廉恥；軍政腐敗，將鈍卒衰，毫無戰鬥力可言。此時，地方武裝卻趁機發展，雖在鎮壓農民起義上可供元廷驅使，但亦不免有尾大不掉之慮；國用枯竭，入不敷出……，在此大勢之下，妥懽帖睦爾縱是一代明君，恐已無回天之術。然成事在天，謀事在人，倘若順帝能銳意政治，親賢臣，遠小人，不貪戀酒色嬉戲，其命運可能是另外一種結局。事實上，當脫脫大義滅親，驅逐伯顏之後，歷史似乎給了順帝一個良好的扭轉契機。可惜順帝卻堅信「委事重臣以加制衡」的處世秘訣，或「打」或「拉」，致使樞臣更替不已，朝令夕改，上層毫無穩定性可言，其制衡之策徹底失敗。縱使脫脫有重大失誤，順帝亦不應無視他的忠心，而聽信小人讒言，致使錯失良機，終不免亡國。

順帝其人，雖怠於政事，卻工於機械製造，倘若他不是一國之君，而是專心於製造，或許能在中國科技史上留下美好的一頁。看來，順帝雖可稱為「魯班」，卻不可能當好皇帝，大園寺那位長老的期望落空了。

元順帝　妥懽帖睦爾

第十七章

明莊烈湣皇帝　朱由檢

「朕非亡國之君！」這是明莊烈愍皇帝朱由檢走投無路、被迫在景山投繯時所發出的悲痛而絕望的呼喊！但他畢竟成了亡國之君，這期間是非曲直，自有後人評說。

驚恐惶惑登上皇位

朱由檢是在驚恐惶惑中登上皇帝寶座的。提起這段故事，還得從其父朱常洛說起。

光宗朱常洛是神宗的長子，因為其生母相貌平凡、地位低賤，故不為神宗所喜。由於群臣為「爭國本」而奏請神宗和神宗的生母慈聖李太后，朱常洛才在二十歲那年勉強地被立為皇太子。然而做了皇太子的朱常洛仍被父親繼續冷落，其地位有隨時被鄭貴妃所生的愛子福王朱常洵代替的可能。

命運莫測的朱常洛三十多年來在憂危的氛圍中過著聽天由命、百無聊賴的生活。一次偶然的際遇，他和一位劉氏宮女邂逅，於萬曆三十八年（西元一六一〇年）十二月生下了朱由檢。這劉氏宮女什麼身分都沒有，朱由檢冷清清、靜悄悄地來到人間。劉氏宮女白白地為朱家十月懷胎、傳宗接代，還要有事無事做朱常洛的受氣包。朱由檢不滿五歲時，她就遭到朱常洛沒來由的重責，痛斷肝腸不得善終。劉氏宮女的慘死，自然是皇太子的失德劣行。為了不讓父親和鄭貴妃得知，劉氏宮女被祕密地草草掩埋在西山！

朱由檢雖然生在皇家，但那個家給他的是一個幼失慈母，沒有愛、沒有溫暖的童年。不曾想在他不足十歲那年，才做了一個月皇帝的父親又盛年辭世，使他成為無母又無父的孤兒。父親沒有得到祖父給予的理應得到的培養。十歲以前，如果現實生活給予他一些記憶，那印象也是慘然的：母親的早逝留給他沒有母愛、刻骨銘心的悲苦童年；處在痛苦深淵中的父親還能得到一個大太監王安的關照和庇護。這是人世間僅有的那麼一絲絲讓他體會得到的溫情。也是他日後始終眷顧內臣——

宦官，交給他們監軍、總管京師城守等大權的來由。

朱由檢十歲那年，他的祖父神宗去世。祖父靈柩未葬，父親光宗又崩逝於乾清宮，比朱由檢大五歲的哥哥朱由校即位，改年號為天啟。朱由校是一位永遠都長不大、十六歲大婚還離不開奶媽，喜歡做木匠活的庸懦皇帝。他把奶媽客氏和陪同玩耍的奴才魏忠賢捧上了天。他統治的那七年，是明朝歷史上「婦寺竊柄」、「濫賞淫刑」、「忠良慘禍」、「億兆離心」的時期。朱由檢在十二歲那年，被皇兄冊封為信王。按常規，直到天啟六年（西元一六二六年）十一月大婚以後，他才能出紫禁城，入居京師信王府。從十歲到十六歲，他親眼看見客氏、魏忠賢在宮中作威作福、胡作非為，朝臣中黨派林立，或卑鄙無恥地依附閹宦為閹黨，或自命清流稱東林，或以地緣相勾攀為齊黨、浙黨、楚黨、宣黨，黨派相互攻訐傾軋，沒完沒了。他厭惡這些，時時事事都使他疑竇重重；他幾乎不相信任何人而懷疑一切。好在兄長正在盛年，他雖是朱常洛的兩個親子之一，但從來都沒有覬覦皇位的野心，更談不上糾集勢力或尋找什麼參謀了！他靜靜地生活著，其地位決定了他對客、魏玩弄兄長於掌上只能視而不見。客、魏甚至設謀墮皇后及其他妃嬪之胎而使朱由校乏嗣。他們還陰畜已孕宮女八人於客氏家中，打算效呂不韋進孕女給秦莊襄王的做法來轉移朱明的皇統，只是由於朱由校的猝然早逝，才使他們的陰謀破裂。

那是天啟七年（西元一六二七年）七月，京師正值紅葉滿山、金風送爽的宜人季節。不滿二十三歲的皇帝朱由校患上了秋痢。或許因為朱由校正當盛年，沒有對此疾重視，秋痢發作難止，終至藥石無效，天啟皇帝元氣盡失，臥床不起，於八月二十二日「大漸」了。那天正午時分，朱由校突然召朱由檢入乾清宮，虛脫中囑以「吾弟當為堯舜之君」，又囑善待嫂嫂張皇后，最後甚至在嘶啞難以成聲的狀況下，若斷若續地說魏忠賢和司禮監秉筆太監王體乾是可以依賴的定國家大計的人。這真是令人啼笑皆非的荒唐囑咐，看來人之將死，其言也未必盡善！

此際，倉促入宮而心情惶惑的朱由檢如聞晴天霹靂，驚恐萬狀，辨不清平日厚待他的皇兄說的是由衷之言，還是要賜他自盡的斃命信號。因為深邃的宮禁中許多事難以預料。客、魏為謀害張皇后就曾令人扮做刺客對天啟皇帝拔出匕首做刺殺狀，然後嫁禍后父張國紀，說是他要弒君而謀立信王。這是一起一石數鳥的超級大案，最後因作案人自省不當，在弦之箭才沒有射出。誰知如今乾清宮的召見又會耍什麼花招！此時，魂魄已驚懼出殼的朱由檢只有伏地磕頭如搗蒜，不斷喃喃地說：「臣罪應萬死，愧不敢當！」請安問病已畢，他速速退出乾清宮，快步前行，以求迅速地離開這禁地。他未出紫禁城，天啟皇帝即已「大行」。魏忠賢從後面急急奔來，要求他再返乾清宮。他聞言渾身戰慄，只好不由自主地隨魏忠賢走回。原來進宮之前他也曾做了一點小小的自我保護準備：他熟知客、魏在宮禁中謀害人命的方法多種多樣，如以護理為名而陰墮皇后之胎就是先例。如今，他矯旨賜自盡、賜有毒食物、幽禁絕食對朱由檢都是可能的。從最輕的想，幽禁絕食對他來說也算是幸運的。故而，他奉詔到乾清宮時便在寬大的袍袖之中藏了一些乾糧以防萬一，在沒有人理會時他吞了幾口自帶的乾糧，秉燭獨坐在乾清宮內他逝去的兄長身旁。兄長是真正走了，沒有殺害他的意思！他心中默默地禱念著，希望兄長的在天之靈助他轉危為安。他在搖曳不定、忽明忽暗的燭光中，諦視著一個攜帶著寶劍向他走來的小太監，他害怕極了。理智告訴他應該當機立斷，於是，他以承諾許給小太監重賞的辦法取得這把寶劍，作為防身的武器。

天空終於露出了魚肚白。

皇上已患疾一月有餘。這天，上早朝的文武百官被魏忠賢召喚而來。他們都在驚惶和戰慄中遲疑地向紫禁城城門靠近。守門的宦官先吆喝他們回家換孝服。換來孝服，又說還沒有正式發喪，要他們再回去換常服。被宦官愚弄得狼狽不堪的群臣，只好苦苦哀求網開一面，才進入城門。群臣在乾清宮看見了熹宗的「龍蛻」和他唯一的親弟信王依然還活著，算是吃了一顆定心丸。當群臣為表忠君之意而悲聲大放時，魏忠賢獨召兵部尚書崔呈秀入內室密議。大約一個時辰左右，百官停泣免悲，魏忠賢當著百官之面啟奏信王，說是新喪的大行皇帝還有妃子懷有遺腹子，請信王放寬登極的日期，暫且以「監國」的身分理事，以待遺腹子的出生。朱由檢當即表示了對魏忠賢奏詞的認可，而百官多以應按遺詔辦事力爭。不管勢焰如何喧天，魏忠賢的身分只能是宮奴，在中國的歷史上還從來沒有出現過閹人做皇帝的先例，魏忠賢退卻了！

天啟七年（西元一六二七年）的八月二十四日，不足十七歲的朱由檢正式登上皇帝的寶座。他的年號是崇禎，人們又習慣地稱他為崇禎皇帝。至於魏忠賢和崔呈秀的密語是什麼？有些史書稱魏忠賢早已按捺不住篡位的野心，此時正欲取而代之，而崔呈秀則以為時機不成熟，不可貿然從事。忖度崔呈秀其人，也是十年寒窗苦讀，萬曆四十一年進士及第，攀附魏忠賢以求升遷則可，擁立宦豎登九五則未見其可，這自然是崔呈秀心中再明白不過的，於是他們倉促之間玩弄了這個並不高明而又有可能實現的花招，因為八個已孕的宮女未必不會有一個生出男孩來！

沈機獨斷刈除客魏

八月二十四日清晨，崇禎在中極殿受百官朝賀，匍伏在地山呼萬歲的大臣們終於把他那出殼的驚魂呼喚回來！他已然是成年、大婚並位居九五之尊的皇上。他眼前的當務之急，是早日刈除客、魏。

早在朱由檢登基前，就看不慣氣焰囂張的魏忠賢。魏忠賢平日蓄養亡命之徒前呼後擁隨護左右，還在紫禁城中組織內操。那是一支數萬人的武裝，號「忠勇營」。魏忠賢又外結朝臣崔呈秀（兵部尚書兼左都御史，既掌兵權又掌監察權）和文官中以崔呈秀為首的「五虎」，武將中的「五彪」，與「十孩兒」、「四十孫」等結為死黨。魏忠賢目不識丁，身為宦官，卻在宮內有夫婦之愛——明宮中行話叫「對食」關係的客氏，封奉聖夫人，日日盛服倩裝招搖過市。這位連皇后、皇貴妃的儀鑾都不能與之相比的「老祖太太千歲」客氏，是魏忠賢的心腹參謀；又有以司禮監秉筆太監王體乾為首的有文墨、通掌故的無恥宦官群體為之盡力。崇禎必須迅速除掉這些悍僕和惡奴。

雙方的較量開始了！

魏忠賢也意識到換代必將出現險情，正所謂「一朝天子一朝臣」，何況自己處在風口浪尖！於是他先用重寶收買當日的賭友、崇禎身邊的大太監徐應元，因事機不密賄事敗露，徐應元首先被崇禎斥退。

內無智僕相助，外無廷臣為謀，不足十七歲的崇禎只有單憑個人的「當機獨斷」或者說皇權的至高無上以「刈除奸逆」。即位以後，他照例逐一辦理改元、大赦等事，並加新逝父、兄徽謚，將生母劉宮女尊謚及遷葬至十三陵中的慶陵與父合墓，並主持了重大典禮，還加封母族以風光外祖及舅氏。直忙到九月二十七日，又冊封髮妻周氏為皇后。諸儀禮完畢，隨之而來的是下令停刑。身為東廠廠督執掌東廠詔獄的魏忠賢在停刑令下之日，請求辭職。奉聖夫人客氏也因失去了自己養大的皇帝而麻了爪子，身穿重孝在靈前焚化了由她保留著的天啟皇帝的胎髮、痘痂和指甲，大放悲聲。也許真的在悲嚎，哭的是美景良辰已化為夢幻泡影，永遠失去了那做「祖太太千歲」的依託，只好奉命出居外宅不再入宮廝混。

懲治魏忠賢的信號彈，首先從國子監升起！萬惡莫重於請求將魏忠賢與那個時代的精神領袖孔子並祀於國學的監生陸萬齡。崇禎拿陸萬齡開刀，將吹拍伎倆玩弄到令人驚詫咋舌的監生陸萬齡下了天牢。隨著風向的巨變，魏忠賢急忙請求皇上停止各地為他建生祠的舉動。崇禎成竹在胸，竟然從容給予安慰，並頒給魏忠賢的侄兒太師寧國公魏良卿和尚在孩提不能學步的侄孫少師安平伯魏鵬冀「鐵券」，表示皇家與魏氏是「鐵哥兒們」，並於這年冬至節的郊天典禮，仍然安排魏良卿主持行禮儀式。不久，朝臣中有人劾奏崔呈秀利慾薰心，母喪不按規制回家守孝，迫使原來借工作需要而「奪情視事」的崔呈秀不得不請求皇上給假，以顧「丁憂」，崇禎則表示仍因工作需要加以挽留。崇禎帝朱由檢處理這一應事務都顯得從容、鎮定，既表示對新逝的皇兄遺言的尊重，更出於深層次的思考：防止魏忠賢等人狗急跳牆！

過了些日子，崇禎以內操忠勇營軍士「勞苦特甚」，特給假一月歸鄉省親（仍給月糧從優犒賞），解散了這支隨時可能變生肘腋的武裝。不久，彈劾魏忠賢的奏章終於雪片般飛來。崇禎令人讀這些奏章給目不識丁的魏忠賢聽，一份又一份，聽著聽著，魏忠賢不由得魂飛天外、魄散九霄，除了跪地哭訴、乞求饒命外再也沒有了招數。崇禎不慍不怒，順理成章，以眾怒難犯但可從輕發落表示了帝王的關照。從輕發落，即降職到鳳陽祖陵去管理香火。魏忠賢的爪牙佈滿京城，他們甚至還幻想這是皇帝暫時讓他避避風頭吧！魏忠賢一出京師，崇禎立即發難，命錦衣衛查抄客、魏兩家，並以擅竊國柄、素蓄亡命以叛國的罪名擒治。魏忠賢南行方至阜城（今河北阜城），得京師爪牙密報知萬萬不可免罪，悲泣不能成聲，在月黑風高之夜自縊於驛舍，結束了他罪惡的一生。崔呈秀也自知不免，也自縊於薊州。隨之，客氏及客、魏子侄「五虎」、「五彪」都得到了應有的處分。

翦除客、魏無疑是崇禎值得稱道的業績。寶刀初試的崇禎皇帝，終於擺脫了不為人知的心靈抑鬱，似乎得到了一些自我慰藉。然而，從此他那執拗孤僻、陰冷寡歡的心理和性格，逐漸發展為喜怒無常、朝令夕改、敏感多疑、剛愎自用、一意孤行、刑殺任意的荒唐謬誤的心理個性，終於使明朝在他登基十七個年頭以後敗亡。個人心理素質不佳是他全盤皆輸的起點，並滲透在他行為的方方面面。

舉措失當激化糾紛

崇禎元年（西元一六二八年），崇禎召回了父親臨終為哥哥選定的顧命大臣韓爌。韓爌原為內閣首輔，曾竭誠輔佐並教育天啟皇帝，本是廉直持正的忠厚長者，因魏宗賢及閹黨的排擠去位且受陷害，連住處都沒有，只能棲息於祖墓的墓廬。韓爌回朝再任首輔，與閣臣錢龍錫、李標和吏部尚書王永光等同受命主持處理魏忠賢黨徒一案。崇禎一方面在朝臣中標榜大家都應「務消異同，開誠和衷，期於至當」，另一方面又刻意在辦案時大肆株連。如始定從逆案時，韓爌、錢龍錫等以為不必株連以樹怨，僅列出四五十人。崇禎很不高興地說，「不要以為魏忠賢僅一人，如果不是外廷的逢迎吹拍，怎會如此勢盛而倡狂！」韓等不得已再列數十人。崇禎仍不以為然，舉出建生祠一事說：凡贊導、擁戴、頌美、諂附的都要分門別類，條列無遺，又說內廷的宦官協同作惡的也應包括入內。韓爌等只好啟奏：宮內的事閣臣哪能清楚？崇禎竟斥責說：「你們不是不知而是怕得罪人！」

元宵節後的第二天，春寒料峭，冷風刺骨。崇禎召集閣臣於便殿，桌案上放了一個大大的黃包袱，包內是天啟年朝臣所上的奏章。崇禎對著閣臣憤怒地說：「這些都是證據，是廷臣媚奸通魏的證據！現在必須依據這個證據逐一的錄下名單。」韓爌仍毅然上奏道：「閣臣的責任不過是將皇帝的旨意與外面的實際情況加以協調，對於如何執法不甚熟悉。」崇禎問吏部尚書王永光，王答以不懂刑法。於是崇禎召來了專管刑名的刑部尚書和左都御史共同參與辦案，一意窮搜，以求無一脫漏。在辦案的過程中，崇禎還常常親自調閱名單。第一次調閱時，問大學士張瑞圖：「和來宗道何以未錄入名單？」韓爌回答說：「二人沒有從惡過失。」崇禎說：「張瑞圖善於書法，魏忠賢就喜歡他的作品；來宗道雖說是不愛多管事，號稱『清客宰相』，但在參與祭祀崔呈秀的母親時說『她』的『在天之靈』，這還不足以說明他們的罪很大嗎？」韓等無奈，更無法駁回。又有一次，崇禎問御史賈繼春何以不入名單？韓等回答：「賈繼春做御史時不過是上表提出要善待光宗之妃李選侍和皇八妹，乃是建言要人心存厚道，再者後來的奏疏許多言論都很可取。」崇禎則反脣相譏：「這就是最可惡的反覆小人，絕對不能漏掉！」於是，這個實際上由崇禎親自干預並圈定的「欽定逆案」在崇禎二年三月刊佈天下。定首逆淩遲二人：魏忠賢和客氏；首逆同謀決不待時的六人；交結近侍秋後處決的十九人；結交近侍次等充軍的十一人；結交近侍又次論徒刑的一百二十九人；結交近侍減等革職的四十四人；客魏親屬及內廷宦官黨附的五十餘人，共計兩百六十多人。其中絕大多數是朝臣，即所謂「閹黨」。

崇禎如此厭惡並擴大處置「閹黨」是否表明崇禎喜歡閹黨的對立面「東林」呢？不是。在欽定逆案的前夕，即崇禎元年的冬季會推閣員時，禮部尚書溫體仁因聲名不及「東林」名流禮部侍郎錢謙益而落選，而另一新近因進言而備受崇禎青睞的周延儒也沒有被會推。溫體仁揣摩崇禎心必生疑，乃上書抨擊錢謙益「關節受賄」和「神奸結黨」，打著為朝廷慎用人的牌子，翻錢謙益以前在浙江取士時已被處分過的錯誤的老賬，金殿之上慷慨陳詞，言如泉湧，並宣稱：自己雖非言官不可言，同時會推沒上應避嫌不能言，但為了宗廟和社的安危，不忍心見皇上孤立，所以不得不言。崇禎心中久疑廷臣有黨，一聽溫體仁之言正中下懷。御史任贊化犯顏上疏，彈劾溫體仁，其他閣臣也都說錢謙益的錯誤已經處理，沒有問題。溫體仁於是詆毀任贊化和另一御史毛羽健是錢謙益死黨。崇禎大怒，罷錢謙益官，又降調許多人的官職。此後不久，御史毛九華和任贊化等上書彈劾溫體仁的其他錯誤，溫體仁均說彈劾者是為錢謙益報仇，證明自己在朝臣中孤立無黨，從而使得崇禎對他格外的眷注。當此之時，韓爌努力導化年輕的皇帝，上書請求寬恕御史任贊化直言並安撫溫體仁，崇禎竟抱怨說：進言的人不憂國而植黨，自名為東林，於朝事無補，可見他心目中更厭惡東林。韓爌又滿懷誠意向崇禎上了一個奏本，說是「人臣不可以黨事君，人君亦不可以黨疑臣」，又說用人主要是看他的才能和品德高下，再根據實際的政績來提升或罷免。如果在朝堂之中戈矛妄起，畛域横分，從上到下都說這黨那派，然後不分事情的是非進行派系鬥爭，對國家是不利的。這些逆耳忠言對皇上作了高屋建瓴的要求，雖出自顧命老臣之口，也很難被年輕氣盛的皇帝聽進去。他要走的是一條激化臣下黨爭的路，這條路在他擺出黃包袱的時候就定了。

治國需要人才。崇禎與曹孟德相比，實在缺乏氣度和海量。東漢末年，曹操與袁紹官渡大戰時，曹操實力遠不如袁紹，部下的文武多有私下與袁紹聯繫並求出路的信函。官渡大捷，曹操繳獲了一個大包袱，裡頭都是這樣的信函。曹操不一一追究，而是一份也不看便將這些信函付之一炬。這種氣度所產生的不是削弱而是鞏固自已地位的效應。這對於崇禎，不曾想、不能學，也永遠不可企及！

回首當年，崇禎對客、魏及「五虎」、「五彪」之類的黨羽，自然應該嚴懲，但擴大到張瑞圖、來宗道之類人，把他們都算作「閹黨」，也未免過於「瓜連蔓引」！在那魏閹生祠遍佈的時代，其中許多人都是不得已而頌揚，說的是違心的話，如必一一列入閹黨，豈不人人自危？且就「東林」而言，其中雖多正人君子，但也未必全是志節高尚的清流。性貪而諂媚的大奸臣周延儒就是靠近「東林」的，東林名魁錢謙益時隔不久即變成毫無民族氣節的敗類。總之，不管是「東林」還是「閹黨」，在當年都談不上走到了明朝政權的對立面，與曹操那時所面臨的敵我形勢全然不同，歷史還沒有要求崇禎具有曹操的氣度，只要求他對明朝由來已久的朝臣黨爭淡化、疏導，不刻意挑惹。然後，他本身保持清醒的頭腦，納韓之言以用人，不求足赤之金，但求人的一技之長為國所用，以濟時艱，那積習已久的門戶糾紛自然得以化解。然而，他刻意以求水之至清，瓜連蔓引，疑臣結黨，致使朝臣門戶糾紛愈演愈烈，導致非常之材不得其用，加之自身敏感多疑，自毀長城，官逼民反，水必覆舟。

過敏多疑自毀長城

崇禎登基以後，中原北方建州女真興起，八旗軍隊一再南下，使京師常常處在惶恐之中。說到女真，話就長了。

明朝自開國至嘉靖時，威脅多來自退到漠北的元朝後裔和後起的其他蒙古族支系。為此，明成祖遷都北京，進行著卓有成效的「天子守邊」，常常統兵親自出塞。英宗時，蒙古族瓦剌一支南下，英宗被俘，瓦剌首領也先兵臨北京城下，景帝任用於謙進行了依恃軍民、同心協力的京師保衛戰。以後明朝主要採取扼長城關隘據守、不輕易出塞的消極防禦政策，故東起遼東西至甘肅總長七千餘公里長城的補修增築和分散兵力的均衡防守，耗費了巨額的邊費開支，但始終不能保證長城一線的安全。嘉靖時，蒙古族的另一分支韃靼的俺答汗，又兵臨北京城下，即所謂「庚戌之變」，導致了北京城防的一再維修和加固。自萬曆以來，北方出現了新的力量建州女真，薩爾滸之戰使建州女真的首領努爾哈赤取得了富饒的遼沈平原，飽食終日、諸事不理的神宗亦深覺邊事十分危急。兼有文武之才的熊廷弼受命經略遼東，收拾殘局。熊廷弼以為新敗之後不能輕言恢復，應採取持久的防禦方針以恢復元氣。他整頓軍務，練兵制械，屯田積糧，修城築堡，使東北邊防大大加強。而朝中不悉邊事的大臣們虛驕自大，看不見努爾哈赤的實力，盲目抨擊熊廷弼不敢出戰，使熊被罷去職。繼熊而任的袁應泰迫不及待地用兵出擊，導致天啟元年（西元一六二一年）瀋陽失守，努爾哈赤隨之進兵遼陽並席捲遼河以東七十餘城，袁應泰以自殺卸任。遼、沈失陷使熹宗再度起用熊廷弼，只可惜黑暗的政局使熊廷弼身受掣肘而志不得展，廣寧（遼寧北鎮）失守，努爾哈赤幾乎佔有全遼，於是失陷封疆的大案發生，熊廷弼被慘殺而傳首「九邊」。

在東北邊防最危急的時刻，禮部右侍郎兼侍講孫承宗抨擊兵部尚書王在晉不足任事而自請督師。孫承宗在年輕為縣學生員時就關心邊事，曾到長城邊郡實地考察，又喜訪問邊塞老兵研究邊防險要厄塞，是一位不可多得的將才。下級文官袁崇煥也頗有膽略，為人慷慨，好談兵，勤訪老校退卒，通曉邊塞險隘，是一位以邊才自許的人物。在廣寧師潰之時，袁崇煥曾單騎冒險遍歷關內外，他胸中盡有遼東地形，與人言及某險關，他慷慨激昂地說：「給我若干兵馬錢谷，我一人足可守此！」他曾奉命在關外安插遼民，夜入荊棘虎豹潛行之地而不避艱險，敢於任事。他提出：若保關內，必守關外；若保關外，必守寧遠（遼寧興城）。他的主張得到孫承宗的賞識。孫承宗為兵部尚書，經略遼東時就採用了袁崇煥的意見，繼承熊廷弼「以守為戰」的戰略方針，大力整頓山海關內外防務，加強寧遠的防禦力量，又修建了錦州、大小淩河（遼寧錦縣附近）、松山、杏山（皆在錦州南）及右屯（錦州以東）等要塞，構成了以錦州和寧遠為重點的一道山海關關外防線，使得努爾哈赤無法放開手腳南下。孫承宗在寧遠等城工竣、關外守具畢備之後，欲與袁崇煥共圖大舉反擊努爾哈赤，奏疏連上不得要領，乃準備入朝為熹宗賀壽時當面奏請。當時，魏忠賢、魏廣微之流心懷鬼胎，畏孫承宗擁重兵將「清君側」，於己不利，他們請求熹宗令內閣擬旨阻孫承宗進京，閣臣乃大書孫承宗無旨不得輕離汛地進京，在朝群小起而攻之，將孫承宗比做古來擁兵自重的權臣和藩鎮王敦、李懷光，迫使孫承宗不得已杜門求罷。天啟五年（西元一六二五年），因柳河之役戰敗，台省交劾，孫承宗無法再立朝堂，罷官回鄉。總計孫承宗在山海關經營四年，修復大城九座，堡四十五處，練兵十一萬，立車營十二、水營五、前鋒後勁營八，造甲冑武器弓矢炮石之具數百萬，拓地四百里，開屯田五千頃，年收籽粒十五萬，成績斐然。

熹宗用高第為兵部尚書經營東北，高第以為關外不可守，一反孫承宗所為，拆去錦州、大小淩河、松山、杏山、塔山的守具，驅使屯田士兵入關，棄屯田米粟十余萬，弄得軍怨民怒，哀聲載道。袁崇煥曾勸說高第，不聽。袁崇煥亦不肯聽從高第的命令而堅守寧遠孤城。天啟六年（西元一六二六年），努爾哈赤乘高第胡為而進兵圍攻寧遠之時，袁崇煥大義凜然激勵將士死守。寧遠城防堅固，努爾哈赤親臨前線督戰而城堅不克，城上紅夷大炮齊放（或稱西洋巨炮），彈片炸傷努爾哈赤，受挫而退。退兵的努爾哈赤不久死在瀋陽。努爾哈赤的死亡是建州女真初興時最大的一次重創，也是袁崇煥保衛山海關的重大勝利。

由於努爾哈赤的死亡，造成了女真內部格局的不穩。第八子皇太極沒有遵照努爾哈赤立十四子多爾袞的遺命，在兄弟間爭奪汗位的激烈鬥爭中獲勝，於是雄心勃勃地繼承父志，以入主中原取代明朝為奮鬥目標，只是因為面臨許多內外矛盾不得不暫時放緩速度，調整關係，儲備力量，以等待時機。他當時採取了以退為進，向明朝求和的做法。

女真的使節持皇太極的親筆信向袁崇煥走來，要求雙方和好。然而在皇太極高喊議和的同時，並沒有停止對明朝的軍事行動，目的不是攻城占地而是掠奪財物和人口，補充勞動力，解決內部的經濟困難。

袁崇煥也需要和議，因為要爭取暫時和緩的時機以修築關外諸寨堡邊牆。因此，在知會了朝廷以後，袁崇煥與皇太極相周旋，互有使節往還。然袁崇煥終不為魏忠賢所喜，有功不敘，有勞不獎，還妄言其用兵有「暮氣」，迫使袁崇煥在天啟七年七月乞休回鄉。

正值此時，崇禎即位講論邊事，廷臣上疏為熊廷弼訟冤。崇禎詔免再對熊廷弼家追贓，首輔韓上長疏娓娓敘熊廷弼被「借題曲殺」、傳首三年不得歸葬的原委，崇禎許熊廷弼子奉首歸葬，使熊廷弼之耿耿忠魂得歸故里。這算是崇禎對待忠臣天良猶未盡泯之處。

面對遼事的現狀，廷臣爭請再召袁崇煥還朝主持。崇禎元年（西元一六二八年）七月，袁崇煥引退一年後歸朝。平臺召對時，袁崇煥慷慨陳詞，以五年為期許復全遼，但是要求戶部及時轉餉，工部供應合格武器，吏部提供有用人選，兵部適時調兵選將，事事都應有效地與之配合。袁崇煥從以往的體念中意識到：「其力足以制全遼，而不能調眾口，一出國門，便成萬里，忌能妒功，即使不能以權力掣肘，也能用意見在朝堂上亂其謀」，因請求崇禎做主。崇禎擺出一副充分信任袁崇煥的姿態說：「朕自有主持。」

接著，袁崇煥進一步向崇禎傾吐了自己內心的疑慮：熊廷弼、孫承宗不能說不是才兼文武的人物，但最終都是為人排擠而不能實現報國大志，並向崇禎說出了自己恢復全遼的方略：「以遼人守遼土，以遼土養遼人」，「守」是正著，「戰」是奇著，「和」是旁著，交替使用。實實在在地經營而不是虛張聲勢，穩紮穩打，漸漸取得成果，不能急功近利，以期驟然成功。為把問題說得更透闢，他又說，皇上怎麼對我做到任而不貳，信而不疑呢？首先皇上要明白用邊臣與廷臣各有不同的道理。對於遠在萬里之外的邊臣，皇上應考慮軍中可驚可疑者很多，但當論成敗的大局，不必摘一言一行的微瑕，因事任既重，為怨甚多。又說「況圖敵之急，敵亦從而間之」，所以做邊臣是很難的。袁崇煥思慮周到，特別著重提醒崇禎警惕敵方的離間計！崇禎對袁崇煥優詔安慰，且賜蟒玉銀幣和尚方劍，以示信賴。

袁崇煥走馬再上任了。

他上任後，內撫軍民，外飭邊備，果於用法，整肅軍紀，山海關內外城防達到了堅不可摧的水準。崇禎二年（西元一六二九年）年底，皇太極親統大軍避開袁崇煥的防區，取道內蒙古，且以蒙古騎兵為先導，從薊遼總督劉策所轄的隘口——喜峰口入長城攻陷遵化，將抵北京城下，京師驚恐，廷臣紛紛請召孫承宗。孫承宗應詔至京師，崇禎專門委以總督京師防守事務，並參與帷幄議機密。孫承宗連夜環閱京城，策劃防守。第二日夜半，又忽傳聖旨命其出守通州。孫承宗在敵兵將進京師、烽火彌漫近郊的情況下，冒死率輕騎二十七人出東便門疾馳抵通州，安排了通州的城守以後，又立即發兵營救京師。

鎮守山海關內外的袁崇煥聞訊後，立即冒著滴水成冰的嚴寒，率大將祖大壽等自關外千里赴京勤王，與皇太極數番鏖戰，紮營京師廣渠門外，雙方互有傷亡。袁崇煥自以為耿耿忠心，經營山海關內外防線有績，一聞京師有警即統兵入救，可謂有功而無罪，一片丹心可為蒼天所鑒。但京師人們只知皇上禮遇袁崇煥，而今京師驟遭兵燹均紛紛怨謗。朝堂上的廷臣甚至因袁崇煥曾與皇太極議和以周旋而浮言四起，誣袁崇煥引敵深入，將為城下之盟。兩重怨謗流言入多疑猜忌的崇禎耳鼓，哪能使他心中不疑雲密佈？皇太極又乘機施反間計，說曾與袁崇煥密約，又故意廣為散佈，讓兩個被俘的宦官得知後再放他們逃去。兩人奔告崇禎，崇禎竟信而不疑。乃召袁崇煥入城議事，下詔縛其入獄。與袁崇煥一同入衛的遼東前鋒總兵官祖大壽見此情戰慄失措，遂與所率一萬五千人東潰出關而奔逃。

孫承宗在倉促中撫定祖大壽，囑祖大壽立功以贖袁崇煥之罪，且許代為剖白奔逃的不得已。崇禎乃命孫承宗出鎮山海關，祖大壽遂率奔逃之眾聽孫承宗調遣。

冬去春來，已進入崇禎三年（西元一六三〇年）。儘管皇太極在京郊戰果不錯，且又揮戈東進佔領永平、灤州、遷安（均在今河北境內），並留兵駐守連遵化在內的四城，但終因山海關是遮罩北京的要塞，山海關的門戶錦州、寧遠等要地仍在明軍手中而不得不撤京師之圍北歸。

皇太極北撤後，崇禎無視袁崇煥鞏固山海關內外防線、苦心經營的功績，竟於這年八月，用最殘酷的磔刑處死袁崇煥，並流放了袁的妻子、兄弟三千里。抄袁家，貧無餘資，部屬皆知其冤。接著，因袁崇煥入朝與閣臣錢龍錫交換過意見，乃以私結邊臣之罪罷錢龍錫官，充軍定海衛。又因袁崇煥科舉時是首輔韓的門生，韓也遭到攻擊，只得引疾求退。

崇禎四年（西元一六三一年），為國操勞的孫承宗在春寒料峭之際出關東巡松山、錦州；七月暑氣未消，又修復被高第撤毀的大淩河城，無奈竣工未久，防務尚未就緒，突然遭到皇太極兵圍數重，城中糧盡彈絕，守將祖大壽力屈而降，廷臣於是交章追究孫承宗喪師辱國之罪。孫承宗乃上書條列實際情況以分析事實，崇禎全然不理會，下旨奪其官，讓他還鄉閒住。這在崇禎看來，似乎還是對孫承宗很寬大的呢！

崇禎七年（西元一六三四年），皇太極兵分四路入長城，搶掠大批人口和財物而去。九年秋，皇太極意氣風發，改國號大清，命大將阿濟格從獨石口入居庸關直抵北京城下，又繞北京南下保定，連陷十餘城，掠人畜十八萬而去。朝野遍呼再召孫承宗，崇禎竟充耳不聞。十一年（西元一六三八年）皇太極令多爾袞、岳托兩路南下，會師通州（今通縣），然後分成八路：一順太行，一沿運河，中間六路一同由北向南推進，共攻下城池五十餘座，擄人口四十六萬，金銀百餘萬，其中沿運河一支入山東占濟南，俘德王而去，影響很大。此時孫承宗正蝸居故鄉高陽（今河北高陽），清兵來攻，孫承宗慷慨率家屬兒孫拒守，城陷被俘，英勇殉節，子侄孫輩共二十人均壯烈戰死！

也就是在這年，一個少有大志，為學不事章句，善射而嫻於將略能治軍的傑出將才盧象升受命為宣大總督。崇禎三賜尚方劍命盧象升督天下援兵以保衛京師。此時，被崇禎極信任的總管太監高起潛，和最偏愛的閣臣兼兵部尚書楊嗣昌卻另懷一副肝腸。他們主張「攘外必先安內」，欲集中全力以鎮壓饑民反抗怒濤而與清方議和。崇禎內心亦同於楊、高，只是暫且態度曖昧，依違其間，以便權衡。平臺召見盧象升，盧象升慷慨地說：「臣主戰！」崇禎內心吃驚卻狡猾地囑以：「主和是外廷的議論，你當與握兵的重臣楊嗣昌、高起潛統籌討論安排。」又發萬金以犒軍，造成了盧象升的錯覺。盧象升終於發現自己與楊、高在戰、和的基本決策上意見不合。臨行，楊嗣昌告誡他「勿浪戰」，但盧象升卻深感民族危亡並決意誓死報國以慰「主戰」的崇禎皇上。

盧象升率軍馳騁在疆場，事事受楊、高阻撓，名為督天下之兵以衛京師，而可督之數不足二萬，且糧草不足，饑貧無食的百姓獻棗若干以充士兵饑腸。在北國萬里雪飄的時節，盧象升進兵鐵南鉅鹿（河北巨鹿）縣南賈莊，高起潛擁山海關、寧遠重兵於雞澤（河北雞澤），相距不過五十里，盧象升與清軍相遇而戰不利，求援於高而高不應，不得已炮盡矢絕壯烈殉國，屍碎於疆場。高起潛聞訊逃之夭夭，安然無恙！

隨著盧象升的陣亡而來的是清軍的松、錦大捷。明朝在關外僅剩一寧遠孤城，崇禎為集中全力以鎮壓闖、獻的反抗鬥爭，授權兵部尚書陳新甲祕密與清方議和，所議祕密文件被陳新甲的書童誤以為是兵部應發的邸報稿送出去印製散發，於是全國大嘩。崇禎竟殺陳新甲為替罪羊，以塞眾人之口。明清和議破裂，邊事到了崩潰的邊緣。即使李闖王不入京，明朝也逃不脫滅亡的命運！

用人失策走馬換相

崇禎在位的十六年又七個月裡，襄助他的宰相多達五十餘人，為歷史上所罕見。

分析崇禎任相的特點，發人深思。

一是朝三暮四，隨意擇相。如周道登，正式任命後又覺其奏對淺薄，立即罷去。文震孟正值盛年，一心持正諷諫，崇禎遂以其譏己，僅兩月即罷去其職。其他閣臣或數月，或半年，或一年，或二年即去位者，比比皆是。

二是待賢無方，有才不用。如前所述韓是崇禎再次召回的知大局識大體的顧命老臣，崇禎元年十二月到任，三年正月罷去，任期僅一年多。孫承宗才兼文武以閣臣兼治兵，崇禎二年十一月受命於危難，四年十一月罷去，任職僅兩年。辦事極有活力的劉鴻訓，只因背後說了句「皇上畢竟太年輕」（十六、七歲）就為崇禎所忌恨，必欲置之死地，因眾臣力救才得免死，充軍後死於戍所，其任職不足半年。

性寬厚、識大體的成基命，在袁崇煥問題上一再請求崇禎處置慎重，被少年自負且氣盛的崇禎斥之為「因循」。成基命以為多事之秋，治國如理亂絲，當逐步理出頭緒，崇禎則以為治國當操切，要糾之以猛。總之，其見解不合崇禎的口味，在位不足半年就被周延儒代替。

明代的一大科學巨匠徐光啟，在邊政困難之年，從科學的觀點出發主張強化武器的殺傷力，強調練兵鑄造西洋大炮用於「遼事」；在民生問題上，主張屯田墾荒，著《農政全書》以表他愛國愛民的忠心；還主張還鹽政之權於國家，嚴禁私販，以增加政府經濟收入，減少加派。徐光啟極富經濟才能卻不被崇禎重用，久居庸相周延儒、溫體仁之下。可憐徐光啟甚至還沒有機會在朝堂上充分表達自己的主張，就與世長辭了。

以剛方貞介的崇高人品著稱，又精於《春秋》經書，以做皇帝講官而入閣的文震孟被稱為頗具古賢之風的碩儒，他主張對窮困痛苦的人民實行扶綏而不是屠殺鎮壓的政策，寬免多年積累的賦餉，反對全國性的竭澤而漁，在位僅兩月而罷。

後期起用的學問淵博見識甚多的蔣德璟，關心民瘼，條奏救荒事宜，提出不可奪民田，應允許人民開荒和重視農田水利。蔣鞭撻楊嗣昌所宣導的聚斂之議，說剿餉、練餉弄得天下民窮財盡，不得已鋌而走險。又關心邊政，提出邊臣須久任，並指出半年以內更換五個薊鎮總督，事情將更糟。又編成《御覽備邊冊》、《諸邊撫賞冊》、《御覽簡明冊》進獻崇禎，以供其瞭解邊政前前後後的總體情況。蔣還扼抑明亡前夕的通貨膨脹。十七年（西元一六四四年）正月，戶部支出捉襟見肘，主事蔣臣請行鈔法，說是一年造紙幣三千萬貫，一貫價白銀一兩，年可得三千萬兩。糊塗的戶部侍郎忙將此主意說給崇禎。此時的崇禎已是三十四歲，理政近十七年的皇上了，他竟特設一個專門的內寶鈔局，晝夜督造紙票子，然後募商發賣。蔣德璟連忙對皇上說：「此事不妥，百姓不會愚蠢到以一金買一紙吧！」崇禎不聽，仍一意孤行，繼續在河北、山東、河南、浙江等地調集造紙幣的原料。蔣德璟怏怏不得志，任職不足兩年便罷相。

三是閣中庸才，比比皆是。

問錢穀不知，問甲兵不知，問民間疾苦不知的士大夫獵取相位的，除前述的周道登淺薄不值以外，更奇特的還有一群是利用崇禎狐疑陰暗的心理向上爬並久居相位的。原來崇禎心中疑臣結黨，有意抑制言官，言官對誰彈劾越多意見越大，崇禎不問是非反其道而行之，就越提拔誰任用誰，藉以體現皇權的專橫，唯我獨尊，至高無上。

身患惡疾且形容奇醜、庸劣無知的張四知被提拔重用就是一例。給事中張淳表奏張四知任國子監祭酒時貪污，其他各官也有上言相附的。張四知利用崇禎的黨疑心理力辯，說自己無黨，所以為人妒忌，孤立而無援助，觸動了崇禎。姚明恭、魏照乘也都是眾人公認的無才德的庸才，也是因為言官們的彈劾，崇禎竟荒謬絕倫地於十一年下詔，令三人同入閣，三人在位毫無建樹，彈章愈多，相位愈鞏固，竟各自做了四年宰相。

其他如程國祥、蔡國用、範複粹、方逢年、何吾騶等等，或才疏學淺，或無所作為，都是一些點頭哈腰的應聲蟲、哈巴狗。召對時，崇禎說某事可做，他們即齊聲答可做，崇禎說某事不可做，他們便束手無策，只囁嚅附和而已。

四是接踵任用奸相。

在五十多位次任相中，崇禎尋覓到了一串「知音」。

第一位是周延儒。周延儒早在二十來歲時就春風得意，會試、殿試皆中第一，得了會元和狀元，且容貌美，性情警敏，善察人意。入仕初，他單獨被召對於文華殿，與崇禎皇帝長時間交談。這次會談竟使崇禎如魚得水，好似劉備得了孔明一般，表示：「朕以天下聽先生。」於是，崇禎首次打破明代經廷推再枚卜產生閣臣的老規矩，二年十二月，特旨拜周為東閣大學士，次年春，又加封其太子太保，進文淵閣大學士，周又援引溫體仁入閣，迫使首輔成基命下臺，以周延儒為首輔。周、溫並相，以「柔、佞」媚崇禎。崇禎所寵田貴妃纖妍嬌小、多才藝，幼長於揚州。周延儒特在江南尋精製蘇繡花鞋敬獻貴妃，甚至在鞋口上若明若暗地繡上「臣少保武英殿大學士內閣首輔周延儒拜」一米粒小字，以討貴妃和皇上歡心。他在相位三年半之後，被溫體仁暗算排擠去位，但又於十四年九月被皇上再次召回做首輔，前後為相達五年之久。雖然他最終被皇上賜死，但一個庸駑且無才略的貪官落此下場，也算天網恢恢！

比起周延儒來，溫體仁更善於利用崇禎的心理。他對人表面上溫良恭儉讓，而實際卻機關算盡。

他攀附周延儒，千方百計贏得皇上的好感，從而排擠並代替了周延儒，「獨居相位八年，官至少師兼太子太師進吏部尚書中極殿大學士左柱國，兼支尚書俸，思禮優渥無比」，但從未對邊警民生建一策、設一謀。每逢崇禎問他軍國大事，他就老實承認自己只懂得寫八股文章，軍國大事只有請聖明的皇上裁決。崇禎不以為溫體仁無能不稱職，反覺溫「樸忠」而愈加親信。

崇禎末期所用首輔陳演、魏藻德更甚溫體仁一籌。陳演才庸而無學，但有結納宦官的特殊手段，常常通過宦官做內線，時刻掌握崇禎的思想和行為。故而，陳演能揣摩崇禎的心理，言談對路，深得崇禎的倚信。陳演對軍國大事也不能出一策、劃一謀，且以貪污著稱。李自成入京師，劉宗敏將陳演繫於軍營，第一天就逼其獻出白銀四萬兩。

魏藻德是崇禎十三年（西元一六四〇年）的進士，殿試時由崇禎親自選為狀元。其人華而不實，有口才善吹牛。崇禎只透過隻言片語盲目忖度魏藻德有抱負有才氣，甚至還可能力挽狂瀾，因此，破格提拔他為首輔，其人其實只有一個本事，那就是倡議百官出錢捐助以解決明朝財政危機，李自成入京師，劉宗敏追贓，入閣不足四年的魏藻德搜出萬金，可見其貪污成性，私囊才如此充實！

崇禎還走馬燈似地選擇和更換宰相以下的官員。十七年中，換了十七個刑部尚書、十四個兵部尚書。半年之內，更換了五個作為京師屏障的薊鎮總督。

相臣得罪以罷免為主，格殺尚少，相臣以下則不然。如崇禎二年，努爾哈赤南下，京師被困，兵部尚書王洽下獄論死。山西巡撫耿如杞統兵五千人援至京師，按軍令，兵到汛地紮穩，才給餉。兵部第一日調耿部守通州，明日又調其守昌平，又明日再調良鄉。由於不得汛地，三日無餉，於是兵饑無食，鼓噪大掠，崇禎竟下令斬耿如杞。又如崇禎十一年，皇太極命多爾袞、嶽托南下，崇禎將文武諸臣失事罪分五等，三十六人同日問斬。其中山東巡撫顏繼祖奉命移駐德州，部下兵卒僅三千人，還不斷被更調。兵部尚書楊嗣昌親令顏繼祖專防德州，濟南因而空虛。顏繼祖也曾就濟南增防事提出意見，未被採納。清軍攻克濟南俘德王而德州城防完好，崇禎不獎守德州功竟將顏繼祖下獄問斬。粗略統計崇禎一朝總督被誅的七人，巡撫問斬十一人，甚至上任僅七天的縣官也因失守城池而被格殺勿論。「一遭龍顏怒，四體不周全！」當時，朝廷官員和地方官吏無不戰慄，恐懼不已。

這是一個用人太驟和殺人太驟的可怕歲月，也是一個一言合則欲加諸膝，一言不合則欲墮諸淵的恐怖年代。用明末遺老張岱的一段話可以為崇禎用人做個總結：「求老成不得用新進，求科目（考科舉）不得用薦舉（推薦），求詞林（科考前列點翰林留京者）不得用外任，求朝宇（在朝現任者）不得用山林（隱居者），求薦紳（有名望的男性）不得用婦寺（女性、宦官），求民俊不得用宗室（朱氏後裔），求資格不得用特進，求文科不得用武舉，愈出愈奇，愈趨愈下。」總之，崇禎統治時期的吏治混亂，體現了從中央到地方大吏任、免、罷、殺的大翻炒！古來有一句至理名言：「治大國若烹小鮮（小魚）。」任何稍悉烹小魚奧妙的掌勺人都知道，不能用炒勺勤炒勤翻。崇禎的悲劇在於，他是這個世界上最蹩腳的掌勺人，他不停地對國家和人民炒、翻，窮折騰，搞得國家面目全非，天怒人怨，最後連自己也在「炒鍋」中化為灰燼。

官逼民反水必覆舟

先看一段崇禎二年四月二十六日禮部官員馬懋才上的《備陳大饑疏》：「臣鄉延安府自去年一年無雨，草木枯焦。八九月間民爭採山間蓬草而食。至十月以後蓬食盡，則剝食樹皮，至年終樹皮盡則掘食山中觀音土，土性冷而味腥，吃一點就飽，過幾日腹脹下墜而死……，最可憐的是安塞縣城邊一處護城，每日都有一、兩個嬰兒丟棄在那裡，孩子或在號泣或在呼父母，甚為淒慘！次日，所棄已無一生，而棄嬰又見增加了。更可怕的是小孩及獨行人一出城外便沒有蹤跡。而又見有人以人骨做柴、煮人肉而食，所食乃是失蹤之人。吃人肉的人也不能久維持，不過數日之後頭臉紅腫，五日內發躁而死。於是死亡者枕藉，臭氣熏天，城外挖了數坑，一坑埋數百人，臣來之時已滿三坑之多，數里之外不及掩埋的屍體更不知幾許……，就是在這種情況下，地方大官小吏迫於上級的命令仍在嚴厲的催逼賦稅，僅存的黎民只有一逃，不久則轉為盜，此盜即遍於陝西各地了！」這具體而翔實的陳情至少可以讓崇禎清醒地認識到：他所面臨的是一份內部已經腐敗不堪的家業，生長在陝北的高迎祥、李自成、張獻忠及其追隨的廣大饑民從赤子變為盜賊的由來十分可憫。

本來，明朝國土如此遼闊，發生區域性的天災不足為奇。問題在於，天災釀成饑荒以後當如何處置？崇禎的老祖宗朱元璋當年亦是饑民，他率饑民反抗元朝的暴政，因而開創了明朝。稍有政績的守成之君明孝宗，在位不過十八年，對各地各類災情採取部分減稅減租賑災的舉措計有六七十次。守成之君應該和創業之君一樣，具有以民為本的心胸。崇禎呢？祖宗已為他創了業，皇宮內倉庫中所儲鐫有「永樂」（成祖年號）字樣的鎮庫金銀不可勝數，再加上神宗四十八年遺礦監稅使在全國範圍的搜刮，珠翠、珍寶不計其數。如果崇禎直面現實，撥亂反正，倜儻輕財，豁達大度地救濟災民以疏導壅滯，或可挽救明朝的敗亡。可惜他走了一條加速明朝滅亡的路。儘管他表面上裝出知民間疾苦的樣子，不肯輕用一錢，甚至布衣蔬食，減膳撤樂，食用同於一般宮監水準，且辦事務求節省，省織造、省宴會、省驛遞……，甚至還向勳臣、百官和宦官借錢，但每當北方邊事危急，他寧可使九邊士兵數年無餉，體無完衣，也不動鎮庫的內帑一分一毫；天災頻仍，他寧可使子民哀鴻遍野，死亡枕藉，仍不動他的鎮庫內帑一分一毫！此外，對待子民，不僅不賑災，還雪上加霜地在「遼餉」的基礎上再課以「剿餉」、「練餉」，留下了「三餉加派」的千古醜聞，使人民完全失去了生存的條件。

於是，這載舟之「水」終於洶湧了！咆哮了！

首先是王二率饑民殺縣官掀起波瀾，接著是王嘉胤、高迎祥、王大樑、王佐掛、張獻忠等率饑民、逃兵和失業驛卒造反，一股股義軍匯合成滾滾洪流。崇禎令三邊總督楊鶴「剿撫並用，以剿行撫」，妄圖扼殺起義軍。不久王嘉胤被殺，王自用、李自成又加之入這股洪流。剿撫並用的結果是：義軍形成三十六營，號二十萬眾！起義巨瀾由陝西向山西發展，而楊鶴卻落了個「徒撫失策」的罪名，被送上了斷頭臺。

崇禎起用了主剿的洪承疇為三邊總督，又派京軍會同洪承疇進行圍剿，企圖將起義軍從陝西壓到山西、河南，把這反抗的洪流逼擠到黃河北岸而一舉消滅。高迎祥、李自成、張獻忠等十三家七十二營大會於滎陽，分兵定策打破了圍剿，洪流澎湃洶湧而東，成為不可扼制的狂瀾，淹沒了明朝的發祥地——中都鳳陽，蕩滌了皇陵和龍興寺，「以剿為主」的戰略徹底破產了。

倏忽一過十年。崇禎起用楊鶴之子楊嗣昌為兵部尚書，對起義軍擬行剿撫並用、加強軍事圍剿與政治誘降的策略。楊嗣昌安排陝西、河南、湖北、江北為「四正」，四巡撫分剿而專防；以延綏、山西、山東、江南、江西、四川為「六隅」，六巡撫分防而協剿，合稱為「四正六隅十面網」，揚言三個月全部解決。楊嗣昌又薦舉熊文燦總理南直隸、河南、陝西、湖廣、四川軍事，一度使農民反抗鬥爭受到挫折，處於低潮。

低潮時期的張獻忠，雖受撫卻並未解除武裝。李自成則藏身深山以等待新時機的到來。此時，楊嗣昌宣導並向民間徵調「剿餉」和「練餉」，連同已有的「遼餉」，每年增收白銀一千六百七十餘萬兩，比正常年份的賦稅高出數倍！恰逢山西、陝西、河南大旱，飛蝗蔽天，草木俱盡，天怒人怨！張獻忠在沉寂一段時間後終於按捺不住那滿懷憤恨的胸臆，在受撫地穀城再舉義旗！熊文燦前往招撫，因騙局破產而身首異處。楊嗣昌受崇禎特旨親自督師鎮壓張獻忠。張獻忠採取機動靈活的運動戰方式與楊嗣昌周旋，從湖廣入川，在四川東西流動，然後又從四川再入湖廣攻克重鎮襄陽，殺襄王朱翊銘，迫楊嗣昌畏罪自殺，「四正六隅」的舉措也隨之破產。崇禎十六年（一六四三年）夏，張獻忠攻佔武昌，沉楚王朱華奎於江，並以楚王府為宮殿設官職自稱西王，開倉散賑，發楚府金銀谷米給饑民，於是蘄黃二十一州縣來附。十七年（西元一六四四年），張獻忠由武昌經長沙，再取道大江入川，攻佔重慶、成都，以成都為中心建國，號「大西」。

李自成在張獻忠穀城再起後，率軍自商洛山進入災情慘重的河南，針對明末土地高度集中和賦稅苛重的情況提出「均田免糧」的口號，又嚴肅整頓軍紀，尊重所過之處群眾的利益，提出「平買平賣、公平交易」的口號，大得民心，使得軍威大振！賀一龍、賀錦等義軍也都來匯合，再次在河南掀起起義高潮。接著，李自成攻克洛陽，殺神宗愛子惡貫滿盈的福王朱常洵，將福王府的數萬石米糧，數十萬兩金銀賑給饑民。崇禎十六年（西元一六四三年）夏，李自成佔領湖北、河南大部以後，以襄陽為襄京，稱新順王，並採納了顧君恩提出的戰略方針：先取關中以為根本，然後再經山西、宣府攻取北京。這年十一月，李自成率軍攻克西安，建國號大順，年號永昌。繼「均田免糧」、「平買平賣」之後又明確宣佈「五年免征賦稅」。崇禎十七年（西元一六四四年）二月，李自成發佈了討明檄文，隨即揮師出陝入山西，一路摧枯拉朽，勢如破竹，迅速下太原、大同、宣府、居庸關、昌平而進圍北京。三月十七日李自成屯兵北京彰義門（廣安門）外。十八日晚，彰義門破。崇禎知大勢已去，命周皇后自縊，送三個皇子奔外戚家。他像瘋狂的困獸，連殺數名經常相處的妃嬪，並刀劈愛女長平公主。在昏暗的夜色中，他僅帶了數名宦官倉皇奔逃。在內城兜了一圈後，因無法出內城門，又回宮鳴鐘召集百官，卻無一人到來。此時此際，崇禎才如夢方醒，意識到自己真正是孤家寡人！犯顏直諫的、出謀劃策的、阿諛奉承的、點頭哈腰的……，現在，一個人影也不在眼前了！

第二天黎明，崇禎倉皇出玄武門登萬歲山（景山），在山腰的一棵老槐樹上吊自縊，死時十分狼狽：散披的長髮覆蓋臉面，穿著普通的藍衫，右腳有鞋，左腳無鞋，光著腳！

崇禎的一生就這樣結束了！

從十七歲至三十四歲，在位十七年的崇禎皇帝，比起他的父祖兄長，算得上是焦心求治的勤政人物。登上皇帝寶座之初，他想做點好事，如除客、魏，初步為熊廷弼昭雪等。不過，那都是站在客觀的立場上糾正前人的錯誤，而不是由他承認自己的錯誤。那當然容易得多，皇上哪有可能承認自己有錯誤啊？

崇禎的身世和幼年生長的氛圍，決定了他從出世就輸在人生起跑線上。史書較少記載他生病的情形，但他從來都不是一個完全意義的健康人。他內心幽暗，心理極不健康，處事喜怒無常、剛愎自用，對大臣敏感多疑，用人太驟、殺人甚多。明末矛盾錯綜複雜，要求他必須豁達大度地疏通壅滯，任賢用能、撥亂反正；要求他必須減稅救荒、輕財救民。然而，他卻反其道而行之。他心理陰暗、氣量狹小，造成朋黨紛爭，矛盾激化；他棄賢不用，濫殺亂貶，令有識之士寒心；他慳吝刻薄，嗜金銀若性命，視民命如草芥，做假檢討的「罪己詔」頻頻下，但「三餉加派」卻重重加，嘴裡說愛民，其實口惠而實不至。

欺人者自欺，害民者亡國。歷史，終於作出了公正的回答。

第十八章

清宣統帝　愛新覺羅・溥儀

愛新覺羅・溥儀，是一位富有傳奇色彩的人物。三歲時登上皇帝寶座，三年後帝制被廢除，他雖被迫退位，卻仍保留帝號，暫居宮中。西元一九一七年，他又復出登上了皇位，不過只有短短的十二天。一九二四年，帝號被廢除，他被迫出宮。一九三一年，他前往東北，出任日本帝國主義策劃成立的偽滿洲國的「執政」。一九三四年，他在日本的扶持下當上了「滿洲帝國」的「皇帝」。一九四五年，日本宣佈投降後，他下詔退位。在逃往日本的途中被蘇軍俘虜。一九五〇年，蘇聯將其移交中國政府。此後，他在監獄中度過了將近十年。一九五九年他被特赦釋放，成為中華人民共和國的一名普通公民。一九六七年去世，他的骨灰被安放在八寶山革命公墓。他一生幾經滄桑，特殊的經歷使他品嘗到了人間唯他獨具的喜怒哀樂……。

沖齡踐阼

清光緒年間，在光緒皇帝的父親、道光皇帝的第七子奕譞——醇賢親王的墓地上，長出了一棵白果樹。這棵樹生得既高大，又挺拔，很快被人們當作奇聞而傳播開來：

「醇王府要出皇帝了！」

「是啊，白果樹的『白』字下面加一個醇賢親王的『王』字，不就是『皇』字嗎？」

人們在議論此事時，還加以論證。有人說，當年清世祖順治皇帝福臨出世前，其母孝莊文皇后的衣褶中，就有紅光飛來繞去，侍女們還以為是衣服著火了呢！還有人說，聖祖康熙皇帝玄燁誕生前夕，其母孝康皇后的衣褶裡，有一條龍在盤旋，紅光耀眼，人們都認為那是神奇的祥雲！於是，又有人附著道：

「是啊，是啊！當今光緒帝就是出生於第一座醇王府——即『潛龍邸』。潛龍邸，顧名思義，就是藏龍之邸呀！」

一時間，街談巷議，好不熱鬧。

正值人們議論紛紛時，光緒三十二年（西元一九〇六年）正月十四日，北京城內醇王府邸，隨著一聲嬰兒啼哭，一個新生的男孩赤身地來到這個人世間。他就是清朝的末代皇帝——清宣統帝愛新覺羅．溥儀。

溥儀，字浩然，姓愛新覺羅。清道光帝是他曾祖父，咸豐帝奕詝七弟醇賢親王奕譞是其祖父，其父乃光緒帝五弟、醇賢親王載灃。

光緒三十四年（西元一九〇八年）十月，當溥儀三歲時，慈禧太后在病中突然作出決定，立溥儀為皇帝，承繼同治（即載淳，慈禧親生子，光緒帝載湉的堂兄弟），兼祧光緒。白果樹的傳奇之說真的應驗了。

為什麼慈禧會將這麼一個三歲的幼童立為皇帝呢？此事說來話長。

咸豐帝以後，已無可繼承皇位的皇子。同治帝及光緒帝在位雖共達四十七年，宮中嬪妃成群，卻無兒無女。光緒帝載湉能嗣帝位，一則因其父奕譞庸懦聽話；二則因其母乃慈禧之妹；三則同治死時，載湉方四歲，又與同治平輩，便於慈禧以皇太后身分垂簾聽政。一人得道，九族升天。載湉成為真龍天子後，其父的身分得到了較大的提高，原居的醇王府一躍而為「潛龍邸」（即皇帝出生的地方，亦稱「皇帝發祥地」）。

然而，光緒即位，奕譞並未因數貴而陶醉，更未因此而驕橫，與其以往相比，他愈加敬謹從事，言行相當小心，經常教育子女不要以皇親國戚而自居。他把自己的居室、書齋都改名，借之自誡，又在子女房中懸掛格言、家訓條幅，以促使他們謹言慎行。

醇賢親王奕譞庸懦聽話，唯慈禧之言是聽，深得西太后的寵信，因此為其子孫博得了至上的恩榮；也正因為他的庸懦，西太后常向他提出一些不合人情的要求，給其家庭帶來了難以言說的痛苦甚至災難。

醇親王有四位福晉（滿語妻子的意思。清代制度規定，親王、郡王及親王世子的正室均稱為福晉，側室則稱為側福晉），共生七子。嫡福晉葉赫那拉氏乃慈禧之妹，生有四子，其中一、三、四子夭殤，二子載湉四歲時就過繼給慈禧，是為光緒帝。側福晉劉佳氏即溥儀的親祖母，生有三子：載灃、載洵、載濤。

與醇親王其他幾位福晉相比，劉佳氏亦算得上是比較幸運的，所生三子全部成活，且長子載灃承襲了父親的王爵而成為第二代醇親王。但她又是不幸的，因為慈禧先傳諭將其十一歲的小兒子載濤過繼給奕譞的堂兄弟奕謨為子，五年後又下詔將載濤過繼給奕譓的八弟奕詒為子。不久，慈禧下令把載洵過繼給敏郡王奕志為子，把劉佳氏的三個兒子奪走了兩個。因此，劉佳氏十分氣惱，以致精神失常。當劉佳氏身邊唯一的兒子載灃長大成人後，她為兒子定下了一門親事。正當此時，慈禧又傳來旨意，她為載灃指定了婚事（榮祿之女）。這件事，又使劉佳氏惱上加惱，導致她的精神失常加重。

婚後的載灃喜得二子，長子即為溥儀。溥儀的降生，對劉佳氏來說，是一個莫大的精神安慰，一度失常的精神狀況有所好轉。劉佳氏對溥儀疼愛有加，經常在夜間要去探望好幾次。為避免吵醒溥儀，她常赤足走動。

光緒三十四年秋（西元一九〇八年），心力交瘁的光緒帝病魔纏身，大有一病不起的跡象。這時，傳聞袁世凱要密謀廢黜光緒，另立他人為帝。為防止皇權旁落，更為了便於自己控制政權，慈禧太后毅然決定採取斷然措施，解決皇權的歸屬問題。十月二十日，光緒病危，慈禧下達了「醇親王載灃著授為攝政王」的詔旨，並且詔令將載灃長子、年滿三歲的溥儀送進皇宮撫養。

消息傳到醇王府，醇王府立刻像熱油鍋裡扔進一把鹽——炸開了。溥儀的祖母劉佳氏不等念完西太后的懿旨就先昏死過去了。在眾人的呼叫與搶救下，她才慢慢地蘇醒過來。當她看見溥儀時，便一把奪過來，緊緊抱在懷裡，淚如泉湧地訴說道：「你們把咱們家的孩子快要弄死了（指光緒），又來要咱們的孫子嗎？這回咱是萬萬不能答應的了！」這位老福晉自從醇親王奕譞次子載湉登基當了皇帝，西太后「垂簾聽政」，光緒吃的苦頭她都是清楚的。西太后手段的歹毒，她也一一領教過了。她再也不願讓長孫落入慈禧的魔掌，所以哭鬧不止。劉佳氏的哭鬧，急得醇親王載灃如同熱鍋上的螞蟻。但聖旨無情，誰敢違逆！老福晉劉佳氏最後也只得忍氣吞聲，讓內監把又哭又鬧、又捶又打的小溥儀抱到皇宮，其乳母王焦氏也隨同入宮。這事對劉佳氏刺激極大，她那根脆弱的神經再也經不起這樣的打擊，一度恢復了的精神失常再度加劇，並日漸頻發，終於在一九二四年病逝。

十月二十一日，光緒病逝。慈禧面諭王公臣僚：攝政王載灃之子溥儀，「著人承大統為嗣皇帝……，承繼穆宗毅皇帝為嗣並兼承大行皇帝之祧……，嗣皇帝尚在沖齡，正宜專心典學，著攝政王載灃為監國，所有軍國大事，悉秉予之訓示裁度施行」。光緒駕崩後，許多事有待處理。因此，慈禧這天也分外忙碌，「終日料理大事，至晚乃獲休息，雖極辛苦，而體氣反較佳。翌日，仍於六時起召見軍機與皇后、監國攝政王及其福晉即榮祿之女，談話多時，以新帝之名下一諭，尊皇后（光緒后隆裕）為太后」。不知是勞累過度，還是年事太高，中午時分，感覺良好的慈禧突然昏厥，醒後自感異常，知道自己的末日將至，急詔隆裕皇太后與監國攝政王載灃等人，說：「現予病勢危篤，恐將不起，嗣後軍國政事均由攝政王裁定，遇有重大事件必須請皇太后懿旨者，由攝政王隨時而請施行。」諸事安排妥當後，西太后便撒手人寰。

其後，經過半個多月的精心策劃與準備，十一月九日隆重地舉行了末代皇帝的登基大典。然而，這個大典又被哭鬧的小皇帝攪得大煞風景。

大典是在紫禁城太和殿（俗稱金鑾殿）舉行的。在正式大典前，依舊例皇帝要先在中和殿接受大臣們的叩拜，然後再到太和殿接受文武百官的朝覲。這天北風呼嘯，寒氣逼人。中和殿的一番折騰，已經令溥儀吃不消；凜冽的寒風更把他凍得瑟瑟發抖，坐立不住。一進中和殿，他便使開了性子，哭鬧不停。然而，儀式仍照常舉行。攝政王載灃把他按在寶座上，單膝跪下，雙手扶著，不讓他亂動。面對王公大臣沒完沒了的三跪九叩，溥儀放開嗓門哭叫：「我要不在這兒，我要回家！我要回家！」攝政王勸不住小皇帝，但又不敢起來抱他，急得他頭後的花翎直抖，一邊按著皇帝，一邊結結巴巴地哄他說：「快別……別哭，這就完了，這就完了！」

清朝第十代皇帝的「登極大典」就這樣在哭鬧聲中草草地完成了。在這哭鬧哄勸中，王公大臣們似乎覺察到了某些不祥之兆，他們竊竊議論說：

「皇上說要回家，這是什麼意思？」

「攝政王怎麼可以說『這就完了』呢？」

以後的形勢，不幸真的被這對父子言中了：溥儀回家了，大清也完了。其實，這也不能怪載灃父子倆說話不吉利，而是形勢所趨，他們豈不想永保江山，但是他們又沒有扭轉乾坤的本領。

宣統二年（西元一九一一年）八月，革命黨人在武昌首義成功，辛亥革命的烽火燎原全國，革命黨人在南京成立了以孫中山為首的中華民國臨時政府。由於革命黨人經驗不足，致使革命成果被投機分子袁世凱所竊取，使他當上了中華民國臨時大總統。袁世凱在謀得革命果實前，曾以威逼利誘的手腕迫使清帝溥儀退位。他曾向清廷表示，如清帝退位，他「決不辜負孤兒寡母（溥儀及隆裕皇太后）」，並拋出他炮製已久的清室《優待條例》：「大清皇帝辭位之後，『尊號仍存不廢』。中華民國『以待各外國君主之禮』相待。」而且皇帝可暫居紫禁城，以後移住頤和園，保護清帝原有財產，每年向皇室提供四百萬兩白銀以供花銷等等。

由於形勢所逼，尤其是在袁世凱的施壓下，隆裕皇太后於宣統三年（西元一九一二年）二月十二日召開御前會議，無可奈何地對大臣們說：

「祖宗創業維艱，不想江山輕送在我們孤兒寡母手裡，不是千古憾事嗎？坐失江山，將來有何臉面去對列祖列宗！但事已至此，也只有擬旨遜位了！」言罷，淚如雨下。隆裕皇太后在三道遜位的諭旨上蓋過鈐寶，代表六歲的宣統帝正式宣佈退位。統治中國達兩百六十七年之久的清王朝至此覆滅了。

清廷不復存在了，但溥儀的宣統皇帝的稱號卻保留下來。以後，民國政府的幾位總統，無論是袁世凱，還是黎元洪、徐世昌等，在私函或公文中，都敬稱其為「大清皇帝陛下」；原屬的部臣乃至軍閥政客、文人如胡適等，無不恭稱他為「皇上」。名存實亡的宣統帝溥儀在民國政局動盪的形勢下，依舊如故，過著皇上悠閒自得的生活，衣食住行與以往諸帝相比，幾無相異。而且，他與先王不同的是，他所受的教育，不僅有傳統的四書五經，更重要的是他有外籍老師莊士敦教他洋玩意兒，並在莊士敦的影響下，溥儀一度產生了奇想：出國留學。為達此目的，他曾把宮中珍寶古籍偷出變賣。當然，此舉對一個遜位的帝王而言，也太離譜了。一言剛出，便引起軒然大波，其結果也就可想而知了。

民國四年（西元一九一五年），身為中華民國臨時大總統的袁世凱覺得當總統不夠解饞，他便想嘗嘗當皇帝的滋味。於是，他換上龍袍，搖身一變而成為袁皇帝，面南背北。結果是好夢不長，僅八十三天的工夫，他就拍著屁股離開金鑾殿，在全國的一片反袁聲中逃遁到閻王爺那裡去了。

袁世凱的結局，令原清室臣眷異常振奮，從中得出結論：本朝深仁厚澤，全國人心思舊。不久，就出現了一個迎合這種思潮的「忠臣」——張勳。這位「辮帥」為把清廢帝溥儀重扶上皇帝的寶座，兩進養心殿，面見溥儀，敬表忠心，經他張羅，溥儀真的在民國六年（西元一九一七年）五月十三日二度踐阼，再次過上一回皇帝癮。不過，此次與九年前那次登極相比，不同的是此時溥儀已十一歲，稍懂事理，不知是珍惜來之不易的機會，還是想體驗一下「真皇帝」的滋味，總之，這次他既沒哭，更沒有鬧，而是端坐在那裡接受王公大臣的頂禮膜拜，與舊臣遺屬們共同分享這「光復故物」、「還政於清」所帶來的歡愉。北京城裡，清朝龍旗又高高地迎風飄揚起來，一些穿著清朝袍褂、戴著翎頂的人招搖過市，紫禁城內外，也確實熱鬧了一陣子。

然而，好戲不連台。溥儀雖為至尊的「真龍天子」，但其命運比被人們鄙之為「鳩占鵲巢」的袁世凱好不了多少。其身上繡著金龍的黃袍尚未焐熱，他就在普天之下的聲討中，悄悄地扒下龍袍，退到俗民之列。為人之主的時間，前後也僅有十二天，可謂曇花一現。

皇帝雖未當成，躲在紫禁城內的溥儀卻沒有放慢「恢復祖業」的步伐。隨著年齡的增長，他那「恢復祖業」的願望便更趨強烈。他決心做一名「真正的皇帝」，並爭取當個好皇帝。儘管他在十六歲那年娶了兩個妻子，但他的心思並不在此，他要施展自己的抱負，實行「親政」。

形勢的發展，毀滅了他那肥泡沫般的美麗願望，現實與理想相碰撞，他的理想被碾成了粉末。宣統三年（西元一九一二年）十一月五日，參加第二次直奉大戰、隨從吳佩孚進兵山海關的國民革命軍總司令馮玉祥將軍突然倒戈，回師北京，發動「北京政變」，軟禁賄選總統曹錕，並下達趕溥儀出宮的公文，這就是轟動一時的逼宮事件。在馮玉祥的槍炮相壓下，萬般無奈的溥儀第一次離開他自幼便居於斯的紫禁城。

出宮後的溥儀，先搬進北府（載灃王爺所居處），隨即又逃到日本公使館。不久，又在日本駐天津的員警署署長和幾個日本警官的「護送」下，狼狽不堪地乘火車逃竄到天津去了。

康德皇帝

抵達天津的溥儀，先住在前清駐武昌第八鎮統制張彪早年所建的「張園」裡。在這塊懸著「清室駐津辦事處」的招牌下，原清室遺老遺少紛紛聚此，爭相為他出謀劃策，以圖「恢復祖業」，就連軍閥吳佩孚、張作霖、段祺瑞等也匍匐在其膝下。此時，溥儀採納了鄭孝胥等人的建議，廣泛結交「友邦」，任用「客卿」，培育骨幹，以便東山再起。他先後結交的「友邦」有日、英、意等國，任用的「客卿」有奧國流亡貴族阿克弟、白俄匪首謝米諾夫及英國騙子羅斯等。

然而，溥儀在津的日子過得並不舒心。他的一言一行都在日本人的監視之下，卻加以美名曰「保護」，就連他的住所也極不穩定。張彪死後，園主張彪之子向溥儀索要房租，實則攆他，儘管惱火萬分，他還是搬了出來，住進了大賣國賊陸宗輿的「靜園」。身雖在靜園，人卻靜不下來。他在靜園裡天天「覩」，月月「盼」。終於在一九三一年的夏天，盼來了一個令他振奮的消息。

「九一八」事變前，被他派往東京留學的二弟溥傑回津度假，隨之而來的有一位日本客人。這位神秘「客人」返日時，贈給溥儀一摺扇子作為禮物。扇上有詩句一聯：「天莫空勾踐，時非無範蠡」。對此，「天資聰明」的溥儀是「心有靈犀一點通」，客人暗示他這位企圖「恢復祖業」的「勾踐」將要得到「範蠡」——日本軍人的輔佐，來完成復得江山的千秋大業。

「九一八」事變後，日本陰謀在中國東北建立殖民政權，就派當時任關東軍參謀的土肥原大佐抵達天津會見溥儀。這位「中國通」同溥儀一見面，就表達了對溥儀的關心，誠摯地邀請溥儀回祖先發祥地瀋陽「親自領導」，日本「幫助滿洲人民建立自己的新國家」。對於土肥原一番娓娓動聽的話，溥儀像被灌了迷魂湯一樣，興奮得頭昏腦漲。等他稍略有點清醒，他便就自己所關心的問題問道：「這個新國家是共和，還是帝制？如果是復辟，我就去，不然我不去。」

對此，土肥原賢二的回答是肯定的。在告辭前，他催促溥儀趕快動身，至於詳細辦法，等到瀋陽再談。

土肥原賢二一走，溥儀的師父與近臣們便為此事爭論開了。以老夫子陳寶琛為代表的一方認為，國家大事並非兒戲，不可倉促行事，請皇上三思而定，反對溥儀去東北；以鄭孝胥為首的一方則認為，此舉是有百利而無一弊，要溥儀趕緊啟程。愛新覺羅氏中亦有人警言溥儀，不可「北幸」，不要忘了歷史上的石敬瑭。此時，蔣介石在南京聞言後，也派人到津，表示國民政府願意恢復民國初年的優待條件，任憑溥儀選擇在紫禁城、上海甚至國外居住，只是不能與日本人合作。然而，此刻的溥儀滿腦子裝的都是帝位，哪裡聽得進這些勸告，真是王八吃秤砣——鐵了心。

一九三一年十一月十日夜，溥儀懷揣著自己的夢想，在「友邦」日本軍警、特務的護送下，偷偷地溜出靜園，潛入日船，開始了他「英雄業績」的歷程。三天後，船抵營口。剛到營口，溥儀就覺察到了自己的前景不會美妙。首先，在這裡他沒有看到其想像中東北父老山呼萬歲的盛大歡迎場面，代之的是寥寥無幾的日本人；其次，他沒有被立即安排到先前預定好了的瀋陽，而是被祕密地轉到旅順，住進了日本人的旅館，美其名為「保護」。

在旅順，日本關東軍司令官本莊繁派來了使者板垣，與其談話後，溥儀方知日本人並非幫助自己恢復「清室江山」，與自己願望有較大的出入，日本人要他出任的是即將成立的「滿洲國」的「執政」。這怎能不讓他失望？更令他迷惑與難堪的是，當他就此提出異議時，豈料日本人出口說：「閣下，請你自重。」怎麼，自己不是陛下嗎？何時成為「閣下」了？這究竟是怎麼啦？幸虧鄭孝胥父子的開導，他才明白過來。鄭孝胥說：「張作霖殷鑒不遠，還請皇上三思。」其子說得更明白：「好漢不吃眼前虧，識時務者為俊傑。為久遠計，皇上似應暫時屈就執政，以謀來日宏舉。」一句話提醒了他：對，為什麼沒考慮到「以謀來日宏舉」呢？於是，他決定出任「執政」。不過，他又聲明：暫任執政一年，屆時不「重登大寶」，即刻引退。

一九三二年三月九日，溥儀開始了他的「敬天法祖，勤政愛民」的「執政」生涯。他每日「執政」的內容，不外乎在決定了的檔上簽字畫押和與人談天。在他「執政」期間，他簽署了日本人制定的《日滿議定書》，把中華民族主權拱手讓出；依日本人指示，向來東北調查日本侵略行為的國聯提供偽證，表明自己「是由於滿洲民眾的推戴才來到滿洲的」，他所領導的國家「完全是自願自主的」，等等。

對於溥儀的「執政」行為，日本人特別滿意。不知是日本人對溥儀的回報，還是溥儀生來就是「真龍天子」，在日本人的支持下，溥儀於一九三四年三月一日三度登極，又連續嘗了十一年多「滿洲國皇帝」的滋味，並確定年號為「康德」。

身為「滿洲國皇帝」，溥儀享受到了日本人給他的「榮譽」，滿足了他那空虛的心靈。

第一，日本人不再稱他為「閣下」了，改稱他為「皇帝陛下」，在公共場所像尊敬日本天皇一樣來尊敬他；規定許多場所必須供奉帝國皇帝像，並向「御真影」鞠躬行禮。

第二，關東軍年例安排他若干次「御臨幸」及「巡狩」。前者是要溥儀參加祭祀侵華日軍的亡靈與慶祝日本天皇壽辰等儀式；後者是溥儀到「京都」以外地方參觀日本人「建設」新成就。溥儀之所以陶醉於兩項活動，而將其視為「榮譽」，是因為其有「皇帝」出巡時的威儀。

第三，最能令溥儀感到滿足的是一九三五年四月的訪日，使他感到了自己具有「真皇帝」的權威：龐大的護送艦隊、天皇的親自迎接、檢閱日本軍隊、日本皇室的優待，以及日本國民的夾道歡迎等等，簡直讓溥儀興奮不已，以致忘記了自己的地位和身分，把自己視同日本天皇。

然而，日本人給溥儀的尊榮是有限的，給他帶來更多的則是屈辱、痛苦和災難。

首先，日本人在允許溥儀當「滿洲國皇帝」時規定，他只能穿「滿洲國陸海軍大元帥正裝」舉行登基大典儀式，而不能穿皇袍。後來，日本人作了讓步，允許他穿龍袍祭天，但溥儀心中仍不快，因為只有穿龍袍登極才成體統，更何況這是祖制。

其次，登極後的溥儀為培養將來「恢復祖業」時所需的軍事骨幹，他在日本人為他建立的禁衛軍之外，組建了一支三百人的「護軍」。後滿洲國「開國元勳」鄭孝胥、偽滿興安省省長淩升因不滿日本人的統治而被日本或貶或殺，日本一再提醒和警告溥儀「滿洲國」不是「大清國」的復活，隨即日本人製造事端，借機把溥儀煞費苦心訓練的「護軍」全部繳械，並加以整編，由日本人「代為訓練」，不久將部分人員驅逐出宮。

第三，若說上述兩件事令溥儀感到「恢復祖業」已不太可能的話，那麼，日本人干涉溥傑的婚事和關東軍策劃的「帝位繼承法」則完全令他絕望了。溥儀在十六歲那年成婚後，因日夜為「恢復祖業」而忙碌，也就顧不得二位妻子。在他離開天津的前一年，其淑妃文繡因不堪忍受寂寞，公然同他離了婚。而另一位妃子婉容，雖沒離他而去，卻製造了一樁「內廷穢聞」，令其難忍。為保證有純的「龍種」傳續，三十多歲的溥儀又娶了一位「祥貴人」——年僅十七歲的中學生譚玉齡。在「龍種」還未降生前，日本人就傳來了風聲：皇子五歲時必須送到日本培養。正在此時，日本人又為在東京留學的溥傑娶了一位大和民族的女子——嵯峨浩。隨後，「滿洲國務院」公佈了日本人炮製的「帝位繼承法」，規定「滿洲國皇帝」死後，位傳其子孫；若無子孫，則由其弟繼承，無弟則由其弟子孫承繼。至此，溥儀才意識到日本人要溥傑娶日本女子為妻的真正目的了。明白了這些，溥儀開始為自己的性命而日夜擔憂著。

為了保全首項，他便忍辱含垢地按日本人的要求去辦。盧溝橋事變以後，他根據日本人意旨，大肆出賣民族權益，奴役掠奪東北人民；殺戮各地愛國人士及無辜百姓，支持日本帝國主義在東北的統治。為苟延殘喘地求活，他不惜出賣自己的祖先，供奉日本天皇的祖先「天照大神」。他的作為與處境，正如由津抵滿前愛新覺羅氏家族所預料的那樣：他成了石敬瑭第二。

在日本人面前，溥儀諂媚逢迎，唯命是從，是一位忠順的「奴才」；但在家裡，他是一位蠻橫狂妄的「主子」。他頤指氣使，動輒罵人乃至打人。一九四二年譚玉玲死後，溥儀又討了一位犧牲品——十五歲的李玉琴。對於這位新「貴人」，溥儀稍不滿意，就對其隨意打罵。為嚴厲控制傭人，溥儀制定了幾條苛刻的「家規」，以使他們萬依萬順。自此，被溥儀毆打至死的不知多少人。

凡演戲，總得有個收場的時候。一九四五年八月，從肉體到精神都瀕臨崩潰邊緣的傀儡皇帝溥儀，也意識到了他該收起「康德」年號了。

一九四五年八月八日，打敗德國法西斯的蘇聯紅軍發動東線戰事，加入抗日戰爭的行列。蘇軍以迅雷不及掩耳之勢，四路強攻，迅速插進了日本佔領的中國東北，很快攻佔了長春、瀋陽、哈爾濱、齊齊哈爾，勢如破竹，銳不可當。一度倡狂的日本關東軍兵敗如山倒，狼狽地撤退。逃跑的日軍還不曾忘記溥儀這位有「功」之臣，準備帶他到第二故鄉——日本。

八月十五日，日本宣佈無條件地投降。八月十七日，溥儀等人在日本神官等人的陪同下，分乘兩架飛機飛往瀋陽，準備換大型飛機再飛向日本。此時，正在機場休息室休息的溥儀等人，忽然聽到外面日本人被繳械的聲音。隔了一會兒，神官等人面色蒼白地陪著一位蘇聯空軍軍官走了過來，這位軍官向溥儀等說：「飛機準備好了，走吧！」

這樣，溥儀作為蘇軍的戰俘被帶往蘇聯，隨其一起被俘的還有他的二弟溥傑等人。溥儀從此結束了他一生中的皇帝生涯。

從囚徒到公民

飛機把溥儀等人由瀋陽載到蘇聯的赤塔，他在療養院住了兩月。隨後，汽車把他們載到莫洛闊夫卡。幾個月後，溥儀和其他戰犯又被送到離中國不遠的伯力第四十五收容所，從此開始了他在這裡的五年異鄉囚居生活。

次年八月，他被蘇聯飛機送到東京，在遠東國際軍事法庭上作證。在法庭上，溥儀情緒激動地揭發關東軍的罪行，表白自己的無辜以推卸罪責。然而，一個美國辯護律師的話令他異常震驚：「你把一切罪行都推到日本人身上，但你也是罪犯，你終究要受到中國政府的裁判的！」

這位美國律師的提醒，使溥儀冷靜下來。回到蘇聯後，他靜心思索了一下自己三十餘年來走過的路，自己的所作所為，究竟給中華民族帶來了多少深重災難和影響。念及此，一種令他背冒冷汗的恐懼立即襲上他的心頭，他害怕被中國政府引渡回國，以叛國通敵罪論處。無論是共產黨，還是蔣介石領導下的國民黨，都不會輕易饒過自己這個叛國的民族敗類。因此他害怕聽到「回國」二字，他認為若落在外國人手裡，他尚有一絲苟活的希望；要是回國，那就必死無疑了。為此，他費了不少心機，他一度幻想去英國或美國。後來，他決定先留在蘇聯再說。於是，他就三番五次地向蘇聯政府遞交留蘇申請，並把從國內帶來的一批珍珠寶石等飾物捐獻出來，以支援戰後蘇聯經濟的恢復和建設，從而求蘇聯政府能恩准他留下來，然後再另選時機，去英國、美國等國家度過後半生。

申請遞交了數次，都石沉大海，他開始失望了。等待他的，是與他的願望相違背的命運。一九五〇年七月三十一日，一列載著他和其他偽滿戰犯的火車開進了成立不到一周年的中華人民共和國的境內。在綏芬河車站，中蘇雙方完成了戰俘交接儀式。溥儀結束了五年囚居蘇聯的生活，走上了自認為是一條「未卜未知」的道路。

一九五〇年八月，溥儀被押上開往瀋陽的列車。在列車上，溥儀一直在為自己的命運擔憂。列車到了瀋陽站，溥儀斷定不會再走了。他琢磨這回肯定要死在「祖宗發祥地」了，這可真是「龍歸故里」啊！然而，他們沒有被安排在瀋陽，而是被送到了撫順戰犯管理所。在撫順，他和其他戰犯一樣，過著平常的囚徒生活。後因抗美援朝戰爭的爆發，他們一度被轉送到哈爾濱。無論是在撫順，還是在哈爾濱，溥儀在管理人員的組織下，參加一些力所能及的勞動，看書讀報寫材料，好好學習。而且，溥儀這位特殊戰犯，還常受到格外優待照顧。三年的囚徒生活，溥儀知道他已走上了一條絕處逢生的路。不過，這又是一條曲折、漫長而且坎坷不平的荊棘路。

溥儀前半生，無論政治上作為如何，但他是一位「皇帝」，所以生活上他是不用個人操持的。四十多年來，他從未疊過一次被，鋪過一次床，倒過一次洗臉水，甚至沒有自己洗過腳。現在卻要在家族人與他分離的情況下，自己來照顧自己的生活，對他來說，真像是離了水晶宮的「龍」，寸步難行，其狼狽之狀是可想而知的了。每天早晨一起床，別人早就洗完了臉，他才穿好衣服。他端臉盆剛要洗臉，一個「同犯」卻提醒他先疊好被子。等他疊完被子，別人已洗漱完畢。等他洗完，別人已吃了早飯。總之，溥儀的生活，就像是猴子駕轅——亂了套。

一開始，他認為這是監獄管理人員在故意為難他，與他過不去。後來，當他意識到這有利於改造他時，他又開始恨自己的無能，為自己這塊無用的「廢料」而痛苦。看到溥儀陷入痛苦狀態時，戰犯管理所負責人便來開導、幫助他，對他的進步予以肯定，以增強他自我改造的信心，並向他反覆說明中國共產黨的政策，要他正確對待過去，展望未來，不要失去信心，爭取早日改造好，成為一個對社會有用的人。

為儘早把溥儀改造成一個新人，管理所從一九五五年始，一方面帶著溥儀等戰犯外出參觀，讓他們以自身去體會新中國的建設成就；另一方面，在加強思想教育的同時，讓他們與自己的親屬接觸、聯繫，讓親屬來影響這些戰犯，以加速對他們改造的步伐。這些行之有效的辦法，很快發揮了作用。溥儀變了——這是人們對他近十年來的改造的一致評價。

一九五九年九月十七日，根據中國共產黨中央委員會的建議，中華人民共和國國家主席劉少奇發佈了特赦令。十二月四日，這是溥儀永生難忘的日子。這天，撫順戰犯管理所舉行了特赦大會。最高人民法院的代表在會上唸道：

中華人民共和國最高人民法院特赦通知書：

遵照一九五九年九月十七日中華人民共和國主席特赦令，本院對在押的偽滿洲國戰爭罪犯愛新覺羅．溥儀進行了審查。

罪犯愛新覺羅．溥儀，男性，五十四歲，滿族，北京市人。該犯關押已經滿十年，在關押期間，經過勞動改造和思想教育，已經有確實改惡從善的表現，符合特赦令第一條的規定，予以釋放。

中華人民共和國最高人民法院

一九五九年十二月四日

不等主持人念完他的特赦令，他已痛哭失聲了。

他能不哭嗎？是他的國家與新政權，把他從深淵中拯救出來，給了他第二次生命！

這哭聲，有無窮的悔恨、羞愧！

這哭聲，包含著多少感激、欽佩！

這哭聲裡，又有多少喜悅滋生！

溥儀，這個清朝第十代、也是中國歷史上最後一位皇帝，被過去的人們看作是「龍種」的「天子」，從此，揭開了他生命歷史上新的一頁。他從一條「龍」變為一個自食其力的勞動者，一個平凡的人，一個中華人民共和國的普通公民。

獲釋後的溥儀，踏上了從瀋陽開往北京的列車。列車風馳電掣般地把溥儀帶回了闊別三十五載的北京。一回北京，他就興奮得不能自制。在短短的兩個多月裡，他觀遍北京大小名勝古跡，拜見了在京的所有愛新覺羅氏成員，親眼目睹了他們幸福美滿生活的情景，令他深受鼓舞。中國人民政府、毛主席對他的生活問題十分關心，曾建議他重新組建家庭。周恩來總理還對他以後的工作、生活與學習做了細密的安排。

一九六〇年三月，他有了一份新的工作，第一次開始了自食其力的新生活。他被安排在中國科學院植物研究所北京植物園工作，每天有半天時間學習。一年後，他被重新安置在全國政協文史資料研究委員會，任專員職，幫助整理清末與北洋軍閥時期的有關資料。這段工作期間，他仍堅持每週勞動一二天。同時，他在工作之餘，思考一個問題：要向人民宣揚「真正強大的力量是人民」這一真理，以實際行動將功贖罪。《我的前半生》一書，即是他將功贖罪的產物。在個人幸福方面，一九六二年四月二十九日，年逾半百的溥儀與北京關廂醫院一位護士李淑賢喜結良緣。

一九六七年，正當溥儀決心盡餘生為黨和人民多做些事情時，可惡的腎癌把他擊倒了。周總理聞訊後，在百忙之中特意安排他住進首都醫院，並對其進行特別保護。雖然有關專家對其進行了特殊的精心治療，但病魔還是把他帶走了。他逝世時，時年六十一年。

溥儀去世時，正值中國「文革」風暴狂卷神州之際，如何處理溥儀的後事，在那樣的政治環境下是個十分棘手的問題。為此，周總理作出了專門指示：「溥儀遺體可以火化，也可以埋葬。根據家屬意見，可以選擇在革命公墓、萬安公墓和另一處墓地的任何一個地方安葬或寄存骨灰。」

為此，愛新覺羅氏家族成員在年逾八旬的載濤主持下，專門開了一個家族會議商議此事。大家統一了意見：根據溥儀生前一再強調的遺言：「我一生贖不完的罪，對黨報不完的恩」，認為他做的事，離「革命」二字距離太遠了，葬入一般公墓就可以了。

最後，溥儀被火化，骨灰寄存八寶山人民骨灰堂。

「文革」後，中國政府根據溥儀後半生對黨和國家所做的貢獻，給予了充分的肯定，並在一九八〇年五月二十九日為他舉行了隆重的追悼大會。事後，根據中國共產黨中央委員會的指示精神，將溥儀的骨灰盒移至八寶山革命公墓安置。安放在已故中國共產黨和中國人民政府領導人及為中國革命作出卓越貢獻的人們的骨灰盒第一室副舍。

溥儀的一生與漫長的歷史長河相比，是短暫的，但他一生的經歷，恰恰是中國近代歷史發展、進步的一個縮影。他的最後歸宿，在人類社會發展史的無限畫卷中，增添了一筆中華民族所特有的異彩！

溥儀即位時年僅三歲，由其父載灃攝政，因此，溥儀只是名義上的皇帝。短短的幾年後，即一九一一年，武昌起義爆發，帝制被廢除，次年，六歲的溥儀宣佈退位。此後，隨著時事演變，他又幾次「登基」，尤其在日本人侵佔東北期間，他為了「光復祖業」，做了一些喪權辱國的事，實在是愧對中華民族！可以說，他的前半生是不光彩的。中華人民共和國成立後，是中國共產黨和人民政府給了他新生，使他從皇帝和戰犯被改造成為社會的一名普遍公民，這是史無前例的事情。中國封建社會的最後一個皇帝——清末宣統帝愛新覺羅．溥儀最終成為公民的歷史事實告訴我們：歷史的車輪不可逆轉，因為，時代在不停地進步！

解密末代帝王的亡國路
中國歷朝的興衰與更迭的命運

作　　者　姚偉鈞、宋傳銀

發 行 人　林敬彬
主　　編　楊安瑜
編　　輯　吳培禎
封面設計　林子揚
編輯協力　陳于雯

出　　版　大旗出版社
發　　行　大都會文化事業有限公司
11051 台北市信義區基隆路一段 432 號 4 樓之 9
讀者服務專線：（02）27235216
讀者服務傳真：（02）27235220
電子郵件信箱：metro@ms21.hinet.net
網　　　址：www.metrobook.com.tw

郵政劃撥　14050529 大都會文化事業有限公司
出版日期　2020 年 11 月初版一刷
定　　價　380 元
ISBN　978-986-99436-3-5
書　　號　History-121

Metropolitan Culture Enterprise Co., Ltd.
4F-9, Double Hero Bldg., 432, Keelung Rd., Sec. 1,
Taipei 11051, Taiwan
Tel:+886-2-2723-5216　Fax:+886-2-2723-5220
E-mail:metro@ms21.hinet.net
Web-site:www.metrobook.com.tw

國家圖書館出版品預行編目（CIP）資料

解密末代帝王的亡國路：中國歷朝的興衰與更迭的命運 / 姚偉鈞、宋傳銀　著 . -- 初版 -- 臺北市：大旗出版：大都會文化發行 ,2020.11；320 面；17×23 公分 . -- (History-121)
ISBN 978-986-99436-3-5(平裝)

1. 帝王 2. 傳記 3. 中國

782.27　　109013141